权威·前沿·原创

皮书系列为
"十二五""十三五""十四五"时期国家重点出版物出版专项规划项目

B

BLUE BOOK

智库成果出版与传播平台

云南蓝皮书
BLUE BOOK OF YUNNAN

云南社会发展报告
（2023~2024）

ANNUAL REPORT ON SOCIAL DEVELOPMENT OF YUNNAN

(2023-2024)

组织编写／云南省社会科学院
中国（昆明）南亚东南亚研究院
主　　编／杨　晶　段岩娜

社会科学文献出版社
SOCIAL SCIENCES ACADEMIC PRESS（CHINA）

图书在版编目（CIP）数据

云南社会发展报告. 2023~2024 / 杨晶，段岩娜主编；云南省社会科学院，中国（昆明）南亚东南亚研究院组织编写. --北京：社会科学文献出版社，2024.9.（云南蓝皮书）. --ISBN 978-7-5228-3966-0

Ⅰ. D677.4

中国国家版本馆 CIP 数据核字第 2024Z1S783 号

云南蓝皮书
云南社会发展报告（2023~2024）

组织编写／云南省社会科学院　中国（昆明）南亚东南亚研究院
主　　编／杨　晶　段岩娜

出 版 人／冀祥德
责任编辑／陈　雪
责任印制／王京美

出　　版／社会科学文献出版社·皮书分社（010）59367127
　　　　　地址：北京市北三环中路甲 29 号院华龙大厦　邮编：100029
　　　　　网址：www.ssap.com.cn
发　　行／社会科学文献出版社（010）59367028
印　　装／天津千鹤文化传播有限公司

规　　格／开本：787mm×1092mm　1/16
　　　　　印张：22　字数：330 千字
版　　次／2024 年 9 月第 1 版　2024 年 9 月第 1 次印刷
书　　号／ISBN 978-7-5228-3966-0
定　　价／158.00 元

读者服务电话：4008918866

云南蓝皮书编委会

主要编纂者简介

杨　晶　社会学博士，研究员，云南省社会科学院社会学研究所所长、国务院妇女儿童工作委员会"儿童智库"专家、"云岭文化名家"。主要从事发展社会学、社会政策研究，主持完成2项国家社科基金项目和多项省部级研究项目。

段岩娜　社会学博士，副研究员，云南省社会科学院社会学研究所副所长，主要从事家庭社会学、教育社会学和城乡社区治理研究，在《云南社会科学》《学术探索》等学术期刊发表论文数篇。参编《辉煌云南70年》《谱写新时代云南跨越式发展新篇章》《中国社会治理思想史论》等著作。

摘　要

2023 年是全面贯彻党的二十大精神的开局之年，云南省委、省政府坚持以习近平新时代中国特色社会主义思想为指导，全面学习、全面把握、全面落实党的二十大精神，牢牢把握高质量发展首要任务，完整、准确、全面贯彻新发展理念，坚持"三个定位"，锚定"3815"战略发展目标①，团结带领全省各族人民在推进各项社会事业全面发展上取得了一系列成绩。

为了全面掌握 2023 年云南在社会发展中所取得的成就、面临的困难和问题以及更好推进社会建设的路径，本书组织专家围绕社会发展的主要领域，以定性与定量分析相结合的方法开展了实地调查与数据分析。研究发现，2023 年，云南脱贫攻坚成果巩固拓展、创新型云南建设加快推进、教育强省战略全面实施、就业优先政策落实落细、社会保障网织密兜牢、健康云南加快建设、更高水平的平安云南建设持续推进。

在看到成绩的同时，我们也清醒认识到，发展中还有不少困难和挑战：巩固拓展脱贫攻坚成果还需加力提效，乡村振兴任务艰巨；创新支撑与发展需求不匹配，创新型云南建设推进缓慢；教育质量相对不高，教育优质均衡发展还有差距；社会保障体系仍然薄弱，应保尽保还有不足。面对以上发展

---

① "3815"战略发展目标指三年上台阶、八年大发展、十五年大跨越。具体来说，它既是一张"时间表"，又是一份"路线图"。三年上台阶，就是紧扣 2023~2025 年，通过实施系列三年行动计划，推动高质量跨越式发展迈上新台阶。八年大发展，就是聚焦 2023~2030 年，到"十五五"末，使云南与全国发展的差距明显缩小。十五年大跨越，就是锚定 2021~2035 年，在全面建成小康社会基础上，经过三个五年规划的接续奋斗，与全国同步基本实现社会主义现代化。

成就与挑战，建议2024年抓好以下重点工作任务：一是健全生育支持政策和养育质量，提升育龄人群生育意愿；二是以五大思维协同推进，促进社会安全；三是多措并举促进青年群体就业创业；四是着力解决社会保障资源不均衡问题；五是大力发展服务消费，培育消费新增长极；六是着力推进职业教育和教育信息化建设；七是着力构建打通内外的乡村内生发展模式，促进乡村振兴。

关键词： 创新型云南　政策协调　风险防范

目 录

Ⅰ 总报告

Ⅱ 分报告

Ⅲ 专题报告

Ⅳ 调查篇

皮书数据库阅读**使用指南**

总 报 告

B.1

2023年云南社会发展报告

杨晶 李永松 保跃平*

摘 要： 2023年，云南省委、省政府带领全省各族人民全力推进各项社会事业发展，脱贫攻坚成果巩固拓展，创新型云南建设加快推进，教育强省战略全面实施，就业优先政策落实落细，社会保障网络织密兜牢，健康云南加快建设，但发展不平衡、不充分问题仍然突出，推进社会高质量发展依然存在许多短板弱项，应抓实巩固拓展脱贫攻坚成果硬任务，全面推进创新型云南建设迈上新台阶，扎实推进教育强省战略实施，加大就业优先政策支持力度，进一步完善社会保障体系建设，加快推进健康云南建设，持续强化平安云南建设。

关键词： 高质量发展 就业优先 教育强省 创新型云南 社会发展

---

* 杨晶，云南省社会科学院社会学研究所研究员，主要从事发展社会学、社会政策研究；李永松，云南省人民政府研究室农村处研究员，主要从事发展社会学研究；保跃平，云南师范大学云南研究院教授，主要从事边疆社会学研究。

云南地处中国西南边疆，党中央高度关心关注云南经济社会发展。党的十八大以来，习近平总书记两次亲临云南考察指导、三次给云南干部群众回信，对云南工作作出一系列重要指示，特别为云南社会高质量发展描绘了美好蓝图：让人民群众有更好的教育、更稳定的工作、更满意的收入、更可靠的社会保障、更高水平的医疗卫生服务、更舒适的居住条件、更优美的环境，让各族群众都过上好日子。2023年是全面贯彻党的二十大精神的开局之年，是实施"十四五"规划承上启下的关键一年，云南省委、省政府坚持以习近平新时代中国特色社会主义思想为指导，深入贯彻党的二十大精神和习近平总书记考察云南重要讲话精神，扎实开展学习贯彻习近平新时代中国特色社会主义思想主题教育，完整、准确、全面贯彻新发展理念，全力稳经济、增动能、惠民生、防风险、保稳定，突出做好稳增长、稳就业、稳物价工作，全省人民生活品质稳步提高，人民对美好生活的向往不断实现。展望未来，随着高质量跨越式发展加快推进，全省各族人民将在共建共享发展中有更多获得感，习近平总书记描绘的美好蓝图将不断变为现实图景。

一　2023年云南社会发展总体状况

2023年，云南省委、省政府带领全省各族人民全力推进各项社会事业发展，持续保障和改善民生，让发展成果更多惠及各族人民，共同富裕扎实推进，社会大局和谐稳定。

（一）脱贫攻坚成果巩固拓展

摆脱贫困是云南各族人民世世代代的梦想，脱贫攻坚战取得全面胜利后，省委、省政府扎实推进巩固拓展脱贫攻坚成果同乡村振兴有效衔接，经过各方共同努力，脱贫攻坚成果进一步巩固拓展。一是守住了不发生规模性返贫底线。压紧压实巩固拓展脱贫攻坚成果责任，严格落实"四个不摘"要求，深化"一平台、三机制"，健全防止返贫动态监测帮扶机制，加强防止返贫监测预警。消除"三类"监测对象风险65.19万人，脱贫劳动力转移就业

327.97万人，人均纯收入8500元以下且有劳动能力的脱贫户和监测户实现动态清零。① 千方百计地做好困难群众兜底保障，实现"三保障"和饮水安全保障成果持续巩固提升。二是脱贫地区和脱贫群众内生发展动力得到增强。聚焦27个国家乡村振兴重点帮扶县，实施一批补短板促振兴重点项目，深入开展医疗、科技、教育干部人才"组团式"帮扶，强化产业、就业、科技等方面帮扶，全面提升基础设施、基本公共服务和农民素质。加强职业技能培训，打造剑川木雕、巍山乡厨等"滇字号"劳务品牌。做好"土特产"文章，选好富民产业，健全乡村特色产业联农带农富农机制，让广大农民群众分享更多在全产业链发展中的增值收益。持续开展消费帮扶，支持脱贫地区打造区域公用品牌。探索多元发展路径，完善公益性扶贫项目资产管护和经营性扶贫项目资产运行机制，盘活利用农村集体资产资源。做好易地扶贫搬迁和移民搬迁安居富民工作，深入开展巩固易地搬迁脱贫成果专项行动，强化易地搬迁后续扶持，确保搬得出、稳得住、能发展、可致富。三是脱贫人口收入实现较快增长。《云南省脱贫人口持续增收三年行动方案（2022—2024年）》持续推进；省委、省政府发布《关于做好2023年全面推进乡村振兴重点工作的实施意见》，省农业农村厅牵头制定《2023年云南省推进脱贫地区特色产业发展工作要点》，进一步巩固拓展脱贫攻坚成果同乡村振兴有效衔接。2023年，云南脱贫县农村居民人均可支配收入15218元，同比增长8.5%，增速分别比全国、全省农村居民人均可支配收入高0.8和0.5个百分点。脱贫县农村居民人均可支配收入为全省农村居民人均可支配收入的93%，占比较上年提高0.4个百分点，与全省农村居民人均可支配收入差距进一步缩小。②

---

① 王予波：《2024年政府工作报告——2024年1月24日在云南省第十四届人民代表大会第二次会议上》，云南省人民政府办公厅，2024年1月29日，https://www.yn.gov.cn/zwgk/zfxxgk/zfgzbg/202401/t20240124_294193.html。

② 云南省统计局：《2023年云南农业农村发展报告》，"云南统计"微信公众号，2024年3月5日，https://mp.weixin.qq.com/s?_biz=MzIyNDc4NDAyOQ==&mid=2247505232&idx=2&sn=ff5639bd73fdf2e15558a53fd1020a23&chksm=e9e502223b7872863c900a7deec681d48d4dfb4d1f58c6cac52eea8fec1cce21865a324e411a&scene=27&poc_token=HDYdwmajg2cJ8ohw9FIisZH7c0D9cv6ntJwzMI5Z。

（二）创新型云南建设加快推进

云南树立抓创新就是抓发展、谋创新就是谋未来的理念，坚持面向世界科技前沿，面向经济主战场，面向国家重大需求，面向人民生命健康，落实创新驱动发展战略，创新型云南建设迈上新台阶。2023 年，云南省全社会研发经费居全国第 19 位；研发投入强度居全国第 23 位，较 2022 年提升 1 位；省级财政科技经费基础研究投入增长率居全国首位。① 一是创新体系不断完善。建设区域创新体系。建立省、州（市）一体化科技创新协同机制，省、州（市）财政科技联动投入机制，开展科技引领产业示范县试点，激发区域创新动能。建设一流创新平台。培育建设生物多样性与生态安全、生物种业等国家级创新平台，加强新能源、生物医药等领域服务型技术平台建设；高水平建设贵金属、特色植物提取、生物种业等云南实验室；加大省级创新平台建设力度，加快新型研发机构州（市）全覆盖。2023 年，全省新建 3 个全国重点实验室，新建 2 个云南实验室、10 个省技术创新中心、14 个省重点实验室、9 个省野外科学观测研究站。一批高水平创新平台在相关领域以高质量的科研水平实现全国领先优势。② 健全创新创业支持和服务体系。弘扬科学家精神和工匠精神，支持大众创业、万众创新，让创业热情进发、创新种子生根发芽。二是企业创新主体地位得到强化。加强企业科技创新主体地位，建立企业出题、政府立题、产学研协同答题、市场阅卷的项目形成和评价机制。成立政府—企业应用基础研究联合基金，完善金融支持创新体系，推进高新技术企业"三倍增"行动计划，鼓励企业加大研发投入，支持领军企业联合行业上下游、产学研用力量组建创新联合体，支持引入企

---

① 《2023 年云南新建 3 个全国重点实验室　高新技术企业超 3000 户》，云南网，2024 年 2 月 7 日，https：//yn. yunnan. cn/system/2024/02/07/032939331. shtml。

② 《2023 年云南新建 3 个全国重点实验室　高新技术企业超 3000 户》，云南网，2024 年 2 月 7 日，https：//yn. yunnan. cn/system/2024/02/07/032939331. shtml。

业在滇设立新型研发机构或区域研发总部。① 加强高新技术企业培育库建设，高新技术企业数实现新突破，2023年云南高新技术企业净增长率达25%，总数突破3000户。② 三是科技人才队伍不断壮大。持续优化人才发展环境，强化高层次科技人才服务保障，落实好"兴滇惠才卡"服务，为人才提供更大发展机会和空间。截至2022年底，云南省人才资源总量670多万人，较2012年增加近90%；有专业技术人才207.5万人、高技能人才143.96万人，较2012年总量实现翻番。③ 2023年，云南进一步加大科技领军人才、高端外国专家、顶尖团队、创新团队培养支持力度，大力推进"兴滇英才"计划，培养、引进一批新能源、新材料等重点领域急需紧缺人才，引进教育科技卫生高层次人才，新增两院院士3名，推荐入选国家级高层次人才5名、入选国家青年拔尖人才1名；培养"兴滇英才支持计划"顶尖团队2个，推荐科技领军人才4名、高端外国专家20名、顶尖团队3个、创新团队26个；首次选聘企业科技副总110名、选派企业科技特派员100名。④ 四是科技开放合作不断扩大。用好西南联大宝贵财富，引进优势创新资源和一流创新团队来滇创新创业，打造科技入滇升级版，⑤ 加强东西部合作对接，积极开展招商引资，实现一批科技成果落地转化。成功举办2023腾冲科学家论坛，带动更多高水平科研平台、科技企业、科技成果、科技人才、专家团队服务云南，带动更多人才、资金、项目落地云南。深化与周边国家科技

---

① 王宁：《坚定沿着习近平总书记指引的方向阔步前进　为全面建设社会主义现代化　谱写好中国梦的云南篇章而奋斗——在中国共产党云南省第十一次代表大会上的报告》，《云南日报》2021年12月3日，https：//yndaily.yunnan.cn/content/202112/03/content_ 36683.html。

② 《2023年云南新建3个全国重点实验室　高新技术企业超3000户》，云南网，2024年2月7日，https：//yn.yunnan.cn/system/2024/02/07/032939331.shtml。

③ 《"开好局、强信心、促发展——贯彻落实党的二十大精神"系列新闻发布会·锻造高素质队伍专场发布会》，云南省网上新闻发布厅网站，2023年8月30日，https：//www.yn.gov.cn/ynxwfbt/html/2023/zuixinfabu_ 0829/5987.html。

④ 《2023年云南新建3个全国重点实验室　高新技术企业超3000户》，云南网，2024年2月7日，https：//yn.yunnan.cn/system/2024/02/07/032939331.shtml。

⑤ 王宁：《坚定沿着习近平总书记指引的方向阔步前进　为全面建设社会主义现代化　谱写好中国梦的云南篇章而奋斗——在中国共产党云南省第十一次代表大会上的报告》，《云南日报》2021年12月3日，https：//yndaily.yunnan.cn/content/202112/03/content_ 36683.html。

合作，持续推进面向南亚东南亚科技创新中心建设。提升"智汇云南"品牌影响力，新建一批国际联合创新平台。五是科技体制机制改革不断深化。深入落实《云南省科技体制改革三年攻坚行动方案》，大力释放和激发省内高校、科研院所、高新技术企业、广大科技人员创新活力。建立有利于优秀科技人才脱颖而出的科研评价制度，完善科研项目组织管理机制，推进"揭榜挂帅"，赋予高校、科研机构更大自主权，强化科研人员激励，把科技创新的"源头活水"引入经济社会发展的"广阔田地"。①加强企业主导的产学研深度融合，支持打造以企业为主体的各类科技创新孵化平台，强化知识产权保护，提高科技成果转移转化成效，提高产业化水平。完善科技成果转化支持政策，引导支持高校院所制定科技成果转移转化实施方案，推动科技政策更加聚焦新动能新优势的培育。优化创新资源配置，完善多元化科技投入体系，深化财政科技经费分配使用机制改革，构建省、州（市）一体化财政科技投入机制，调动地方科技投入积极性。

（三）教育强省战略全面实施

教育、科技、人才是全面建设社会主义现代化国家的基础性、战略性支撑。云南省委、省政府全面贯彻党的教育方针，落实立德树人根本任务，坚持问题导向、目标导向、结果导向，持续深化教育领域综合改革，着力推进教育强省建设，教育事业稳步发展。一是教育领域顶层设计和综合改革不断强化。2023年5月，中共云南省委办公厅、云南省人民政府办公厅印发《云南省教育高质量发展三年行动计划（2023—2025年）》，为补齐教育领域短板、加大优质教育资源供给、提升教育质量提供了制度保障。义务教育"双减""双升"扎实推进，采取"省管校用"等创新机制，探索破解"县中困境"。深入推进县管校聘、基础教育学校校长职级制改革工作；实施省级公费师范生培养计划；全面启动高考综合改革；稳妥推进规范民办义务教

---

① 王宁：《坚定沿着习近平总书记指引的方向阔步前进 为全面建设社会主义现代化 谱写好中国梦的云南篇章而奋斗——在中国共产党云南省第十一次代表大会上的报告》，《云南日报》2021年12月3日，https：//yndaily.yunnan.cn/content/202112/03/content_36683.html。

育发展专项工作；深入推进西南联合研究生院实体化建设，机构设置、导师选聘、集中教学、校园建设等工作取得实效。二是教育保障水平持续提高。持续完善党领导教育工作的体制机制，21所民办高校编制内党委书记选派实现全覆盖，在1708所中小学试点建立党组织领导的校长负责制。① 2022年4月，云南教育厅等五部门印发《云南省关于进一步加强新时代中小学思想政治理论课教师队伍建设的若干措施》，不断加强中小学思政课教师队伍建设。② 2021年12月，云南省教育厅印发《云南省初中学生劳动教育综合评价方案（试行）》（云教发〔2021〕78号），探索"课程+课堂+校内劳动+家务劳动+校外实践基地劳动"为一体的劳动教育新模式。落实义务教育经费保障机制，实施新一轮义务教育薄弱环节改善与能力提升工程，持续改善学校基本办学条件。规范公办高校债务"借、用、管、还"，切实防范债务风险。加快推进教育数字化，实现义务教育网络全覆盖。实施《云南省校园安全防范能力提升三年行动计划（2022—2024年）》，中小学幼儿园安全防范四个100%建设任务全面完成。③ 三是各级各类教育成效显著。实施幼儿园改建和扩建项目，促进了县域学前教育的普及和普惠。截至2023年底，全省普惠性幼儿园占比达到92.48%，共计12766所。加强义务教育优质均衡发展工作，对129个县14407所学校进行监测，出台了相关管理规定夯实控辍保学长效机制。完善招生政策和措施，确保随迁子女、残障儿童、教育优待对象顺利入学，进城务工人员随迁子女入读公办学校达到42.98万人。④ 积极推动普通高中教育水平提升，持续推动消除大班额问题，实施多元化办学，激发办学活力，加强民办高中招生治理、管理评估工作。

---

① 陈怡希：《写好人民关切的教育答卷》，《云南日报》2023年2月25日，https：//yndaily. yunnan. cn/content/202302/25/content_ 122797. html。

② 云南省教育厅：《云南出台措施加强中小学思政课教师队伍建设》，《云南教育》（视界时政版）2022年第6期。

③ 陈怡希：《写好人民关切的教育答卷》，《云南日报》2023年2月25日，https：//yndaily. yunnan. cn/content/202302/25/content_ 122797. html。

④ 《云南省2023/2024学年初全省教育事业发展统计公报》，云南省教育厅网站，2024年4月10日，https：//jyt. yn. gov. cn/article/2147449725。

通过建设滇中、滇东北、滇东南、滇西、滇西北、滇南等六个区域的 15 个职教园区，改变了职业教育学校"小、占地少、布局散"的现状。三所高职院校入选国家级"双高计划"，四所高职院校被列为国家优质专科高等职业院校，两所高职院校被评为国家示范院校，职业院校发展势头强劲。持续推动本科高校学分制改革，开展本科专业"增 A 去 D"① 行动，推动"双一流"建设，实施省级一流学科建设。四是人民群众教育获得感不断增强。2023 年 11 月，云南省教育厅等四部门印发《关于调整优化学生资助政策推动脱贫攻坚成果巩固拓展同乡村振兴有效衔接的通知》，对原建档立卡贫困家庭学生的资助政策进行调整优化，从学前教育到高中教育阶段的学生资助体系得到进一步完善，确保经济困难家庭学生能够按规定获得资助，保障各学段学生资助政策的切实落实。加强对校外培训机构的治理工作，严格控制收费标准和培训时间，设立绿色通道为转型培训机构和"双减"相关从业人员提供服务。同时，云南省教育厅和省发展改革委联合印发相关通知，加强对校外培训机构的收费监管，防范"退费难"等问题。组织"就业促进周"系列活动及"百日冲刺""万企进校园""民企高校携手促就业""宏志助航"等行动，全力促进高校毕业生顺利就业。

（四）就业优先政策落实落细

党的十八大以来，以习近平同志为核心的党中央坚持在推动高质量发展中强化就业优先导向，深入实施就业优先战略，不断丰富发展更加积极的就业政策。我国就业形势总体稳定，为云南稳增长、保就业创造了有利条件。云南作为一个边疆人口大省，保持就业稳定意义重大。2023 年以来，各地各部门强化经济发展就业导向，落实落细就业优先政策，各项就业指标完成进度好于预期。一是就业形势总体稳定。坚持"就业增收"导向，大力实施"收入增百计划"，帮助农村劳动力转移到产业更发达的地方、收入更高

---

① "增 A 去 D"计划是云南省教育厅和财政厅共同推出的一项行动方案，旨在通过增加 A 类专业（即优质专业）并减少 D 类专业（即低质量或不符合需求的专业），来优化本科高校的专业结构，提升教育质量。

的行业、工作更稳定的岗位。2023 年全年城镇新增就业人数 53.98 万人，全年全省城镇调查失业率均值为 5.3%。全年全省农民工总量 1004 万人。其中，本地农民工 371.6 万人，比上年减少 14.8 万人，下降 3.8%；外出农民工 632.0 万人，比上年增加 7.9 万人，增长 1.3%。① 二是就业服务和保障水平不断提升。2023 年 7 月，云南省发展和改革委员会等四部门印发《2023 年云南省降成本实施方案》，通过 8 个方面 27 项措施，着力降低企业的税费、融资、人工、用能、用地等成本，以支持经营主体降成本稳就业。在农业农村基础设施建设领域和重点工程项目中推广以工代赈，以此促进当地群众就地就近就业增收。聚焦高校毕业生、农民工两个就业重点群体，深入实施"云岭大学生创业引领计划"和"十百千万计划"，鼓励高校毕业生自主创业，支持高校毕业生到城乡基层或中小微型企业就业。落实农民工就业培训补贴政策，探索开展以云南民族民间工艺、民族传统技艺为主的特色职业培训，引导、扶持、培育一批具有云南民族文化特色、具有较高知名度和综合竞争力的农民工劳务品牌。依法规范农民工用工制度，依法推进农民工参加各项社会保险，依法保障农民工农村土地承包经营权、宅基地使用权和集体经济收益分配权。积极开展就业援助专项行动，将公益性岗位开发作为政府建立健全就业援助制度的一项基本措施。创建"'网站+微博+微信+报纸+电视'五位一体"的就业宣传新平台，为高校毕业生、农村富余劳动力等重点群体提供适用、有效的就业创业信息。三是就业结构日益优化。农业转移就业人口明显增加，第一产业就业比重持续下降，第二产业就业人口稳中有升。从城乡就业比例来看，乡村就业人口比例有所下降但仍占一半以上，城镇就业人员增加明显，表明就业人口正在逐步向城镇转移。

（五）社会保障网织密兜牢

云南省委、省政府围绕全覆盖、保基本、多层次、可持续等目标，推动

---

① 云南省统计局：《云南省 2023 年国民经济和社会发展统计公报》，云南省人民政府网站，2024 年 3 月 29 日，https://www.yn.gov.cn/sjfb/tjgb/202403/t20240329_297393.html。

社会保障制度体系更加完善、覆盖范围持续扩大、待遇水平稳步提高、基金管理能力持续增强、服务水平不断提升，切实增强了人民群众的获得感、幸福感、安全感。一是社会保障制度体系建设更加完善。接轨养老保险全国统筹，多层次、多支柱养老保障体系不断发展，企业年金、职业年金制度覆盖面逐步扩大；启动实施个人养老金制度，玉溪市作为云南省唯一的全国个人养老金先行城市与全国其他 35 个先行城市（地区）同步启动实施。城乡居民基本养老保险制度实现统一，预防、补偿、康复"三位一体"的工伤保险制度体系建设不断推进。二是保障水平不断提升。养老保险参保人数大幅提升、覆盖范围进一步扩大、待遇水平不断提升；失业保险一揽子政策措施高质量精准落地，参保人数提升；工伤保险参保人数上升，标准得到调整；医疗保险作用进一步发挥，参保人数不断增长，职工医保门诊共济改革使家庭成员共同受惠；基本生活救助标准提升，防返贫监测机制切实兜牢预防规模性返贫的保障底线。三是服务能力不断加强。云南省养老保险全国统筹省级信息系统上线，成为全国首家采用"多险合一"模式的省份；在全国率先建成使用"低收入人口动态监测信息平台"，精准救助水平提升；依托电子平台，"一部手机办低保""政府救助平台"，为困难群众"不出户、不求人"申办提供方便；人社领域基本公共服务标准化试点工作增加 89 项非公共服务类事项，促进全省基本公共服务标准化水平；全面实施云南社保服务"康乃馨"行动，持续优化社保服务。

（六）健康云南加快建设

2023 年，卫生健康事业持续发展，健康云南建设步伐加快，人民健康水平持续提升。一是进一步完善卫生健康政策机制，《云南省卫生健康事业高质量发展三年行动计划（2023—2025 年）》《关于进一步深化改革促进乡村医疗卫生体系健康发展的若干措施》《关于进一步完善医疗卫生服务体系的实施方案》等相继出台，完善健康云南的"四梁八柱"，着力破解卫生健康事业发展的瓶颈问题，全方位护佑云南人民健康，围绕打造健康生活目的地，基本形成覆盖全生命周期、内涵丰富、特色鲜明、布局合理、融合互促的健康服务业体系，不断满足人民群众多层次、多样化、高品质的健康服务需求的发展目标。二是卫生健康事业快速发展。历史性消除乡村卫生服务"空白点"，推动县级医疗机构"提标、达标"，补齐公共卫生"短板"，推动重点人群健康管理，加强重点疾病防控，持续优化健康环境。截至2023年末，云南省共有医疗卫生机构28765个、医疗卫生机构床位数35.99万张、卫生技术人员42.52万人；共有专科疾病防治院（所、站）25个，卫生技术人员890人；共有妇幼保健院（所、站）147个，卫生技术人员2.12万人；共有乡镇卫生院1361个，床位6.34万张，卫生技术人员6.31万人。① 呼吸、肿瘤、心血管病等3个国家区域医疗中心先后落户云南，建成21个国家级、86个省级临床重点专科和30个省级临床医学中心，创建省级慢性病综合防控示范区83个，为296.94万65岁及以上老年人提供健康管理，16个州市实现危重孕产妇和新生儿救治中心全覆盖。免疫规划疫苗接种率以乡镇（街道）为单位保持在90%以上，顺利通过国家血吸虫病传播阻断达标验收，艾滋病"三个90%"成效持续巩固提升，母婴传播率连续5年达到2%以下国际消除标准，成为全国首批消除艾滋病、梅毒和乙肝母婴传播省份。② 三是中医药和民族医药事业不断发展。《云南省中医药条例》正式施行，全省16个州市中医医院实现全覆盖，建设5个省级中医临床医学中心、21个省级区域专科诊疗中心，300个中医特色专科，163个省级基层名老中医药专家传承工作室。2所三级医院、11所二级医院绩效考核进入全国前100名。③

（七）更高水平的平安云南建设持续推进

云南省各地各部门深入学习习近平总书记关于总体国家安全观的重要论

---

① 云南省统计局：《云南省2023年国民经济和社会发展统计公报》，云南省人民政府网，2024年3月29日，https：//www.yn.gov.cn/sjfb/tjgb/202403/t20240329_297393.html。

② 云南省卫生健康委规划发展与信息化处：《国家卫生健康委工作专刊刊发：〈云南省全方位推动卫生"补短板"有力夯实各族人民群众健康根基〉》，云南省卫生健康委员会官网，2024年3月21日，http：//ynswsjkw.yn.gov.cn/html/2024/gongzuodongtai_0321/20598.html。

③ 李歆垚，秦黛玥：《全省16个州市中医医院实现全覆盖 云南省中医药高质量发展迈出坚实步伐》，云南省卫生健康委员会官网，2024年1月26日，http：//ynswsjkw.yn.gov.cn/html/2024/meitibaodao_0126/19973.html。

述，扎实开展安全防控专项行动，全面加强基层社会治理，深入推进强边固防，优化法治化营商环境，筑牢了祖国西南安全屏障，创造了安全稳定的社会环境和公平正义的法治环境，推动平安云南、法治云南建设取得新成就。一是社会大局持续稳定。扎实开展突出矛盾风险大排查大化解、加强特殊群体服务管理、打击整治养老诈骗、命案防控三年攻坚"四个专项行动"。①坚持和发展新时代"枫桥经验"，健全矛盾纠纷排查化解工作体系。2023年建成覆盖乡镇（街道）、村（社区）的调解委员会1.77万个，全省共调解矛盾纠纷25万余件，调解成功率达98.38%。常态化做好领导干部下访接访和信访包案化解工作，各级领导干部下访接访2.02万批次，信访总量和人次同比分别下降18.7%、19.95%。②部署开展社会治安乱点、交通安全隐患大排查大整治行动、夏季治安打击整治行动，统筹推进打击整治跨境违法犯罪，全省社会治安和公共安全环境持续向好。二是基层治理效能不断提升。云南省委政法工作会议把2023年确定为"夯实基层基础年"，统一规范"多网合一"工作，科学合理划分网格，有效提升基层治理精细化、系统化、科学化水平；整合社会治理资源工作平台，推动综治中心与大调解中心、信访接待中心、网格化服务管理中心等"多中心合一"，实现"一个中心统社会治理"；重视治理智能化，加快推进"云南省社会治理信息系统"建设，通过大数据赋能社会治理；③重视专业社工机构与人员的作用，充分依托专业社工力量及时回应社会多样化需求，提高社会服务水平。三是边疆安全持续稳固。完善边境立体化防控体系，深化"党政军警民"五位一体合力强边固防机制，严格落实"五级书记抓边防"，建立市、县、乡、村、组"五级段长制"立体防控体

---

① 孟维东等：《以"法"载舟让"平安幸福"航船在云岭大地扬帆远航》，《云南法制报》2023年2月6日。

② 云南省司法厅：《中共云南省委 云南省人民政府关于2023年度法治政府建设情况的报告》，云南省人民政府网，2024年3月29日，https://www.yn.gov.cn/zwgk/zcwj/swwj/202403/t20240329_297420.html。

③ 李发兴：《健全完善社会治理体系 谱写"中国之治"云南新篇章——专访云南省委政法委副书记吴朝武》，人民网，2023年3月22日，http://yn.people.com.cn/n2/2023/0322/c372450-40346048.html。

系，推行"十户联防""五户联保"邻里守望模式，推进"军警地共建"和"红旗飘飘"工程，开展强边固防示范村创建活动，持续筑牢祖国西南安全屏障；依法打击跨境违法犯罪，中缅联合打击跨国电信网络诈骗犯罪取得标志性重大战果，白所成、白应苍、魏怀仁、刘正祥、刘正茂、徐老发等 10 名缅北重大犯罪嫌疑人被成功押解回国，共有 4.4 万名缅北涉中国电信网络诈骗犯罪嫌疑人被移交中方。① 四是法治建设成效显著。纵深推进法治政府建设示范创建工作，组织开展对中央全面依法治国委员会办公室市县法治建设督察反馈意见整改工作。深化行政管理体制改革，推动政府机构职能优化，协同高效发展。出台《中共云南省委、云南省人民政府关于加快民营经济高质量发展的意见》《云南省法治化营商环境全面提质 23 条措施》等文件，着力优化法治化营商环境。编制《云南省人民政府 2023 年度立法工作计划》，围绕发展重点推进立法工作。出台《云南省提升行政执法质量三年行动实施方案（2023—2025 年）》，着力整治行政执法突出问题。强化监督制约，保障行政权力规范透明运行。开展普法强基补短板专项行动，将普法融入矛盾纠纷化解、命案防控攻坚、特殊人群管理服务等工作中。②

二 2023年云南社会发展面临的问题与挑战

在看到成绩的同时必须看到，欠发达和后发展是云南的省情实际，发展不平衡、不充分问题突出，推进社会高质量发展依然存在许多短板弱项。

（一）巩固拓展脱贫攻坚成果还需加力提效

云南是全国脱贫攻坚的主战场之一，也是全国巩固拓展脱贫攻坚成果的

---

① 央视网（新闻联播）：《中缅联合打击跨国电信网络诈骗犯罪取得标志性重大战果》，2024 年 1 月 31 日，http://m. app. cctv. com/vsetv/detail/C10336/9a7cb20fb3e140739b31b47e2e740 ae1/index. shtml#0。

② 云南省司法厅：《中共云南省委　云南省人民政府关于 2023 年度法治政府建设情况的报告》，云南省人民政府网，2024 年 3 月 29 日，https://www. yn. gov. cn/zwgk/zcwj/swwj/202403/t20240329_ 297420. html。

主战场之一。一是任务十分艰巨。云南脱贫人口基数大、占比高，巩固拓展脱贫攻坚成果的任务艰巨。脱贫地区地理因素特殊，一些地方基础条件差、生态环境脆弱、自然灾害频发，水、电、路、气、网等基础设施建设任务依然繁重。社会发育程度低、素质型贫困突出，因突发因素返贫致贫风险较大。二是增收难度较大。从产业发展看，一些脱贫地区农业产业生产方式粗放，产业结构单一、支撑能力较弱，农业产业组织化、规模化、市场化程度低，与新型经营主体利益联结机制还不够紧密，产业链条短，农产品加工业发展不足，二、三产业对农民增收拉动不足，产业综合效益和竞争力不强，抵御风险能力弱。从劳动力素质看，脱贫劳动力普遍技能水平较低，主要从事低技能、低收入行业，大多数靠打零工获得工资性收入。从村集体经济看，村集体收入来源比较单一，有的仅依靠光伏扶贫、铺面出租、财政补贴等获得收入，以产业带动村集体经济增长乏力，脱贫村集体经济年平均收入大多不到10万元。三是内生动力不足。部分地方基层干部、群众思维方式落后、思想观念陈旧，不同程度地存在"等靠要"思想，能力素质与全面推进乡村振兴工作的要求有差距。脱贫人口受教育程度偏低，脱贫致富的技能缺乏，劳动力转移就业能力弱。脱贫人口获取、吸收、交流知识的能力缺乏，难以及时把握市场经济带来的发展机遇。

（二）创新驱动发展基础依然薄弱

云南省落实创新驱动发展战略取得一定成效，但创新驱动发展依然基础弱、底子薄。一是创新主体、创新平台不多不强。多数企业仍处于产业链供应链低端，创新能力不强。高校、院所的研究领域没有完全聚焦重点产业发展需求，高新区"高、新"特点不突出，支撑产业强省战略能力不强。企业与高校、科研院所开展的产学研活动相对较少，三者之间的协同联动不够。二是区域创新体系薄弱。国家级重点实验室、工程技术研究中心、科技企业孵化器的数量，仅占全国的1%左右。高新区、农业科技园区等创新载体作用发挥有限。基层科技力量薄弱，基层科技管理队伍不健全。三是人才资源短板突出。创新人才总量不足、比例偏低，每万名就业人员中研发人员数量不到全国平均水平的 1/3。高水平创新人才缺乏，选人用人机制不够健全，两院院士数量全国总数比例仍然较低。四是全社会研发投入不足。纵向上来看，云南研发投入增速较快，但全社会投入强度仍然偏低，不到全国平均水平的一半。作为研发投入最重要来源的企业研发投入严重不足，企业作为科技创新的主体地位没有得到充分体现。

（三）教育发展层次仍需提升

云南实施教育强省战略，持续推进教育高质量发展，取得了显著成绩，但教育发展层次仍然偏低。一是教育发展不均衡现象依然存在。学前教育普惠性资源不足、城乡布局不均衡，公办在园幼儿占比距离国家标准尚有差距，农村幼儿园数量较少，农村儿童入公办园难、入部分民办园贵的问题依然存在。义务教育资源在城乡、区域、校际、群体之间的配置还有差距，集团化办学等扩大优质资源覆盖的有效举措推广示范还有不足。普通高中资源总量不足，县域高中薄弱学校较多。高职院校办学条件达标率有待提高，专业同质化严重，产教融合深度与广度不够。特殊教育办学条件薄弱，17 个人口超过 20 万的县未建特殊教育学校。二是教育现代化条件保障有待提高。各级政府对义务教育经费投入相对不足，重大项目对高等教育和职业教育领域投资的支撑较为薄弱。教育信息化支撑能力不足，仍有大体量教学班级未配备多媒体教学设备，校园网覆盖率不足，学校利用数字教育资源支持学生个性化学习的学校比例低，普遍缺乏信息化方法手段和教学工具，师生使用信息化开展教学管理、教与学积极性不高。怒江州、迪庆州及边境县地区教育发展总体落后，教学设施设备尚不能满足教育发展需要，教师数量普遍存在缺口。三是教育社会服务能力亟待提升。高校高水平科技创新平台少，科研体制机制不够优化，承担重大科技任务的能力有待提高，对经济社会贡献和成果转化不足，支撑和服务重点产业建设所需的科研成果和高层次人才储备尚未跟上步伐。中外合作办学尚停留在项目层次，高校对外交流水平不高，面向南亚东南亚辐射中心的作用发挥不足。义务教育"双减""双升"面临新挑战，少数学校作业多、考试多的问题仍未杜绝，学校、城乡、县市区之间课后服务开展还不平衡。"双减"后教师工作时间相应加长、工作负担加重，学校的安全保障、基础设施维护等负担加重。课后服务经费保障落实"最后一公里"还不均衡。

（四）落实就业优先政策压力巨大

受经济增速换挡、结构调整、动力转换的影响，云南的就业形势依然严峻。一是就业结构性矛盾突出。就业结构与产业结构之间的协调发展仍显不足。高校毕业生"就业难"与农民工"用工荒"并存。随着传统产业转型升级和中东部产业转移加速进行，技能型人才的严重短缺和结构性失业问题日益凸显。劳动力供求结构的失衡在一定程度上导致了学历与薪资水平之间的"倒挂"现象。云南省高校毕业生半年后的就业专业对口率较低，高校毕业生低就业状态占比较高，出现了高校毕业生劳动报酬低于同行业技能型工人甚至普通工人的现象。二是职业技能培训发展滞后。职业培训主要以政府投入为主，培训的引导性不足，类型有限，层次较低，主体相对单一，企业参与度不够，覆盖面窄。订单培训和按需培训机制不够健全，劳动者终身职业培训体系尚未建立。职业培训效果评估机制不完善，职业培训机构的发展滞后，以市场为导向、企业为主体的培训运作模式尚未真正形成。此外，技工院校规模较小，对职工职业技能提升培训的重视不够，加剧了高技能人才匮乏的问题。三是人才红利难以充分释放。人才的能力素质与经济转型升级和跨越式发展的需求之间还存在较大差距。人才结构层次不合理，高层次人才、高技能人才和农村实用人才、社会工作人才数量较少。人才区域分布不合理，绝大多数人才集中在大中城市，边境地区、民族地区、边远山区和基层一线人才匮乏。人才就业结构不合理，70%以上人才在体制内就业。人才服务体系不健全，存在人才管理权限下放不到位、服务资源分散、管理各自为政、服务机构职责不明确、信息化服务水平较低等突出问题。四是创业带动就业不充分。在创业者素质提升、创业推动创新、创业带动就业等方面还存在诸多问题。成长型创业较少，创业带动就业的比例较低。创业推动创新不够，创业者的教育程度偏低，且多集中于传统行业。

（五）社会保障体系还需加强

云南仍然是欠发达省份，基础差底子薄，构建高质量的社会保障体系还面临着诸多挑战，突出表现为以下几方面。一是保障水平不均衡问题突出。与全国大部分地区相比，云南省社会保障财政投入水平和保障水平还存在一定的差距。从省内来看，各州市之间也存在差异，一些地区农村保障水平仍然存在短板，特别是部分地区救助标准较低，离满足困难群体的实际需要还有差距。二是保障制度不够完善。统筹层次较低，收支平衡存在风险，城镇职工与城乡居民在保障待遇上存在较为显著的区隔，新业态从业者参加社会保险不充分，非职工身份城乡女性和职工身份城乡女性在享有生育保险待遇上存在较为明显差距，灵活就业人员失业保险参保权利义务不对等、身份和就业失业状态认定困难。三是服务能力有待加强。基层经办能力仍然较弱，服务意识、统筹信息系统应用水平和经办能力方面仍然存在短板。

（六）健康服务存在短板弱项

与人民对健康水平需要的日益提升相比，云南健康服务的短板弱项体现在三个方面。一是卫生服务能力相对薄弱。三甲医院的拥有数在全国排位靠后，基层医疗卫生机构服务能力薄弱、服务质量不高，家庭医生在边远山区发挥的作用有限。二是健康资源分布不均。主要集中在省会昆明和滇中地区，紧密型医共体建设配套政策不完善，优质医疗资源下沉不足，双向转诊和分级诊疗政策落实困难较大。三是医疗卫生人才紧缺。高层次人才缺乏，有水平的专家不多；基层人才不足，乡镇卫生院和村卫生室招人难、留人难，总体素质不高，结构不优。

（七）平安云南建设形势严峻

云南深入践行总体国家安全观，统筹发展和安全，安全形势总体稳定。但由于民族、宗教、边境等问题相互交织，各类风险挑战依然存在。一是总体安全形势依然严峻。当前和未来一段时间内，国际局势变幻莫测，周边环境复杂敏感，改革发展任务繁重，国家安全问题的复杂性和挑战的艰巨性明显增加，各种矛盾风险呈现出相互交织、相互影响的态势，也对云南的安全形势构成严峻挑战。社会安全仍面临多重长期隐患，如盗抢骗、枪爆及危险品、电信网络诈骗、校园安全、环食药违法犯罪、交通安全、消防安全等。生态环境、生物安全、森林草原、食品、药品、知识产权和制售伪劣商品、假冒伪劣农资、"两超一非"和假酒等领域的安全风险凸显。二是边疆安全局势仍然复杂。云南作为多民族的边疆省份，具有地理位置"边缘地带"和对外开放"前沿地带"的双重特征。边疆、民族、山区的人文地理特征决定了这一地区经济社会发展相对滞后、返贫风险相对较大等发展特征；漫长的边境线、多变的国际环境、遍布边境的跨界民族以及境外缅甸等国动荡的社会局势，导致云南边境地区面临内生型安全风险与输入型安全问题交叉并存的复杂局面，各类边境问题和跨境违法犯罪问题交织叠加，对边境地区良性运行及协调发展构成了巨大挑战，也影响着边境地区乡村振兴、民族团结、兴边富民、强边固防等工作的顺利推进。三是法治建设水平有待进一步提高。2022年度云南省法治建设群众满意度调查反馈，部分基层行政执法机关的行政执法行为存在规范不足、程序违法问题。全民普法工作仍有很大差距，部分社会成员遵法意识不强、用法意愿不高，"讲人情、找关系"的现象还具有顽固性、长期性、复杂性。惠民政策宣传的广度和深度不足，知晓率较低，惠民政策的实施体系不完善，监督管理和问效机制不健全。

三 促进云南社会高质量发展的对策建议

社会发展有其自身规律，在遵循规律中推进社会建设，要针对发展存在的突出困难和问题，促进云南社会高质量发展。

（一）抓实巩固拓展脱贫攻坚成果硬任务

2024年是脱贫攻坚目标任务完成后5年过渡期的第四年，云南应聚焦"守底线、抓发展、促振兴"，高质量巩固拓展脱贫攻坚成果、接续推进乡村振兴。一是聚焦产业就业帮扶。强化帮扶产业基础设施建设，推进全产业链开发，建强科技人才队伍，深入实施科技特派员制度，扎实推进产业技术服务。大力发展"土特产"，不断健全联农带农益农机制，着力提升产业帮扶项目带动发展与促进农户增收能力。深化劳务协作，提升劳务输出组织化程度，确保脱贫群众务工就业继续稳定。加强脱贫劳动力技能培训，全面开展"雨露计划+"就业促进行动，扩大以工代赈项目吸纳困难群众就业规模，确保脱贫劳动力转移就业规模稳定在320万人以上。以完善安置区配套基础设施和公共服务、提升安置区治理水平、促进搬迁群众增收为抓手，确保有劳动力和就业意愿的家庭实现1人以上稳定就业，千方百计促进脱贫人口增收致富。二是持续激发稳定脱贫的内生动力。在解决物资匮乏问题的同时，加强解决精神匮乏问题，着力解决千百年来形成的落后观念和习俗。加强职业技能培训，做到技能培训应培尽培，提升脱贫群众技能素质，提高培养创新创造能力，努力改变农村低收入人口"等靠要""安于现状"思想和传统观念，提升人口较少民族特别"直过民族"的市场竞争能力，提高竞争意识、发展意识和人口综合素质。三是持续压紧压实责任。提高政治站位，扎实做好过渡期内领导体制、工作体系、发展规划、政策举措、考核机制等有效衔接，全面推动各级各部门抓好责任、政策和工作落实。按照家庭年人均纯收入做好防止返贫动态监测，持续强化防返贫动态监测帮扶，注重加强政策宣传，实施不漏一户一人集中排查；强化分类帮扶，坚持精准施策；落实好常态化工作机制，不断巩固提升"三保障"和饮水安全保障成果。凝聚各方合力、强化支撑保障、深化探索创新，较真碰硬开展考核评估，守牢守好不发生规模性返贫这条底线。

（二）全面推进创新型云南建设迈上新台阶

深入贯彻落实习近平总书记关于科技创新的重要论述，坚定不移落实创新驱动发展战略，聚重点、补短板、强弱项、锻长板，加快提升自主创新能力，促进高质量跨越式发展更多依靠创新驱动的内涵型增长，推进创新型云南建设迈上新台阶。一是加快完善云南特色创新体系。聚焦重大需求，加快构建以重大创新平台、一流科研机构、高水平研究型大学和科技领军企业为核心的战略科技力量体系。着力提升企业创新能力和高新区集聚创新要素能力，优化"揭榜挂帅""军令状"等项目组织方式，支持重点产业链"链主"企业、科技领军企业，联合产业链上下游企业、高校院所组建创新联合体。深化省、州（市）、县（市、区）协同创新，完善省、州（市）财政科技联动投入机制。着力导入外部优质创新资源，用好用活东西部协作和定点帮扶机制，打造"科技入滇"升级版，深入实施"智汇云南"计划。持续推进面向南亚东南亚科技创新中心建设，开展科技人才"引进来""走出去"活动。深化部省合作，大力发展新型研发机构。二是大力培育科技创新主体。突出企业创新主体地位，构建从双创孵化载体、科技型中小企业、高新技术企业、高成长性高新技术企业到科技领军企业全过程的政策与服务链。开展靶向培育和差异化扶持，建强高新技术企业培育库。强化科技金融加持，培育一批高新技术企业、省级科技型中小企业和省级科技型企业孵化器、众创空间。三是加快建设高质量科技人才队伍。推动人才培养体系与创新活动全过程和产业发展有机衔接，完善有效激发科技创新人才活力的体制机制，构建多层次创新人才梯队。突出需求引领，促进产业与教育的有效衔接，将产业需求引进校园，促进校外实战教学。健全青年科技人才的发现、遴选、培养和使用机制，加大对出色完成重大战略任务科研团队的激励。打好政策、待遇、考核、激励等"组合拳"，加快把云南建成我国面向南亚东南亚人才新高地和区域性人才中心。四是加快体制机制改革创新。完善创新基础制度，持续推进契合云南的新型举国体制、科技评价、科研项目和经费管理等方面改革措施落地见效，推进科技治理体系和治理能力现代化。深化云南与上海、深圳等地的高新区结对发展，提档升级腾冲科学家论坛。大力优化人才发展生态环境，持续支持在滇"两院"院士开展自由探索。大胆探索提升科技投入效能的有效路径，深化国内外科技合作导入优质创新资源。五是加快科技成果转化应用。以科技强国建设为契机，坚持"眼睛向外"和"眼睛向内"相结合，引导国内外先进科学技术顺畅地进入"云岭大地"的工厂车间、田间地头。围绕产业链部署创新链，用好"新产品、新技术、新服务"。大力推动科技创新与经济社会发展融合赋能，提高科技成果转化及产业化水平，使科技成果更快转化为现实生产力。大力推进科技惠民计划，确保科技成果走进基层、惠及百姓生活。

（三）扎实推进教育强省战略实施

坚持以习近平新时代中国特色社会主义思想为指导，全面贯彻党的教育方针，落实立德树人根本任务，以加快教育现代化为目标，持续推进教育高质量发展。一是着力优化教育资源配置，推动优质均衡发展。实施义务教育优质均衡发展行动。加快推进义务教育优质均衡和城乡一体化，扩大优质资源覆盖面；推进"万名校长培训计划""义务教育青年教师培训计划""县管校聘"改革；完善教师轮岗交流制度，推动优质师资向乡村学校、薄弱学校流动。实施普通高中提质扩容帮扶行动。严格落实"五个一批"帮扶模式，确保迪庆州、怒江州和边境县高中托管帮扶全覆盖。创新办学机制，切实化解"大班额"，破解"县中困境"，全面提升普通高中办学水平。实施民族地区和边境县教育帮扶行动。以迪庆州、怒江州和边境县为重点，推动民族地区、边境地区学校内涵发展和质量提升。实施学前教育及特殊教育普惠行动，创新幼儿园办园机制，扩大公办园资源总量，扶持普惠性民办幼儿园发展；鼓励探索"政（政府）—企（国有企业）—园（优质公办园）"三方合作的办园机制，激发办园活力。推动特殊教育普惠发展。二是着力提升高等教育办学质量，增强教育服务社会能力。持续推进高校"双一流"建设和一流本科专业建设，优化高校学科布局，打造优势学科集群。实施本科专业"增A去D"行动，推动引导高校围绕课程、教师、教材、测试和就业等专业建设核心要素，提升专业整体能力和水平。统筹区域内教育、科技、人才力量，推进厅州（市）共建，建设特色产业学院，强化产学协同育人。加强高校高水平重点实验室和协同中心建设，促进高校与科研机构、行业企业、地方政府开展深度合作，推动各类创新力量、资源、要素充分共享，在关键领域取得重大标志性成果。发挥云南区位优势，主动加强同南亚东南亚、环印度洋、共建"一带一路"国家的教育国际交流合作，打造"留学中国，学在云南"品牌，建立"中文+职业技能"推广基地，鼓励有条件的职业院校境外办学。三是着力改善办学条件保障，提升教育现代化水平。协调推动各级政府落实教育支出投入责任，千方百计加大教育投入，改善各类学校基础设施和办学条件。加大资金和项目向边境地区学校倾斜的力度，支持边境地区新建或改扩建部分中小学及幼儿园，进一步发挥"国门学校"在展示国家形象、促进民心相通等方面的作用。大力支持义务教育薄弱环节改善与能力提升工作，加强乡镇标准化寄宿制学校建设，补强提升确需长期保留的乡村小规模学校办学水平，补齐农村学校办学条件短板。建立多样化帮扶机制，通过援建项目、捐赠设备、同步课堂、技术服务等方式，帮助受帮扶县改善办学条件。引导企业、社会团体、公益组织、爱心人士等，充分调动校友力量，以多种形式参与教育帮扶工作，引导各类资源向受帮扶县聚集。按照云南省"补短板、强弱项、扬优势、保安全"的要求，推进云南教育数字化战略，补齐教育数字化短板，全面提升受帮扶县师生信息素养，指导教师共享和用好优质数字资源，推进信息技术与教育教学深度融合。

（四）加大就业优先政策支持力度

积极适应市场需求的变化和国家战略的调整，加大政策支持力度，完善社会保障体系，不断推动产业升级和转型，提升就业质量和竞争力，以实现更加充分和高质量的就业目标。一是把稳定就业和扩大就业放在社会经济发展的优先地位。按照高质量的发展要求，在促进发展方式转变和发展质量提高的过程中增加就业岗位、拓宽就业渠道，优先考虑就业战略，形成就业与经济的良性互动。一方面要调整全省产业结构，大力支持就业吸附力强的农业、旅游文化产业等地区特色产业发展，结合乡村振兴战略，扩大农、林、畜牧业对劳动力的吸纳空间；另一方面要加大对非公经济、中小企业的扶持力度，广泛调动社会各界的积极性，引导就业群体创办多种形式的合作经济、中小企业，形成稳定、扩大就业的合力。二是研判新时代就业群体特征，适当调整政策扶持范围和力度。在掌握新时代平台经济、共享经济等新业态特征基础上，分析研判适应新经济的就业和用工特点，探索和创新适应新经济业态发展的监管方式，加快完善相关配套制度，调整就业重点群体结构，根据大学生、农村转移劳动力、去产能下岗安置人员等人群类型和技能特征，有针对性地分类施策，完善适应新就业形态的劳动用工和社保政策，让更多劳动力需求得以体现和响应，让更多就业者分享新经济红利。三是实现就业服务均等化，促进区域间就业机会的基本平衡。加强政策向边境地区、经济相对落后的基层倾斜，进一步完善公平就业制度，不断破除妨碍劳动者自由流动的体制机制弊端。强化就业创业制度体系建设，健全覆盖全民、贯穿全程、辐射全域、便捷高效的全方位公共就业创业服务体系，推行终身职业培训制度，大规模开展技能培训，加快培养知识型、技能型、创新型劳动者大军，为实现经济高质量发展提供有力支撑。四是加强和完善就业服务体系，提升信息化服务能力。从服务对象的实际需要和便利程度出发，强化基层特别是农村牧区的公共就业服务功能，推行标准化、精细化、专业化服务，让越来越多的就业服务业务向需求前端下沉和前移。以"云服务、微应用、大数据"理念为指导，积极推进新的公共就业服务信息系统建设，推动新技术、新手段在就业管理和服务领域的广泛运用，全方位促进公共就业服务水平提升，打造一批各具特色、软硬件皆优的公共就业服务平台。五是多措并举促进青年群体就业创业。通过加强城市软实力建设、强化青年人才政策牵引、强化青年人才安居保障以及强化青年人才服务支撑来增强云南青年的归属感。加强统筹协调力度，形成高效推进机制。切实加强组织领导，创新实施就业创业促进计划，全面提升就业公共服务品质，畅通供给需求信息。优化就业创业环境，加大青年创业金融支持积极优化融资环境。

（五）进一步完善社会保障体系建设

社会保障关乎人民最关心最直接最现实的利益问题，是民生保障的安全网、收入分配的调节器、经济运行的减震器，也是共同富裕的稳定器。面对错综复杂的国内外发展形势，下一年度，云南省应继续围绕全覆盖、保基本、多层次、可持续等目标继续加强社会保障体系建设，通过增加财政投入、完善参保缴费激励机制，不断缩小社会保障的地区和城乡差距、加大城乡困难群体救助力度等措施进一步提升保障水平；通过提升各类保险基金统筹层次，加强保险基金安全管理，关注新业态从业人员社会保障权益等措施进一步完善社会保障制度建设；提升基层经办能力，优化现有社保信息系统基本功能，推进社保服务智能化、高效化；同时探索多元化社会保障模式，引导和支持社会组织、爱心企业、慈善机构和个人等社会力量以捐赠、众筹、提供服务、合作等方式参与社会救助，联动正式与非正式资源共同发挥效能，共同构建基层"社会安全网"。

（六）加快推进健康云南建设

2024年度，要牢牢依托国家战略布局，加快云南省卫生健康的硬件软件建设，充分发挥心血管病、呼吸、肿瘤3个国家区域医疗中心的引领作用，抓住国家卫生健康委、中医药管理局、疾控局等部门专门出台文件支持云南省加快建设面向南亚东南亚辐射中心的契机，着力提升医疗健康服务水平。要继续深化"三医联动"改革，实现真正意义的分级诊疗制度，加强基层卫生服务体系建设，着力推动卫生健康资源的均衡布局。要加大"刚性、柔性"引才力度，破除当下人才引进中的制度性障碍，引进优质人才；通过医联体、医共体和东西部结对帮扶协作制度，提升基层医务人员的医疗水平。要加快健康信息化建设，深化"互联网+医疗健康"服务体系构建，实现互联网远程治疗、互联网会诊、互联网求医、互联网+上门医疗服务。打通技术环节，实现各大医院全民健康信息、检查结果的互联互通，不断降低患者负担，提升医疗诊治水平。

（七）持续强化平安云南建设

以贯彻总体国家安全观为指导，以系统思维进一步提升基层治理平战结合能力，以底线思维进一步提升应急状态下群众工作能力，坚决捍卫政治安全、全力维护社会安定、切实保障人民安宁，以新安全格局保障新发展格局。一是持续强化社会治安综合治理。在法治轨道上推进边疆治理体系和治理能力现代化，全面推进科学立法、严格执法、公正司法、全民守法，健全落实政法系统政治督察、政治轮训、干部"协管""协查"、纪律作风督查巡查等制度体系。持续加强社会治安综合治理，严厉打击黄赌毒、盗抢骗、食药环、涉枪涉爆等违法犯罪。持续开展打击涉烟、涉税、传销、非法集资等系列专项行动，严打强揽工程、欺行霸市、非法高利放贷等严重影响经济社会秩序的违法犯罪行为，依法严惩破坏市场经济秩序犯罪行为。二是持续完善矛盾纠纷调解机制。坚持系统治理、依法治理、综合治理、源头治理，将矛盾纠纷多元化解工作纳入更高水平平安云南建设总体谋划和部署推动中，构建统一指挥、协调联动的工作平台，将矛盾纠纷多元化解体系建设作为社会治理现代化试点工作的重点任务全力推进。坚持末端处理与前端治理相结合，健全纠纷源头治理、稳定风险评估和预警机制，将预防矛盾纠纷贯穿于重大决策、行政执法、司法诉讼等过程。充分发挥和解、调解、仲裁、公证、行政裁决、行政复议和诉讼之间的联动作用，有效破解协调配合不到位、分流渠道不通畅、责任分配不均衡等问题。坚持"属地管理、分级负责"原则，落实领导包案和主动接访，完善责任督导和追究制度。三是持续创新基层治理。把抓基层、打基础作为长远之计和固本之策，健全党组织领导的城乡基层治理体系，推动社会治理重心向基层下移，切实将平安稳定创建在基层、问题隐患解决在基层。强化发挥街道、乡镇党建引领作用，强化应急状态下社区党组织作用，在社区党组织引领下，将居委会、物业、辖区企业、社区社会组织、党员群众等治理主体纳入治理体系，厘清各自职责，分工协同，发挥基层党组织的战斗堡垒作用和党员先锋模范作用。强化促进应急情况下的社会协同，加大力度促进社会组织、社会团体、社会资本、高校科研院所等组织参与应急治理。研究推广"红色物业+网格化管理+智慧安防""基层党建+基层社会治理""联建双推"等典型经验。四是持续优化强边固防机制。落实习近平总书记"治国先治边、治国必治边"重大战略思想，切实扛起为国守边政治责任，全力打造党政军警民合力强边固防新格局。坚持以总体国家安全观为指导，着力优化边境安全治理体系，提升边境安全治理能力。完善边境地区"党政军警民"五位一体边境安全防控机制，主动经略和塑造周边安全环境；制定集科学性、适应性、可行性于一体的边疆社会政策，促进边疆民族地区经济社会文化协调发展，加强各民族之间良性互动，构建边境社会动态平衡和有序运行的内部系统；与周边国家在社会安全领域开展广泛合作，着眼云南整体及其与内地发展的关系，促进边疆社会跨越式发展，构建跨境民族乡村社会良性运行和协调发展的良好外部系统；健全完善边境事务治理的法规体系，做到以制度治边、管边，确保人管住、村管住、通道管住、证件管住、边境管住，确保边境防控网络织密织牢，构建强有力的云南边疆安全屏障；坚持多元治理力量的有机融合，积极发动边境人民群众参与边境安全治理，构建从边境到国门、从国门到家门的防控链条，探索形成群防群治、联防联控、多元一体、反应迅速的管边治边格局。

四 2024年云南社会高质量发展前景展望

2024年是实施"十四五"规划的关键一年，是云南实现"3815"战略发展目标"三年上台阶"的承上启下之年，但云南社会高质量发展中还有不少困难和挑战。省委、省政府将推进现代化建设成果更多惠及全省人民，不断改善社会预期，增进民生福祉，保持社会稳定。

（一）脱贫群众将过上更好的日子

坚决贯彻习近平总书记关于扶贫开发工作的重要论述，树立一切为了农民增收、一切为了脱贫群众增收的鲜明导向，在着力推动产业发展、乡村建设、乡村治理中，不断巩固拓展脱贫攻坚成果，持续增加脱贫人口收入，脱贫人口收入将持续较快增长、收入结构将更加合理、增收将更加稳定，努力实现人均纯收入1万元以下且有劳动能力的脱贫户和监测户动态清零，全省脱贫人口和监测对象人均纯收入达到并超过全国脱贫人口平均水平，群众生活将再上一层楼。

（二）创新型云南建设将更加深入

聚焦国家和云南重大需求，坚持科技是第一生产力、人才是第一资源、创新是第一动力，在深入落实创新驱动发展战略中，不断完善科技创新体系，强化战略科技力量，优化配置创新资源，提升创新体系效能，在培育壮大创新主体、关键核心技术攻关、扩大开放合作、深化科技体制改革上持续发力，加强科技创新赋能，不断开辟发展的新领域新赛道，不断塑造发展新动能新优势，云南省跻身创新型省份行列的步伐将更快，将为国家加快实现高水平科技自立自强作出更大贡献。

（三）人民群众将受到更好的教育

以办好人民满意的教育为目标，深入贯彻落实习近平总书记关于教育的重要论述，在深入实施教育强省战略中，扎实推进教育高质量发展三年行动计划，认真落实习近平总书记致云南大学建校 100 周年重要贺信精神，加强党对教育工作的全面领导，贯彻党的教育方针，落实立德树人根本任务，扩大优质教育资源供给，夯实教育发展基础，义务教育将优质均衡发展，职业教育将培优提质，高等教育将高质量发展，教育服务国家战略和云南经济社会发展能力将不断提升，云南教育高质量发展将上升到新高度。

（四）人才队伍素质将全面提升

聚焦"3815"战略发展目标，在习近平总书记关于人才工作的重要论述指引下，坚持和加强党对人才工作的全面领导。在深入实施人才强省战略中，不断完善政策体系，积极打造高水平区域人才中心，健全全方位培养、引进、用好人才体制机制，拓宽人才引进渠道，构建人才培养体系，优化人才评价方式，创新人才激励措施，让更多人才来得了、留得住、干得好，锻造出规模适度、结构优化、素质更高的人才队伍。

（五）人民群众将有更高质量更充分的就业

围绕促进高质量充分就业，深入贯彻落实习近平总书记关于就业工作的重要论述,从战略和全局高度推进稳就业工作,深入实施就业优先战略,落实积极的就业政策,健全就业促进机制,持续抓好稳就业惠民生政策落实,实施高质量充分就业工作体系建设三年行动,支持和规范发展新就业形态,多措并举稳定和扩大就业岗位,持续做好重点群体就业工作,构建新时代和谐劳动关系,高质量充分就业助力高质量发展成效将更加明显。

(六)人民群众将有更可靠的社会保障

围绕推动社会保障事业高质量发展目标,深入贯彻落实习近平总书记关于推进社保体系建设的重要论述,把健全多层次社会保障体系摆上更加突出的位置,深入实施社会保险扩面提质增效三年行动,落实企业职工基本养老保险全国统筹要求,继续推进失业保险、工伤保险省级统筹,稳妥有序推动个人养老金发展,深化基本医保参保扩面攻坚,做好分层分类社会救助,织密社会保障安全网,为人民生活安康托底,人民群众的获得感、幸福感、安全感将不断增强。

(七)人民群众将享有更高水平的卫生健康服务

人民要幸福,健康是基础。全面贯彻落实习近平总书记关于卫生健康的重要论述,贯彻新时代党的卫生健康工作方针,坚持把卫生健康工作摆在优先位置来抓,持续推进健康云南建设,大力实施卫生健康事业高质量发展三年行动计划,打造优质高效的医疗服务体系,构建完备的公共卫生体系,持续深化医药卫生体制改革,传承创新中医药事业,全省各族人民将享有公平可及、系统连续、优质高效的医疗卫生服务。

(八)平安云南建设将达到更高水平

围绕平安云南建设目标,深入学习贯彻习近平总书记关于平安中国建设的重要论述,认真践行习近平法治思想,始终把平安建设置于高质量跨越式发展全局中谋划推进,完善平安云南建设机制,提高风险防控能力,有效解决影响国家安全和社会稳定的突出问题,在共建共治共享中推进社会治理现代化,经济社会高质量发展保障将上升到更高水平。

参考文献

王予波：《2024年政府工作报告——2024年1月24日在云南省第十四届人民代表大会第二次会议上》，云南省人民政府办公厅，2024年1月29日，https：//www. yn. gov. cn/zwgk/zfxxgk/zfgzbg/202401/t20240124_ 294193. html。

王宁：《坚定沿着习近平总书记指引的方向阔步前进　为全面建设社会主义现代化谱写好中国梦的云南篇章而奋斗——在中国共产党云南省第十一次代表大会上的报告》，《云南日报》2021年12月3日，https：//yndaily. yunnan. cn/content/202112/03/content_ 36683. html。

云南省统计局：《云南省2023年国民经济和社会发展统计公报》，云南省人民政府网站，2024年3月29日，https：//www. yn. gov. cn/sjfb/tjgb/202403/t20240329_ 297393. html。

云南省司法厅：《中共云南省委　云南省人民政府关于2023年度法治政府建设情况的报告》，云南省人民政府网，2024年3月29日，https：//www. yn. gov. cn/zwgk/zcwj/swwj/202403/t20240329_ 297420. html。

分 报 告

B.2
2023年云南人口发展报告*

杨晶 赵燕 李璇**

摘　要：　本报告使用统计数据及第七次全国人口普查数据，通过对比分析，从人口特征、增长水平、结构、质量、分布、人口流动和家庭规模变化等方面分析了2023年云南省人口发展状况，归纳出当前云南人口发展新特征带来的问题和挑战，包括老龄化带来的社会抚养压力增大、人口分布不均衡影响基本公共服务的投入和布局、人口受教育水平难以支撑全面现代化发展等问题。针对这些问题，对新时代云南省人口均衡发展提出可行性对策，包括构建综合性人口生育养育支持政策、提升人口素质和加大引才力度、完善养老服务体系、加强人口与基本公共服务的匹配力度等。

关键词：　老龄化　人口政策　生育政策

＊ 本项目是云南省文体人才专项项目"人口现代化视域下云南人口长期均衡发展研究"的阶段性成果。
＊＊ 杨晶，云南省社会科学院社会学研究所研究员，主要从事发展社会学、社会政策研究；赵燕，云南民族大学社会学专业硕士研究生；李璇，云南民族大学社会学专业硕士研究生。

人口问题始终是我国面临的全局性、长期性、战略性问题。"人口规模巨大的现代化"是中国式现代化的首要特征。2020年以来,我国人口发展进入深度转型期,少子化、老龄化、区域人口增减分化成为新的趋势性特征。2023年5月,习近平总书记在二十届中央财经委员会第一次会议上就我国未来人口发展进行了重要讲话,指出必须全面认识、正确看待我国人口发展新形势,要着眼强国建设、民族复兴的战略安排,完善新时代人口发展战略,认识、适应、引领人口发展新常态,着力提高人口整体素质,努力保持适度生育水平和人口规模,加快塑造素质优良、总量充裕、结构优化、分布合理的现代化人力资源,以人口高质量发展支撑中国式现代化。

对标党的二十大提出的"分两步走"战略安排,云南省委、省政府明确提出3年上台阶、8年大发展、15年大跨越的"3815"战略目标,锚定到2035年与全国同步基本实现社会主义现代化。人口是支撑全面现代化建设的核心要素,当前,云南人口少子化、老龄化进一步加深,"未富先少""未富先老"趋势明显,同时还面临着人口地区分布不均、人口质量不高、人口流动加剧等严峻挑战。2023年是党的二十大召开后的第一年,是云南省"3815"战略目标的开局之年,在新的人口发展态势下,立足云南省情、战略发展目标,对人口发展特征进行深入追踪与分析,提出人口高质量发展的对策建议,对云南省全面现代化建设具有重要意义。

一 云南人口发展状况

(一)人口特征

2023年,云南省共有常住人口4673万人,占全国人口的3.3%,在全国排名第12,在西南六省区市中排第3位。纵向上来看,云南省常住人口在2011~2020年间一直保持增长态势,从2011年的4620.0万人增加到2020年的4722.0万人,共增长102.0万人,平均每年增长11.3万人。但

2021 年云南省常住人口规模较上年急剧下降，减少 32 万人，之后，2022 年较上年有小幅回升，2023 年再较上年减少 20 万人。与 2020 年相比，2023 年云南省常住人口规模减少了 49 万人，降幅为 1.0%（见表 1）。

表 1　2020~2023 年云南省常住人口规模变动情况

单位：万人，‰

年份	常住人口数	相比上年变化	比上年变化
2020	4722.0	8.0	1.7
2021	4690.0	−32.0	−6.8
2022	4693.0	3.0	0.6
2023	4673.0	−20.0	−4.3

资料来源：《云南省 2023 年国民经济和社会发展统计公报》《云南统计年鉴 2023》。

分地区看，2023 年云南省常住人口主要集中在昆明市、曲靖市和昭通市，三地常住人口合计占比超过全省的 40%。

16 个地州市中常住人口超过 500 万人的地州市有 2 个，分别是昆明市 868.0 万人，占全省常住人口的 18.6%；曲靖市 568.8 万人，占全省常住人口的 12.2%。

常住人口在 300 万人至 500 万人之间的地州市有 4 个，分别是昭通市 485.4 万人、红河州 436.3 万人、文山州 339.7 万人、大理州 334.2 万人，分别占全省常住人口的 10.4%、9.3%、7.3%、7.2%。

常住人口在 100 万人至 300 万人之间的地州市有 8 个，分别是保山市 240.7 万人、楚雄州 234.2 万人、普洱市 234.0 万人、玉溪市 226.5 万人、临沧市 220.2 万人、德宏州 133.7 万人、西双版纳州 133.3 万人、丽江市 125.0 万人，分别占比为 5.2%、5.0%、5.0%、4.8%、4.7%、2.9%、2.9%、2.7%。

常住人口在 50 万人至 100 万人之间的地州市是怒江州，共有 53.5 万人，占全省常住人口的 1.1%。

常住人口在 20 万人至 50 万人之间的地州市是迪庆州，共有 39.5 万人，占全省常住人口的 0.8%，这也是云南省常住人口最少的地州市（见表 2）。

表2　2023年云南省各州市常住人口数

单位：万人

人口区间	地区	总人口数
500万以上	昆明市	868.0
	曲靖市	568.8
300万~500万	昭通市	485.4
	红河州	436.3
	文山州	339.7
	大理州	334.2
100万~300万	保山市	240.7
	楚雄州	234.2
	普洱市	234.0
	玉溪市	226.5
	临沧市	220.2
	德宏州	133.7
	西双版纳州	133.3
	丽江市	125.0
50万~100万	怒江州	53.5
20万~50万	迪庆州	39.5

资料来源：云南省2023年各州市国民经济和社会发展统计公报。

（二）人口增长水平

1. 人口自然增长率连续两年为负

2022年，云南省人口自然增长率为-0.1‰，首次为负，但在全国排名第14位，高于全国平均水平（-0.6‰）0.5个千分点。在西南六省区市中高于四川省（-2.7‰）和重庆市（-2.1‰），但低于西藏自治区（8.8‰）、贵州省（3.7‰）和广西壮族自治区（1.4‰）。2023年，云南省人口自然增长率为-0.4‰，继续为负，在全国排名第5，高于全国平均水平（-1.5‰）1.1个千分点。在西南五省区①中高于四川省（-3.1‰），低于广

① 西南五省区指：四川省、云南省、贵州省、西藏自治区、广西壮族自治区。

西壮族自治区（0.4‰）、贵州省（2.9‰）、西藏自治区（8.0‰）。纵向看，云南省人口自然增长率 2011~2019 年一直在 6‰~7‰徘徊，2011 年为6.4‰，2012~2014 年小幅下降到 6.2‰；2015~2018 年又小幅回升，由6.2‰上升至 6.9‰；2019 年较上年再有小幅下降，到 6.4‰；2020 年人口自然增长率急剧下降到 3.0‰，2021 年再下降到 1.2‰，2022 年首次出现负增长，2023 年连续负增长。

分地区来看，2023 年云南省 16 个州市中，全部州市的人口自然增长率皆为负，最低的楚雄州为-0.9‰。人口自然增长率低于全省平均水平的州市有 6 个，分别是红河州、怒江州、保山市、大理州、迪庆州、楚雄州。高于全省平均水平的州市有 4 个，分别是昆明市、临沧市、德宏州、曲靖市。文山州、西双版纳州、昭通市、丽江市、普洱市、玉溪市等 6 个州市人口出生率刚好达到全省平均水平（见表 3）。

表 3　2023 年云南省各州市人口自然增长率情况

单位：万人，‰

地区		人口自然增长人数	人口自然增长率
全省		-1.8	-0.4
	昆明市	-0.1	-0.1
	临沧市	-0.0	-0.2
	德宏州	-0.0	-0.2
	曲靖市	-0.2	-0.3
	文山州	-0.1	-0.4
	西双版纳州	-0.1	-0.4
	昭通市	-0.2	-0.4
	丽江市	-0.1	-0.4
	普洱市	-0.1	-0.4
	玉溪市	-0.1	-0.4
	红河州	-0.2	-0.5
	怒江州	-0.0	-0.6
	保山市	-0.1	-0.6
	大理州	-0.3	-0.8
	迪庆州	-0.0	-0.8
	楚雄州	-0.2	-0.9

资料来源：云南省 2023 年各州市国民经济和社会发展统计公报。

2. 人口出生率不断下降

2023 年云南省人口出生率为 8.2‰，在全国排名第 5 位，高于全国平均水平（6.4‰）1.8 个千分点，在西南五省区中排名第 3 位，高于广西壮族自治区（8.0‰）和四川省（6.3‰）。2023 年云南省共出生人口 38.5 万人，在西南五省区市中，低于四川省（52.9 万人）、西藏自治区（50.1 万人）、贵州省（41.1 万人）、广西壮族自治区（40.5 万人）（见表 4）。

表 4　2023 年西南五省区市的人口出生率、自然增长率及人口死亡率情况

单位：‰

省区	人口出生率	自然增长率	人口死亡率
全国平均	6.4	−1.5	7.9
广西壮族自治区	8.0	0.4	7.6
贵州省	10.7	2.9	7.8
西藏自治区	13.7	8.0	5.8
四川省	6.3	−3.1	9.4
云南省	8.2	−0.4	8.6

资料来源：各省区市 2023 年国民经济和社会发展统计公报。

纵向看，云南省人口出生率从 2011 年至 2019 年在 12.6‰~13.5‰徘徊，2017 年达到最高点，达 13.5‰，出生 63.4 万人。2018 年起，云南省人口出生率开始逐渐下降，2019 年到达前期低点 12.6‰，2020 年下降到11‰，之后继续下降，2022 年仅为 8.1‰，与最高 2017 年相差 5.4 个千分点，2023 年回升至 8.2‰（见表 5）。

表 5　2011~2023 年云南省人口出生情况

单位：万人，‰

年份	出生人数	人口出生率
2011	58.6	12.7
2012	58.4	12.6
2013	58.4	12.6
2014	58.8	12.7

续表

年份	出生人数	人口出生率
2015	60.0	12.9
2016	61.5	13.2
2017	63.4	13.5
2018	62.0	13.2
2019	59.5	12.6
2020	51.7	11.0
2021	44.0	9.4
2022	38.2	8.1
2023	38.5	8.2

资料来源：《云南统计年鉴2023》《云南省2023年国民经济和社会发展统计公报》。

分地区来看，2023年人口出生率最高的是昭通市10.1‰，高于全省平均水平（8.2‰）1.9个千分点；其次是德宏州9.7‰，高于全省平均水平1.5个千分点；最低的是迪庆州6.1‰，低于全省平均水平2.1个千分点。从现有数据分析，人口出生率高于全省平均水平的州市有5个，分别是昭通市（10.1‰）、德宏州（9.7‰）、文山州（9.4‰）、怒江州（8.9‰）、曲靖市（8.8‰）；低于全省平均水平的州市有11个，分别是临沧市（8.1‰）、大理州（7.9‰）、红河州（7.8‰）、丽江市（7.7‰）、玉溪市（7.7‰）、昆明市（7.6‰）、普洱市（7.6‰）、楚雄州（7.4‰）、保山市（7.4‰）、西双版纳州（6.9‰）、迪庆州（6.1‰）（见表6）。

表6 2023年云南省各地州市人口出生率情况

单位：万人，‰

州市	出生人数	人口出生率
全省	38.5	8.2
昭通市	5.0	10.1
德宏州	1.3	9.7
文山州	3.2	9.4
怒江州	0.5	8.9

续表

州市	出生人数	人口出生率
曲靖市	5.0	8.8
临沧市	1.8	8.1
大理州	2.6	7.9
红河州	3.4	7.8
丽江市	1.0	7.7
玉溪市	1.7	7.7
昆明市	6.5	7.6
普洱市	1.8	7.6
楚雄州	1.8	7.4
保山市	1.8	7.4
西双版纳州	0.9	6.9
迪庆州	0.2	6.1

资料来源：云南省 2023 年各州市国民经济和社会发展统计公报。

3. 人口死亡率小幅上升

2023 年，云南省人口死亡率为 8.6‰，较上一年增长 0.4 个千分点。与全国平均水平（7.9‰）相比，高 0.7 个千分点。在西南五省区中高于贵州省（7.8‰）、广西壮族自治区（7.6‰）、西藏自治区（5.8‰），低于四川省（9.4‰）（见表 4）。

纵向上看，2019 年前云南省死亡率一直在 6.2‰~6.7‰，2020~2023 年分别达到 7.9‰、8.1‰、8.2‰、8.6‰，死亡人数分别为 37.4 万、38.2 万、38.5 万、40.3 万（见表 7）。

表 7 2011~2023 年云南省人口死亡率情况

单位：万人，‰

年份	死亡人数	人口死亡率
2011	29.3	6.4
2012	29.7	6.4
2013	29.8	6.4
2014	30.0	6.5

续表

年份	死亡人数	人口死亡率
2015	30.2	6.5
2016	30.6	6.6
2017	31.3	6.7
2018	29.7	6.3
2019	29.2	6.2
2020	37.4	7.9
2021	38.2	8.1
2022	38.5	8.2
2023	40.3	8.6

资料来源：《云南统计年鉴2023》《云南省2023年国民经济和社会发展统计公报》。

分地州来看，2023年云南省人口死亡率最低的是迪庆州（6.9‰），低于全省平均水平（8.6‰）1.7个千分点，最高的是昭通市（10.5‰），高于全省平均水平1.9个千分点。人口死亡率低于或等于全省平均水平的州市有11个，分别是大理州（8.6‰）、楚雄州（8.3‰）、红河州（8.3‰）、临沧市（8.2‰）、丽江市（8.1‰）、玉溪市（8.1‰）、普洱市（8.0‰）、保山市（8.0‰）、昆明市（7.7‰）、西双版纳州（7.3‰）、迪庆州（6.9‰）；高于全省平均水平的州市有5个，分别是昭通市（10.5‰）、德宏州（9.9‰）、文山州（9.8‰）、怒江州（9.4‰）、曲靖市（9.1‰）（见表8）。

表8　2023年云南省各地州市人口死亡率情况

单位：万人，‰

州市	死亡人数	人口死亡率
全省	40.3	8.6
昭通市	5.2	10.5
德宏州	1.3	9.9
文山州	3.4	9.8

续表

州市	死亡人数	人口死亡率
怒江州	0.5	9.4
曲靖市	5.2	9.1
大理州	2.9	8.6
楚雄州	2.0	8.3
红河州	3.6	8.3
临沧市	1.8	8.2
丽江市	1.0	8.1
玉溪市	1.8	8.1
普洱市	1.9	8.0
保山市	1.9	8.0
昆明市	6.7	7.7
西双版纳州	1.0	7.3
迪庆州	0.3	6.9

资料来源：云南省2023年各州市国民经济和社会发展统计公报。

（三）人口结构

1. 性别分布趋向平衡

2023年底，云南省常住人口中男性人口有2402万人，占总人口的51.4%，女性人口2271万人，占总人口的48.6%，总人口性别比①为105.8。与全国（104.5）相比，总人口性别比略高。与周边四省区相比，总人口性别比低于广西壮族自治区（107.0）。纵向来看，云南省总人口性别比正在趋向平衡，2010年为107.8，2020年下降到107.2，2021年继续下降到106.3，2023年再下降到105.8，为比较失衡型（见表9）。

---

① 常住人口中男性对女性的比例，以每100名女性对应的男性数来表示。

表 9 2010 年以来云南省人口性别结构及性别比变化

单位：万人

性别	2010 年	2020 年	2021 年	2022 年	2023 年
男	2387.6	2442.6	2417.0	2416.0	2402.0
女	2214.0	2279.4	2273.0	2277.0	2271.0
总人口性别比	107.8	107.2	106.3	106.1	105.8

资料来源：《云南统计年鉴 2023》《云南省 2023 年国民经济和社会发展统计公报》。

分地区来看，根据云南省 2023 年各州市国民经济和社会发展统计公报数据，16 个地州市中总人口性别比最低的分别是：大理州（102.2）、楚雄州（103.1）、昆明市（103.8），最高的分别是西双版纳州（110.3）、普洱市（110.1）、迪庆州（119.0）。按性别比失衡类别来分，属于比较失衡型（>110）的有 2 个，分别是西双版纳州、普洱市；其余 14 个地州市均为略有失衡型（100~110）（见表 10）。

表 10 2023 年云南省各地州市分性别人口数及总人口性别比

单位：万人

性别比类别	地区	总人口	男	女	总人口性别比
	全省	4673.0	2402.0	2271.0	105.8
比较失衡型（>110）	西双版纳州	133.3	69.9	63.4	110.3
	普洱市	234.0	122.6	111.4	110.1
略有失衡型（100~110）	迪庆州	39.5	20.6	18.9	109.0
	临沧市	220.2	114.4	105.8	108.1
	昭通市	485.4	252.1	233.3	108.1
	德宏州	133.7	69.3	64.4	107.6
	怒江州	53.5	27.7	25.8	107.4
	曲靖市	568.8	293.5	275.3	106.6
	文山州	339.7	175.0	164.7	106.3
	红河州	436.3	224.5	211.8	106.0
	丽江市	125.0	64.0	61.0	104.9
	玉溪市	226.5	115.7	110.8	104.4
	保山市	240.7	122.9	117.8	104.3
	昆明市	868.0	442.0	426.0	103.8
	楚雄州	234.2	118.9	115.3	103.1
	大理州	334.2	168.9	165.3	102.2

资料来源：云南省 2023 年各州市国民经济和社会发展统计公报。

2.老龄化程度进一步加深

2000年以来，云南省老龄化程度不断加深，2010年60岁以上人口为508.5万人，占全省常住人口的11.1%，2020年增加到703.8万人，比例也上升到14.9%。2021年全省60岁以上老年人有711.0万人，占全省常住人口的15.2%，2022年，全省60岁以上人口增加到747.0万人，占全省常住人口的15.9%。到2023年又增加至792万人，占全省常住人口的17.0%（见表11）。

表11 2010~2023年云南省60岁以上人口占比

单位：万人，%

年份	总人口数	60岁及以上人口数	占比
2010	4596.6	508.5	11.1
2020	4722.0	703.8	14.9
2021	4690.0	711.0	15.2
2022	4693.0	747.0	15.9
2023	4673.0	792.0	17.0

资料来源：《云南省2010年人口普查资料》《云南省人口普查年鉴2020》《云南省2021年国民经济和社会发展统计公报》《云南省2022年国民经济和社会发展统计公报》《云南省2023年国民经济和社会发展统计公报》。

但横向比较，云南省老龄化程度在全国仍较低，2023年低于全国平均水平4.1个百分点，低于广西壮族自治区1.6个百分点、低于贵州省0.1个百分点（见表12）。

表12 2023年云南省、贵州省、广西壮族自治区60岁以上人口占比

单位：万人，%

地区	总人口数	60岁以上人口数	占比
全国	140967.0	29797.0	21.1
云南省	4673.0	792.0	17.0
广西壮族自治区	5027.0	937.2	18.6
贵州省	3865.0	660.0	17.1

资料来源：各省区市2023年国民经济和社会发展统计公报。

分地区来看，2023年云南省16个地州市中，60岁以上人口占比较多的是保山市和楚雄州，两地均占比20.2%；较少的是迪庆州（14.2%）、怒江州（14.4%）、西双版纳州（14.6%）。均已进入老龄社会，但多处于轻度老龄化阶段。60岁以上人口较多的是：昆明市（139.5万人）、曲靖市（96.2万人）；较少的是怒江州（7.7万人）、迪庆州（5.6万人）（见表13）。

表13 2023年云南省各地州市60岁以上老年人情况

单位：万人，%

地区	总人口数	60岁以上人口数	占比
全省	4673.0	792.0	17.0
昆明市	868.0	139.5	16.1
曲靖市	568.8	96.2	16.9
昭通市	485.4	73.3	15.1
红河州	436.3	74.3	17.0
文山州	339.7	53.8	15.8
大理州	334.2	63.4	19.0
保山市	240.7	48.5	20.2
楚雄州	234.2	47.2	20.2
普洱市	234.0	41.8	17.9
玉溪市	226.5	42.1	18.6
临沧市	220.2	38.7	17.6
德宏州	133.7	20.0	15.0
西双版纳州	133.3	19.4	14.6
丽江市	125.0	20.5	16.4
怒江州	53.5	7.7	14.4
迪庆州	39.5	5.6	14.2

资料来源：云南省2023年各州市国民经济和社会发展统计公报。

3.劳动年龄人口逐渐减少

全省劳动年龄人口规模正在不断减少，2021年，全省16~59岁劳动年龄人口为3017万人，占比为64.3%。到2023年下降到2964万人，占比也略下降至63.4%（见表14）。

表14　2021~2023年云南省16~59岁劳动年龄人口状况

单位：万人，%

年份	总人口数	16~59岁人口数	占比
2021	4690.0	3017.0	64.3
2022	4693.0	3006.0	64.1
2023	4673.0	2964.0	63.4

资料来源：《云南省2021年国民经济和社会发展统计公报》《云南省2022年国民经济和社会发展统计公报》《云南省2023年国民经济和社会发展统计公报》。

但与全国平均水平相比，云南省劳动年龄人口占比相对较高，高于全国平均水平2.1个百分点。与贵州省和广西壮族自治区相比，云南省劳动年龄人口总量比广西壮族自治区多30.6万人、比贵州省多689万人，占比较广西壮族自治区多5.0个百分点、较贵州省多4.5个百分点（见表15）。

表15　2023年云南省、贵州省、广西壮族自治区三省区16~59岁人口占比

单位：万人，%

地区	总人口数	16~59岁人口数	16~59岁人口占比
全国	140967.0	86481.0	61.3
云南省	4673.0	2964.0	63.4
广西壮族自治区	5027.0	2933.4	58.4
贵州省	3865.0	2275.0	58.9

资料来源：各省区市2023年国民经济和社会发展统计公报。

分地区来看，2023年云南省16个地州市中，16~59岁人口占比较多的前三位分别是：昆明市（69.1%）、迪庆州（68.4%）、西双版纳州（68.1%）；较少的后三位是：曲靖市（60.4%）、昭通市（58.8%）、文山州（58.6%）。16~59岁人口较多的前三位分别是：昆明市（599.5万人）、曲靖市（343.8万人）、昭通市（285.4万人）；较少的后三位分别是丽江市（83.7万人）、怒江州（33.8万人）、迪庆州（27.0万人）（见表16）。

表16　2023年云南省各地州16～59岁人口情况

单位：万人，%

州市	总人口	16～59岁人口数	占比
全省	4673.0	2964.0	63.4
昆明市	868.0	599.5	69.1
迪庆州	39.5	27.0	68.4
西双版纳州	133.3	90.8	68.1
丽江市	125.0	83.7	67.0
玉溪市	226.5	147.6	65.2
大理州	334.2	215.0	64.3
楚雄州	234.2	150.6	64.3
德宏州	133.7	85.4	63.9
怒江州	53.5	33.8	63.2
普洱市	234.0	147.5	63.0
临沧市	220.2	137.0	62.2
红河州	436.3	269.4	61.8
保山市	240.7	148.3	61.6
曲靖市	568.8	343.8	60.4
昭通市	485.4	285.4	58.8
文山州	339.7	199.2	58.6

资料来源：云南省2023年各州市国民经济和社会发展统计公报。

4.少儿人口持续波动

2021年，云南省0～15岁少儿人口为962万人，占总人口比例的20.5%。2022年，较上年减少22万人，为940万人，占总人口比例的20.0%，较上年下降了0.5个百分点。2023年，再下降到917万人，较上年减少23万人，占总人口比例的19.6%，较上年减少0.4个百分点（见表17）。

表 17　2021~2023 年云南省 0~15 岁人口状况

单位：万人，%

年份	总人口数	0~15 岁人口数	占比
2021	4690.0	962.0	20.5
2022	4693.0	940.0	20.0
2023	4673.0	917.0	19.6

资料来源：《云南省 2021 年国民经济和社会发展统计公报》《云南省 2022 年国民经济和社会发展统计公报》《云南省 2023 年国民经济和社会发展统计公报》。

与全国平均水平相比，2023 年云南省 0~15 岁人口占比相对较多，高于全国平均水平 2.0 个百分点。与贵州省和广西壮族自治区相比，云南省 0~15 岁人口数量排名第 3 位，少于广西壮族自治区 239.4 万人、少于贵州省 13 万人；占比低于贵州省 4.5 个百分点、低于广西壮族自治区 3.4 个百分点（见表 18）。

表 18　2023 年云南省、贵州省、广西壮族自治区三省区 0~15 岁人口占比

单位：万人，%

地区	总人口数	0~15 岁人口数	占比
全国	140967.0	24789.0	17.6
云南省	4673.0	917.0	19.6
广西壮族自治区	5027.0	1156.4	23.0
贵州省	3865.0	930.0	24.1

资料来源：各省区市 2023 年国民经济和社会发展统计公报。

分地区来看，2023 年云南省 16 个地州市中，0~15 岁人口占比较多的前三位分别是：昭通市（26.1%）、文山州（25.5%）、曲靖市（22.6%）；占比较少的后三位分别是：昆明市（14.9%）、楚雄州（15.5%）、玉溪市（16.3%）。0~15 岁人口较多的前三位分别是：昆明市（129.0 万人）、曲靖市（128.8 万人）、昭通市（126.7 万人）；较少的后三位分别是迪庆州（6.9 万人）、怒江州（12.0 万人）、丽江市（20.8 万人）（见表 19）。

表19 2023年云南省各地州0~15岁人口情况

单位：万人，%

地区	总人口数	0~15岁以上人口数	占比
全省	4673.0	917.0	19.6
昆明市	868.0	129.0	14.9
曲靖市	568.8	128.8	22.6
昭通市	485.4	126.7	26.1
红河州	436.3	92.6	21.2
文山州	339.7	87.0	25.6
大理州	334.2	55.8	16.7
保山市	240.7	43.9	18.2
楚雄州	234.2	36.4	15.5
普洱市	234	44.7	19.1
玉溪市	226.5	36.8	16.3
临沧市	220.2	44.5	20.2
德宏州	133.7	28.3	21.2
西双版纳州	133.3	23.1	17.3
丽江市	125.0	20.8	16.6
怒江州	53.5	12.0	22.4
迪庆州	39.5	6.9	17.5

资料来源：云南省2023年各州市国民经济和社会发展统计公报。

5. 少数民族人口有所增加

从2010年至2020年，云南省少数民族人口总量从1534.9万人增加到1563.6万人，增加了28.7万人，但比重变化不大，2010年为33.4%，2020年为33.1%（见表20）。

表20 2010年、2020年云南省少数民族变动情况

单位：万人，%

年份	汉族		少数民族	
	人口数	占比	人口数	占比
2010	3061.8	66.6	1534.9	33.4
2020	3157.3	66.9	1563.6	33.1

资料来源：《云南省2010年人口普查资料》《云南省人口普查年鉴2020》。

分民族来看，2020 年占比较高的少数民族分别为：彝族，占 10.7%；哈尼族，占 3.5%；白族，占 3.4%。占比较少的少数民族分别是：独龙族，占 0.01%；水族，占 0.02%；德昂族和满族，分别占 0.04%。人口在百万以上的少数民族共有 6 个，分别是：彝族（507.1 万人）、哈尼族（163.3 万人）、白族（160.4 万人）、傣族（125.9 万人）、苗族（125.3 万人）、壮族（121.0 万人）。人口在 1 万人或 1 万人以下的少数民族有 2 个，分别是独龙族（0.7 万人）、水族（1.0 万人）（见表 21）。

表 21　2020 年云南省少数民族分布情况

单位：万人，%

民族	人口数	占比	民族	人口数	占比
汉　族	3157.3	66.9	景颇族	14.6	0.3
彝　族	507.1	10.7	布朗族	12.0	0.3
哈尼族	163.3	3.5	布依族	6.8	0.1
白　族	160.4	3.4	普米族	4.3	0.1
傣　族	125.9	2.7	阿昌族	4.0	0.1
苗　族	125.3	2.7	怒　族	3.4	0.1
壮　族	121.0	2.6	基诺族	2.5	0.1
回　族	73.8	1.6	蒙古族	2.5	0.05
傈僳族	70.5	1.5	德昂族	2.1	0.04
拉祜族	46.9	1.0	满　族	2.0	0.04
佤　族	38.4	0.8	水　族	1.0	0.02
纳西族	30.4	0.6	独龙族	0.7	0.01
瑶　族	21.9	0.5	其　他	8.0	0.2
藏　族	14.8	0.3			

资料来源：《云南省人口普查年鉴 2020》。

（四）人口质量

1. 平均预期寿命有较大提升

2020 年，云南省平均预期寿命达到 74 岁，其中男性 71 岁、女性 77.6 岁。较 2010 年有较大幅度增加，平均预期寿命增加了 4.5 岁，其中男性预期寿命增加了 3.9 岁、女性预期寿命增加了 5.2 岁，提升幅度在全国居前，但与全国平均预期寿命（77.9 岁）相比有较大差距，平均预期寿命低 3.9 岁、男性平均预期寿命低 4.4 岁、女性平均预期寿命低 3.3 岁（见表 22）。

表 22　云南省平衡预期寿命变化

单位：岁

年份	云南省			全国		
	平均预期寿命	男性	女性	平均预期寿命	男性	女性
2010	69.5	67.1	72.4	74.8	72.4	77.4
2020	74.0	71.0	77.6	77.9	75.4	80.9

资料来源：《云南统计年鉴 2022》；《2022 年中国统计年鉴》。

2. 人口受教育程度提升较快

2020 年"七普"数据显示，相比 2010 年，云南省人口受教育程度整体有较大程度提升。

平均受教育年限从 2010 年的 7.6 年提升到 2020 年的 8.8 年，提高了 1.2 年。

受高等教育人口规模进一步扩大，每 10 万人中拥有大学文化程度人口从 2010 年的 5778 人上升为 2020 年的 11601 人。

初中、高中文化程度人口均有提升，每 10 万人拥有高中和中专文化程度的由 2010 年的 8376 人上升为 2020 年的 10338 人、拥有初中文化程度的由 2010 年的 27480 人上升为 2020 年的 29241 人。15 岁及以上人口中文盲率进一步下降，从 2010 年的 6.0% 下降到 2020 年的 4.7%，下降 1.3 个百分点（见表 23）。

表 23　云南省历次人口普查受教育水平及平均受教育年限

项目		1964 年	1982 年	1990 年	2000 年	2010 年	2020 年
每 10 万人拥有的各种受教育程度人口数（万人）	大专及以上	0.03	0.03	0.1	0.2	0.6	1.2
	高中和中专	0.1	0.3	0.4	0.7	0.8	1.0
	初中	0.3	1.0	1.4	2.1	2.8	2.9
	小学	2.3	2.9	3.8	4.5	4.3	3.6

续表

项目	1964 年	1982 年	1990 年	2000 年	2010 年	2020 年
平均受教育 年限(年)	2.2	3.6	4.8	6.3	7.6	8.8
文盲率*(%)	47.3	31.5	25.4	11.4	6.0	4.7

资料来源:《云南统计年鉴 2023》。

* 文盲率=15 岁及以上文盲人口数/15 岁及以上的总人口数×100%

　　根据 2022 年全国人口变动情况抽样调查样本数据,西南六省区市中高等教育人口占比最大的是重庆市,受过高等教育的人数占重庆市 6 岁以上人口的 21.3%。重庆市属于新一线城市,教育资源及教育水平要远远优于其他省区。云南省受过高等教育的人口比重占全省 6 岁以上人口的 14.2%,在西南六省区市中排末位。从文盲率来看,在西南六省区市中云南省低于西藏自治区(34.6%)、贵州省(8.0%),但高于四川省(4.3%)、广西壮族自治区(3.0%)、重庆市(2.2%)(见表24)。

表 24　2022 年全国抽样调查中西南各省区市各类教育人数及比重

单位:人,%

地区	大学专科 人数	大学本科 人数	研究生 人数	受高等教育 人口比重*	文盲人数	文盲率**
云南省	3236	2956	167	14.2	2173	5.6
广西壮族自治区	3879	2814	188	14.3	1189	3.0
贵州省	2502	2582	110	14.4	2425	8.0
四川省	6934	6307	557	16.9	3129	4.3
重庆市	3952	2520	194	21.3	618	2.2
西藏自治区	200	296	9	14.9	970	34.6

资料来源:《2023 年中国统计年鉴》。

* 受高等教育人口比重=受高等教育程度人数/6 岁及以上人口总数×100%

** 文盲率=15 岁及以上文盲人口数/15 岁及以上的总人口数×100%

（五）人口分布

1. 城镇化率稳步提升

云南省城镇化率自 2011 年以来持续上升，2020 年首次突破 50%，达到 50.1%，实现了一半以上人口居住在城镇的历史性转变，比 2011 年提升了 13.5 个百分点。2022 年和 2023 年，云南省城镇化率继续上升，2023 年比 2022 年上升了 1.2 个百分点。2023 年，云南省常住人口中有 2473.0 万人居住在城镇、2200.0 万人居住在农村（见表 25）。

表 25　云南省分年份、城乡的常住人口及城镇化率

单位：万人，%

年份	常住人口			城镇化率
	总人口数	城镇人口数	农村人口数	
2011	4620.0	1689.5	2930.5	36.6
2012	4631.0	1781.5	2849.5	38.5
2013	4641.0	1855.9	2785.1	40.0
2014	4653.0	1917.5	2735.5	41.2
2015	4663.0	2001.8	2661.2	42.9
2016	4677.0	2087.8	2589.2	44.6
2017	4693.0	2172.4	2520.6	46.3
2018	4703.0	2231.1	2471.9	47.4
2019	4714.0	2294.3	2419.7	48.7
2020	4720.9	2363.4	2358.6	50.1
2021	4690.0	2394.2	2295.8	51.1
2022	4693.0	2427.0	2266.0	51.7
2023	4673.0	2473.0	2200.0	52.9

资料来源：《云南省 2023 年国民经济和社会发展统计公报》《云南统计年鉴 2023》。

但与全国平均水平相比，差距较大，2023 年低于全国平均水平 13.3 个百分点。在西南六省区市中，云南省城镇化率排在第 5 位，仅高于西藏自治

区，低于重庆市18.8个百分点、四川省6.6个百分点、广西壮族自治区3.9个百分点、贵州省3.0个百分点（见表26）。

表26 2020~2023年全国及西南六省区市城镇化率

单位：%

地区	2020年	2021年	2022年	2023年
全国	63.9	64.7	65.2	66.2
云南省	50.1	51.1	51.7	52.9
广西壮族自治区	54.2	55.1	55.7	56.8
贵州省	53.2	54.3	54.8	55.9
四川省	56.7	57.8	58.4	59.5
重庆市	69.5	70.3	71.0	71.7
西藏自治区	35.7	36.6	37.4	38.9

资料来源：各省区市2020~2023年国民经济和社会发展统计公报。

分地州来看，城镇化率极不平衡，2023年城镇化率最高的昆明市达82.3%，最低的迪庆州仅有33.9%。16个地州中超50%的有8个州市：昆明市（82.3%）、玉溪市（57.1%）、怒江州（54.2%）、曲靖市（51.8%）、丽江市（50.5%）、西双版纳州（50.4%）、德宏州（50.4%）、红河州（50.1%）；城镇化率在40%以下的有：文山州（39.7%）、临沧市（37.5%）、保山市（37.8%）、迪庆州（33.9%）。按城镇化进程的六个阶段分，全省16个地州市中昆明市已经进入自我完善阶段，玉溪市、怒江州、曲靖市、丽江市、西双版纳州、德宏州、红河州处于基本实现阶段，其余均处于加速阶段。其中怒江州的城镇化水平提升较快，从2010年的23.4%提升到2023年的54.2%，十年中提高了30.8个百分点，翻了一倍还多，并在2021年、2022年持续提升。怒江州城镇化进程的快速推进归功于党和政府在过去十年对怒江州的大力扶持，归功于怒江州的产业结构大调整和脱贫攻坚取得决定性胜利，也归功于行政区划调整，泸水成功撤县设市，怒江州新城、福贡新城、兰坪新城拔地而起，美丽县城建设加快推进，怒江州经济社会发展发生了"一步跨千年"的实质性变化（见表27）。

表 27　2023 年云南省各州市城镇化率

单位：万人，%

城镇化阶段	地区	总人口	城乡		城镇化率
			城镇	乡村	
	全省	4673.0	2473.0	2200.0	52.9
自我完善阶段(80%以上)	昆明市	868.0	714.5	153.5	82.3
基本实现阶段（50%~60%）	玉溪市	226.5	129.3	97.2	57.1
	怒江州	53.5	29.0	24.5	54.2
	曲靖市	568.8	294.6	274.2	51.8
	丽江市	125	63.1	62	50.5
	西双版纳州	133.3	67.2	66.1	50.4
	德宏州	133.7	67.4	66.3	50.4
	红河州	436.3	218.6	217.7	50.1
加速阶段（20%~50%）	楚雄州	234.2	112.3	121.9	48.0
	大理州	334.2	151.3	183.0	45.3
	普洱市	234.0	101.0	133.1	43.2
	昭通市	485.4	203.1	282.3	41.8
	文山州	339.7	134.8	205.0	39.7
	临沧市	220.2	82.6	137.6	37.5
	保山市	240.7	91.0	149.7	37.8
	迪庆州	39.5	13.4	26.1	33.9

资料来源：云南省 2023 年各州市国民经济和社会发展统计公报。

2. 人口密度

2023 年，云南省人口密度为 118.5 人/千米²，低于全国平均水平（146.8 人/千米²）。在西南六省区市中仅高于西藏自治区，低于四川省、广西壮族自治区、贵州省、重庆市（见表 28）。

表 28 2023 年全国平均及西南六省区市人口密度

单位：人／千米²

地区	2023 年	地区	2023 年
全国	146.8	重庆市	387.3
云南省	118.5	广西壮族自治区	211.6
贵州省	219.4	西藏自治区	3.0
四川省	172.2		

注：人口密度=该地常住人口（人）／该地土地面积（千米²）
资料来源：各省区市 2023 年国民经济和社会发展统计公报。

纵向上看，云南省人口密度自 2011 年以来持续上升，2023 年比 2011 年增加了 1.3 人／千米²（见表 29）。

表 29 2011~2023 年云南省人口密度

单位：人／千米²

年份	人口密度	年份	人口密度
2011	117.2	2018	119.3
2012	117.5	2019	119.6
2013	117.8	2020	119.8
2014	118.1	2021	119.0
2015	118.3	2022	119.1
2016	118.7	2023	118.5
2017	119.1		

资料来源：《云南统计年鉴 2023》。

分地区来看，2023 年 16 个州市人口密度最大的是昆明市，达 402.1 人／千米²，最低是迪庆州，只有 16.4 人／千米²，前者是后者的 24.5 倍。人口密度超过 100 人／千米² 的有昆明市、昭通市、曲靖市、玉溪市、红河州、保山市、德宏州、大理州、文山州等 9 个州市，为人口密集区，其中昆明市、昭通市、曲靖市、玉溪市、红河州、保山市均超过了全省平均水平；人口密度在 25~100 人／千米² 的有临沧市、西双版纳州、丽江市、楚雄州、普洱市、怒江州等 6 个州市，为人口中等区；人口密度低于 25 人/千米^2 的有迪庆州，为人口稀少区（见表 30）。

表 30　2023 年云南省各州市人口密度

人口密度等级	地区	总人口（万人）	人口密度人/千米^2
	全省	4673	118.6
人口密集区	昆明市	868	402.1
	昭通市	485.4	211.1
	曲靖市	568.8	190.4
	玉溪市	226.5	148.1
	红河州	436.3	132.5
	保山市	240.7	122.5
	德宏州	133.7	115.9
	大理州	334.2	113.5
	文山州	339.7	105.5
人口中等区	临沧市	220.2	89.9
	西双版纳州	133.3	67.7
	丽江市	125	59.0
	楚雄州	234.2	54.1
	普洱市	234	51.6
	怒江州	53.5	36.5
人口稀少区	迪庆州	39.1	16.4

注：人口密度＝该地常住人口（人）/该地土地面积（千米^2）
资料来源：云南省 2023 年各州市国民经济和社会发展统计公报。

（六）人口流动

"七普"数据显示，2020 年云南省共有流动人口 1059.9 万人，占常住人口的 22.5%，其中跨省流入人口为 223.0 万人，占流动人口的 21.0%，省内流动人口为 836.9 万人，占流动人口的 79.0%。与 2010 年第六次全国人口普查相比，流动人口数增加了 454.5 万人，增加了 1 倍多。其中，跨省流动人口增加了近 100 万人，增加了 80%；省内流动人口增加了 355.2 万人，增加了 73.7%。跨省流动人口与省内流动人口比例从 2010 年的 1∶3.9 发展为 2020 年的 1∶3.8，相对来说，尽管人口流动更加活跃，省内流动占比更高，但十年来人口跨省流动增幅仍大于省内流动增幅。

横向来看，在西南六省区市中，云南省跨省流动人口数排在第 2 位，高于广西壮族自治区、贵州省、重庆市、西藏自治区，低于四川省；省内流动人口数排在第 3 位，高于西藏自治区、重庆市、广西壮族自治区，低于四川省、贵州省（见表 31）。

表 31 2020 年西南六省区市流动人口情况

单位：万人

地区	常住人口数	流动人口数	跨省流入人口数	省内流动人口数
全国	141177.9	37581.7	12483.7	25098.0
云南省	4720.9	1059.9	223.0	836.9
广西壮族自治区	2717.1	952.3	135.9	816.4
贵州省	3856.2	959.0	114.7	844.3
四川省	8367.5	2068.9	259.0	1809.9
重庆市	3205.4	481.1	219.4	261.7
西藏自治区	364.8	62.4	40.7	21.7

资料来源：西南六省区市第七次人口普查主要数据公报、《第七次全国人口普查主要数据公报》。

（七）家庭规模变化

2020 年，云南省家庭户规模为 2.9 人/户，比 2010 年第六次人口普查减少了 0.6 人/户，略高于全国平均水平（见表 32）。家庭规模首次缩小到 3 人以下，表明数据意义上的"三口之家"已不复存在，人口结构迎来大改变。西南六省区市中，云南省、广西壮族自治区、贵州省、四川省均从 2010 年的户均 3 人以上缩小到 2020 年的户均 3 人以下。从四世同堂的传统家庭结构到三口之家再到三口之家的瓦解，源于人口流动日趋频繁、住房条件不断改善为年轻人独立居住创造了条件，以及生育率不断下降，这一趋势的出现对社会化养老提出了新要求。

表32　2010年、2020年西南六省区市平均家庭户规模变化

单位：人/户

地区	2010年	2020年	变化
全国	3.1	2.6	-0.5
西藏自治区	4.2	3.2	-1
云南省	3.5	2.9	-0.6
广西壮族自治区	3.3	2.9	-0.4
贵州省	3.2	2.8	-0.4
四川省	3.0	2.5	-0.5
重庆市	2.7	2.5	-0.5

资料来源：《中国2010年人口普查资料》《中国人口普查年鉴2020》。

二　云南人口发展新特征带来的挑战

（一）老龄化带来较大社会抚养压力

自2020年以来，云南省人口增速放缓，甚至出现负数，老龄化不断加深，劳动年龄人口占比减少，加重了社会抚养压力，带来较大的财政负担。

国际通用抚养比的算法有两种，一种是将15~64岁的劳动力资源人口作为分母，分别与0~14岁人口计算少儿抚养比、与65岁以上人口计算老年抚养比、与这两个年龄段人口计算总抚养比；另一种是将15~59岁劳动年龄人口作为分母，相应的老年人口也调整为60岁以上，即表明每100名15~59岁人口需要承担的抚养数量。鉴于我国当前实行60岁退休制，农村地区也在60岁开始领取养老金，因此使用了后一种方法。

从纵向上看，2000年云南省总抚养比高至54.2%，但老年抚养比较低，

只有 14.1%，少儿抚养比高达 40.0%，虽然抚养压力较大，但人口红利可以预期。2010 年，总抚养比较 2000 年下降了近 10 个百分点，但主要下跌的是少儿抚养比，老年抚养比则上升了 2.1 个百分点。2020 年，总抚养比再次突破 50%大关，比十年前上升了 6.0 个百分点，少儿抚养比仍在继续下跌，上涨贡献主要来自老年抚养比。2021 年和 2022 年，总抚养比继续上升，其中老年抚养比持续上升，少儿抚养比波动。2023 年，总抚养比上升，少儿抚养比较上年降低，而老年抚养比持续上升（见表 33）。

表 33   2000~2023 年云南省抚养比变化情况

单位：%

年份	总抚养比	少儿抚养比*	老年抚养比**
2000	54.2	40.0	14.1
2010	46.6	30.4	16.2
2020	52.6	29.9	22.8
2021	55.5	31.9	23.6
2022	56.1	31.3	24.9
2023	57.7	30.9	26.7

资料来源：根据云南省"五普"、"六普"、"七普"数据和云南省 2021、2022、2023 年统计公报计算。

*通常少儿年龄指 0~14 岁，但 2021、2022 年云南省统计公报中统计口径转为 0~15 岁（16 周岁以下），增加了 1 个年龄人口，而劳动年龄人口变为 16~59 岁，减少了 1 个年龄人口，计算结果与前比较时有差异，但总的上涨趋势不变。

**总抚养比 = （60 岁以上老龄人口+0~15 岁少儿人口）/16~59 岁劳动力人口×100%

分地州来看，2023 年全省总抚养比较高的是文山州、昭通市，均在 70%以上，意味着每 100 个劳动力要负担 70 个老人和孩子。此外，曲靖市、保山市、红河州、临沧市、普洱市、怒江州、德宏州、楚雄州、大理州、玉溪市都超过了 50%，丽江市即将达到 50%。16 个地州少儿抚养比都超过了 20%。昆明市的总抚养比虽然不高，但老年抚养比超过了少儿抚养比（见表 34）。

表34 2023年云南省各地州人口抚养比

单位：%

地区	总抚养比	少儿抚养比	老年抚养比
全省	57.7	30.9	26.7
文山州	70.8	43.7	27.0
昭通市	70.1	44.4	25.7
曲靖市	65.4	37.5	28.0
保山市	62.3	29.6	32.7
红河州	62.0	34.4	27.6
临沧市	60.7	32.5	28.2
普洱市	58.6	30.3	28.3
怒江州	58.3	35.5	22.8
德宏州	56.6	33.1	23.4
楚雄州	55.5	24.2	31.3
大理州	55.4	26.0	29.5
玉溪市	53.5	24.9	28.5
丽江市	49.3	24.9	24.5
西双版	46.8	25.4	21.4
迪庆州	46.3	25.6	20.7
昆明市	44.8	21.5	23.3

资料来源：云南省2023年各州市国民经济和社会发展统计公报。

　　总抚养比的上升，特别是老年抚养比上升有两个直接的影响。一是大量人口退出劳动力市场，直接影响到政府的税收和社会价值创造。二是老龄人口的攀升增加了社会福利支出。其中社会保障方面，2022年，云南省领取城乡居民基本养老保险待遇人数达572.3万人，全年城乡居民基本养老保险基金支出104.34亿元。[①] 健康保障方面，2022年，全省747万老年人中，约400万人患有慢性病。为此，政府加大投入，在全省建设了17家老年医院、在全省55.8%的县级公立综合医院设立了老年病科独立科室、在全部

① 《云南省人力资源和社会保障厅、云南省统计局关于印发〈2022年云南省人力资源和社会保障事业发展统计公报〉的通知》，云南省人力资源和社会保障网，2023年7月4日，https://hrss.yn.gov.cn/html/2023/7/4/58470.html。

州（市）二级以上综合性医院开设老年医学科，并建成了完善的安宁疗护服务体系。① 养老服务方面，云南省传统养老模式以家庭为主，但随着家庭户不断缩小，老年人与子女分家独居的情况越来越普遍，再加之人口流动带来的留守老人现象，家庭养老的有效性面临困境，对社会养老提出了要求。当下，我国养老模式按照"9073"进行布局，即90%的老年人由家庭自我照顾，采取以家庭为基础的居家养老；7%的老年人享受社区居家养老服务，提供日间照料；3%的老年人享受机构养老服务。2023年，云南省有792万名60岁以上老人，按此比例计算，约有712.8万人居家养老，有55.4万人需要社区提供日间照料，有23.8万人要进入机构接受养老服务。2023年第四季度，全省有养老机构904个②，床位18万张③，与规划尚有一定差距。在日间照料中心方面，云南省投入巨大，截至2023年10月，全省共有街道级综合养老服务中心185所，社区养老设施（站点）12372个，老年幸福食堂（助餐点）432个，社区养老服务设施覆盖率达82.3%。④，然而，现有居家养老服务中心的运营也面临着巨大困难，一方面多数服务中心需要来自各方的补贴才能正常运营，其中主要依靠政府补贴；另一方面服务的老人数量有限，效用并未充分发挥。民生无小事，保障老年人安享晚年是党和政府实现中国式现代化的应有之义，云南省近年来在养老服务体系建设上投入巨大，但这些公共福利的支出，也会带来政府财政压力，影响到生产性投资。云南省地区生产总值、人均地区生产总值和财政收入在全国排位不高，未富先老对社会福利高标准满足的可持续性提出了挑战。

---

① 陈鑫龙：《云南省加快建设老年健康服务体系》，云南网，2023年7月11日，http：//society.yunnan.cn/system/2023/07/11/032664373.shtml。

② 云南省民政厅：《2023年4季度社会服务统计季报》，云南省民政厅网站，2024年1月18日，http：//ynmz.yn.gov.cn/cms/tongjijibao/9024.html。

③ 云南省民政厅：《全省养老服务体系框架基本确立 社区养老服务设施覆盖率达82.25%》，云南省民政厅网站，2023年10月23日，http：//ynmz.yn.gov.cn/cms/meitibaodao/6338.html。

④ 云南省民政厅：《全省养老服务体系框架基本确立 社区养老服务设施覆盖率达82.25%》，云南省民政厅网站，2023年10月23日，http：//ynmz.yn.gov.cn/cms/meitibaodao/6338.html。

（二）人口分布的不均衡对基本公共服务配置提出了挑战

从人居自然环境条件来看，云南属典型的高原山区，各区域自然地理条件差异极大，导致了人口分布上的不均衡性。这种地理条件的差异又带来了地方经济发展的不平衡，进一步加深了人口的不均衡性分布。有学者对第四次全国人口普查和第五次全国人口普查数据进行对比，发现云南人口规模扩大的同时，地区分布的两极分化进一步加剧，人口分布偏度加大，集中在曲靖市、昆明市、昭通市、红河州和大理州五地，其中昆明市最为明显。[①] 最新研究对第六次全国人口普查和第七次全国人口普查进行对比，发现人口向部分地区集聚的效应进一步加强，特别是 2015 年高铁修路通车及经济深入发展刺激下，省内人口流动活力提升，加上云南省"做强中心，带动沿边"政策影响，出现了"省会带动"到"核心激活"的人口分布效应，昆明市、德宏州和西双版纳州形成了人口集聚的核心。[②] 2023 年数据显示，全省 40%的人口集中在昆明市、曲靖市和昭通市，其中昆明市常住人口总量占全省的18.6%，居住密度高达 393.9 人/千米^2。

人口分布的不均衡性对基本公共服务投入和布局提出了挑战。基本公共服务是政府为全体公民提供的基本保障服务，包括教育、医疗、文化、社会保障、基本公共设施等，关乎民生，连接民心，是保障和改善民生的一张基础安全网。习近平总书记强调要保障基本公共服务有效供给，多次布置基本公共服务均等化相关工作。按照普及普惠、均衡优质的原则，云南省在"十三五"期间加大投入，构建了覆盖城乡的基本公共服务体系，基本公共服务制度进一步健全、服务设施有较大改善、供给水平稳步提升、保障能力显著加强、区域城乡差距不断缩小，全省义务教育学校办学条件已经全部达到了"20 条底线"要求，全省每千人医疗卫生机构的床位数达到了 6.9 张，

---

① 施本植、肖梅：《云南省的人口规模及地区分布变化》.《云南地理环境研究》2003 年第4 期。

② 杨柳青、鞠爽等：《偏移—分享视角下云南省人口空间集聚特征及演变态势研究》,《上海城市规划》2022 年第 5 期。

全省养老服务机构、城乡社区居家养老服务中心、儿童福利机构和村级儿童之家不断增加，实现了县域义务教育发展100%基本均衡，推动实现了就近享有高水平的健康服务。但面临着一些挑战，这与人口分布关系紧密。以教育资源分布为例，全省小学学位总量相对适龄儿童来说是盈余的，但由于人口分布上的不均衡，出现了人口聚集区域学位紧张、人口稀少区域学位空余的情况。基础医疗服务同样存在这样的问题，三甲医院、区域中心医院人满为患，基层卫生机构求医群众不多，其中虽然有分级诊疗制度未完全建立、不同区域医院诊疗水平存在差异等原因，但常住人口分布与人口流动也是原因之一。

基本公共服务布局和投入需要处理好公平与效率的关系。一方面，坚持以人民为中心的发展思想，通过对基本公共服务体系的构建切实解决广大人民面临的民生问题，特别聚焦欠发达地区，通过有倾斜的资源分配，缩小区域间的差异，确保所有群众都能享有经济社会发展带来的利益。基本公共服务均等化的推进在全面建成小康社会过程中发挥了重要作用，在党带领全国人民踏上中国式现代化建设新征程之际，回应好规模巨大人口对美好生活的更高需要，促进共同富裕，公平是最为关键的原则。2023年云南省发展改革委等22部门印发了《云南省基本公共服务提升三年行动（2023—2025年）》，力争在2025年建立普惠可及、优质均衡的基本公共服务体制机制，实现城市基本公共服务高质量发展、乡村基本公共服务取得长足发展，其核心就是通过有倾斜的基本公共服务投入，提升偏远山区、农村地区的公共服务水平，促进公平正义的实现，向共同富裕的目标迈出坚实一步。另一方面，云南省尽管近年经济增速有显著提升，保持在全国前列且超过了西南部分省区，但仍然属于欠发达地区，差异化极大的地形地貌使基本公共服务均等化布局上面临着更大挑战。进入新发展阶段，云南省经济发展水平在支撑高投入、高标准、高效率的公共服务均等化体系时挑战更加严峻。如何结合人口分布新特征，将有限资源投入真正需要的地方，发挥其效用，同时又能顾及人口密度较低地区的基本配置，是在新的人口发展形势下处理好公平与效率关系的重要议题，也是巨大挑战。

（三）人口受教育水平支撑全面现代化发展尚有较大差距

过去十年中，云南省教育水平整体有了较大提升，15 岁以上人口平均受教育年限提升了 1.2 年，达到 8.8 年，但距全国平均水平 9.9 年仍有较大差距，在全国排位靠后，为第 29 位。当前，云南省人口受教育水平存在的突出问题如下。一是文盲人口仍有较大比例。2020 年，全省 15 岁及以上人口的文盲率仍有 4.7%，文盲人口尚有 219.3 万人，文盲率在西南六省区市中排第 2 位。二是劳动年龄人口平均受教育水平偏低。"十三五"末，云南省劳动年龄人口平均受教育年龄为 10.2 年①，与全国平均 10.8 年相比仍存在差距。三是受过高等教育的人口数量不足。2020 年每 10 万人中拥有的大学文化程度人口 11601 人，在全国排名倒数第四。总体来讲，云南省高等教育近年虽有较快发展，但与西部地区的一些省区比仍相对滞后，与东中部差距就更大，突出表现为招生规模相对较小、学生生源弱、知名高校知名专业知名老师数量不多，进一步影响教学质量。云南省人民政府于 2016 年印发了《云南省产业发展规划（2016-2025 年）》，提出打造现代产业集群目标，着力发展 8 大重点产业，形成经济增长的新动力。2022 年，又发布《云南省"十四五"产业园区发展规划》，以资源环境承载能力和国土空间开发适宜性为基础，以"三线一单"为约束，围绕"滇中崛起、沿边开放、滇东北开发、滇西一体化"区域协调发展格局，以资源、交通等要素布局为基础，以产业、城镇、人口协调发展为导向，构建与全省区域经济相协调的"一核、一带、多点"园区发展空间布局。2022 年 11 月，云南省委召开十一届三次全会，审议通过了《中共云南省委关于深入学习贯彻党的二十大精神 奋力开创新时代云南社会主义现代化建设新局面的决定》，为确保与全国同步基本实现社会主义现代化，提出实施"3815"战略的发展目标，在此指引下，云南省各级党委、政府纷纷制定高质量发展三年行动计划。各

---

① 《云南省人民政府办公厅关于印发〈云南省"十四五"教育事业发展规划〉的通知》，云南省人民政府网站，2022 年 1 月 5 日，https://www.yn.gov.cn/zwgk/zcwj/zxwj/202201/t20220105_234314.html。

项事业的提升需要强有力的人力资源支撑，尽管云南省劳动力资源相对周边省区仍有优势，人口红利仍然存在，但总体素质偏低成为劳动力供给的短板，要支撑好全面现代化发展，面临着相当大的压力。

三 加快云南省人口高质量发展的对策建议

人口是经济社会发展的重要基础和核心要素，应高度重视当前云南人口发展出现的各类问题，加大政策支持力度，以高质量人口发展支撑高质量社会发展。

（一）加快构建综合性的人口生育养育支持政策

针对生育率下降问题，中共中央、国务院出台了《关于优化生育政策促进人口长期均衡发展的决定》，国家卫生健康委等 17 部门印发《关于进一步完善和落实积极生育支持措施的指导意见》，云南省也出台了《关于优化生育政策促进人口长期均衡发展的实施方案》，实施积极生育支持政策，着力普惠托育服务体系建设和降低生育、养育、教育成本，减轻群众的育儿负担，并在全国率先从省级层面实施生育补贴政策。但目前来看，政策执行效果不如预期，群众普遍认为政策支持力度不足，起不到刺激生育的作用。国内外学者研究发现，提升生育率的政策工具应包括经济支持、服务支持、时间支持三个维度[①]。当前云南省生育政策的经济支持维度主要是针对二孩、三孩发放生育补贴和育儿补贴，二孩、三孩一次性生育补贴分别为2000 元、5000 元，此外，0~3 岁幼儿每年 800 元育儿补助。尽管云南省级财政已经付出了巨大努力，但补贴金额相对育儿经济成本而言还有较大差距，生育、养育、教育费用仍是家庭巨大开支。服务支持维度方面，尽管全省推动普惠幼儿园建立成效显著，但一是数量质量仍难满足群众需求，二是0~3 岁幼儿入托问题仍难解决。时间支持维度方面则无明确规定。总体来

---

① 宋健、姜春云：《生育支持政策及其实施效果的国际观察》，《人口与健康》2022 年第 6 期。

说，现行生育支持政策的提法仍较单一。此外，影响生育的性别不平等因素并未得到实质性干预，女性、特别是职场女性面临着生育不友好的工作环境和家庭环境，直接降低了女性的生育愿望。单一政策特别是仅采用经济维度政策的效用不及综合政策。因此，应构建综合性的人口生育养育支持政策，在经济支持方面，将产检费用纳入医保并进行补贴、提高住院分娩费用包干额度，落实好生育补贴发放制度并延展到从一孩开始补贴，加大对育有18岁以下儿童家庭的各项税收减免力度，加大普惠型托幼机构的构建，切实降低家庭育儿的经济负担；在社会服务支持方面，健全公共服务配套支持体系，加强对家庭婴幼儿照护的支持和指导，通过公办、公办民助、民办等多种形式建立覆盖城乡的3岁以下和3~6岁儿童托育服务体系，试行在社区建立面向居民的全日托、半日托、计时托、临时托等多样化的婴幼儿照护服务，鼓励有条件的用人单位通过开办托育点等方式，满足不同家庭对婴幼儿托育服务的需求；在时间支持方面，鼓励有条件的单位实行弹性工作制或居家远程上班制，增加产假、陪产假、家庭照护假和育儿假时长；在性别平等环境营造方面，提倡在家庭内男女共同承担照料、教育子女的责任、男女共担家务，在职场依法保障妇女平等就业权利，用人单位不得因怀孕、生育、哺乳等情形限制女职工晋职、晋级和评聘专业技术职称和职务，确保女性不因生育导致权益受损。

（二）大力提升人口素质，加大引才力度

提升劳动者素质需要从现实性和战略性两方面同时发力，针对现有劳动力进行职业技能培训，努力提升劳动者技能水平，培养满足多元化市场需求的高素质人才。云南省巩固脱贫攻坚推进乡村振兴领导小组办公室于2022年下发了《关于全省脱贫劳动力职业技能培训计划（2022—2024年）的通知》，目标是三年内培训180万以上脱贫劳动力（含监测对象），提高脱贫劳动力职业技能水平和就业创业能力，促进实现稳定持续增收。要解决好当下农村劳动力培训与需求脱节的问题，联动用工单位有针对性开展技能培训，推动劳务输出由劳力型向技能型转变；准确把握农民对实用技术的需求

和学习技能的特点，从农民的角度开展培训。培养具有农业现代化和科技化能力的农技人员，形成对农村劳动力的有效支撑，夯实乡村人才振兴基础。针对未来劳动力，通过各级各类教育质量提升实现培养具有现代化技能劳动者的目的。2023年5月中共云南省委办公厅、云南省人民政府办公厅印发《云南省教育高质量发展三年行动计划（2023—2025年）》，提出未来三年教育领域短板基本补齐、优质教育资源供给持续加大、教育质量稳步提升、教育整体发展水平基本进入西部先进行列、人民群众对教育的满意度进一步提高的目标。强化基础教育师资人才队伍建设，加大中小学体育、艺术、科学、劳动、信息科技等紧缺学科教师补充力度，提高边远地区教师待遇，稳定边远地区教师队伍；大力推进义务教育集团化办学改革，通过优质学校带动引领，实现优质教育资源拓展延伸，不断缩小义务教育学校的城乡、校际差距，促进义务教育的均衡化发展，切实解决城乡教育资源不均衡引发的"择校热""学区房"等难点问题，提升边远地区的办学质量；加快构建央地互动、区域联动、政行企校协同的职业教育高质量发展新机制，有序有效推进现代职业教育体系建设改革，以就业、产业、企业为导向构建现代职业教育体系，建立省、州（市）协同推进机制，推进普职融通、产教融合、科教融汇，打通职业教育与普通教育之间的通道，加快建设知识型、技能型、创新型劳动者大军。此外，要加大引才力度，不断拓宽就业渠道，制定灵活的用人制度，用好"家门口"的人才，走出云南招揽外地人才，吸引集聚优秀高校毕业生在云南本地创业就业。

（三）抓住人口老龄化窗口期，完善养老服务体系构建

云南省虽然已经进入老龄化社会，但与周边省区市和全国平均水平相比，老龄化程度相对较低，不过老龄化趋势已经出现，发展将越来越快，应抓住此窗口期，完善养老服务体系建设，加强居家社区养老服务，健全基本养老服务体系，探索建立长期护理保险制度框架，统筹满足失能失智老年人照护服务需求；深入推进医养结合，整合优化基层医疗卫生和养老资源，充分发挥基层医疗卫生和养老资源对养老服务的支撑作用，增强老

年人就医的便利性。加强适老化改造，推广"互联网+照护服务""社区+物业+养老服务"等创新模式。完善政府责任考核机制，建立社会监督评价机制，健全第三方评估机制，构建养老服务综合监管制度体系，推进新时代养老服务高质量发展；积极开发老年人力资源。健全终身学习体系，建设学习型城市。稳妥实施渐进式延迟法定退休年龄，推动各领域、各行业适老化转型升级，打造老年宜居环境，构建数字包容型老龄社会，健全老年优待制度，积极支持老年人参与社会经济活动；不断发展和壮大"银发经济"，开发老龄社会经济发展新动能。积极打造养老消费热点，激发新老群体消费潜力，有效牵引服务结构转型升级。培育养老服务产业新模式、新业态，优化养老消费环境，创新养老消费场景，满足老年人多样化、多层次的服务需求。

（四）加强人口与基本公共服务的匹配力度

人口区域增减分化已经成为新时代人口分布的新特征，基本公共服务设施的配置应顺应人口发展形势，向以人为中心的思路转变，充分考虑人口结构、空间分布、发展趋势、行为特征等多维度特征，通过"人口—设施"的精准匹配，实现公共服务设施的均等、高效供给。但在基本公共服务设施的配置中应牢牢把握公平与效率原则的协调统一，一是充分考虑公平原则，针对基本公共服务设施仍然较为薄弱的偏远地区、山区，着力于教育、医疗、交通、通信、文化、体育等基本民生需求的满足，并逐步提质增量；二是根据人口分布特点布局基本公共服务设施。三是通过产业发展引导人口向不同城市集聚流动，改变人口分布不均的突出问题。

参考文献

陈鑫龙：《云南省加快建设老年健康服务体系》，云南网，2023 年 7 月 11 日，http：//society. yunnan. cn/system/2023/07/11/032664373. shtml。

施本植、肖梅：《云南省的人口规模及地区分布变化》，《云南地理环境研究》2003年第4期。

杨柳青、鞠爽等：《偏移—分享视角下云南省人口空间集聚特征及演变态势研究》，《上海城市规划》2022年第5期。

宋健、姜春云：《生育支持政策及其实施效果的国际观察》，《人口与健康》2022年第6期。

B.3
2023年云南社会安全形势发展报告

段岩娜　卢丹霞　彭宇佳*

摘　要： 通过对2023年云南社会安全状况的分析发现，云南社会安全的政治基础稳定、经济基础坚定、社会治安防控体系不断完善、社会安全的医疗保障能力大幅增强、法治建设成效显著，总体社会安全状况较好，人民群众的幸福感和安全感进一步提升。同时，也面临社会安全的法治基础还不够牢固、社会矛盾纠纷风险挑战进一步增强、新型网络犯罪仍呈多发频发态势、经济领域风险向意识形态领域转移的风险，本文根据现状和问题提出以下政策建议：牢固树立底线思维，健全政治安全防控体系；以系统思维坚决防范化解社会矛盾风险，筑牢社会安全人民防线；以法治思维深化改革、推动发展、化解矛盾，提升基层治理能力和治理效能；以创新思维加强网络空间的数字治理能力；以辩证思维统筹发展与安全，不断提升社会安全保障能力。

关键词： 社会安全　社会治安　法治社会　社会风险

　　社会安全关系着定国安邦和民族复兴的伟大事业。党的十八大以来，习近平总书记把国家安全作为治国安邦的基础工程，提出总体国家安全观，引领新时代国家安全工作取得历史性成就、实现历史性变革。云南在维护国家安全大局中承担着特殊重要使命，习近平总书记高度重视云南安全稳定工作，强调要把国家安全放在首位、着力保持社会和谐稳定。云南作为边疆民

---

* 段岩娜，云南省社会科学院社会学研究所副研究员，主要从事家庭社会学、教育社会学和城乡社区治理研究；卢丹霞，云南大学附属医院麻醉科；彭宇佳，云南师范大学在读研究生。

族地区，少数民族种类最多，维护社会安全稳定任务繁重。云南坚持全民参与，通过多种形式扎实开展全民国家安全教育，增强全社会安全意识，打造人人有责、人人尽责的国家安全共同体，筑牢国家安全人民防线，确保政治安全和社会大局稳定。

一　2023年云南省社会安全总体状况

（一）社会安全的政治基础稳定，对云南的高质量跨越式发展起到了引领保障作用

自从云南省委、省政府在全省范围内开展了作风革命和效能革命，一年多来，云南省各级机关的作风发生了较大转变、社会治理效能得到了有效提升，对云南的高质量跨越式发展起到了引领保障作用，作风革命和效能革命的成效主要表现在以下几方面。一是干部的政治执行力更加坚定。云南省委把政治建设作为作风革命和效能革命的"先手棋"，云南省委、省政府全面深入贯彻习近平总书记两次考察云南重要讲话精神，并对重点任务进行全面梳理，明确了171项重点任务，将学习贯彻习近平总书记两次考察云南重要讲话精神以项目化、清单化和具体化方法推动在全省范围内的落实；同时，加强政治巡视，十一届省委先后开展5轮政治巡视，对118个党组织开展了严肃的政治巡视，对被巡视党组织中存在的工作不实、落实不力和作风不严的现象，依规依纪依法启动追责问责程序，对相关的党员领导干部严肃问责，以防出现"中梗阻"，通过强有力的政治监督推动党中央、国务院和云南省委、省政府的政令畅通无阻，各项惠民惠企政策尽早落地。二是领导干部带头作用更加明显。云南各地区各部门都按照部署把作风效能革命纳入本级党委（党组）书记抓基层党建工作中去，将其作为年终抓基层党建述职评议考核的重要内容；牵头制定了"一把手"落实工作动态监测和定期通报情况制度机制，从制度层面推动党委（党组）"一把手"抓重大项目、党委（党组）"一把手"抓招商引资、党委（党组）"一把手"走出办公室下

基层，在一线调研和解决问题，推动经济社会各项事业的快速发展。① 三是干事创业氛围更加浓厚。省级层面出台了《关于建设敢于担当干事创业具备领导现代化建设能力干部队伍的意见》，在制度层面上提供了领导干部政治素质考察和推进领导干部能上能下的制度规定，实施了澄清正名激励担当作为专项行动，开展了失实检举控告诬告陷害行为查处行动，建立了高质量发展综合绩效评价体系，常态化开展评议作风、媒体问政，在党员领导干部中树立起了更加注重一线、更加注重实干、更加注重实绩、更加注重公认的用人导向。② 全省党员干部牢固树立起了"今天再晚也是早、明天再早也是晚"的效率意识，"三法三化"作为推进工作的重要方法，为云南党员干部进一步提振精气神和干事创业提供了方法论的保证，云南的各项工作成效不断提升，经济社会发展实现了高质量和跨越式的发展。四是营商环境更加优化。建立了重大项目协调机制，开展土地、林地、环评等要素保障专项攻坚行动，推动重大项目早落地、早开工、早竣工、早投产，持续推进省内通办、"最多跑一次"和"零跑动"，推广重大项目"并联"审批和政务服务"不打烊"延时服务模式，全省范围内，企业开办所需要的时长压缩至不到1个工作日，政府简政放权，政务服务审批事项网上可办率达97%、全程网办率达76%，134个政务服务事项在全国范围内实现"跨省通办"；③"中小企业融资综合信用服务平台"上线3个多月，授信超过80亿元，惠及企业4500多家，云南全省营商环境的不断改善和提升吸引了一大批企业和企业家来到云南考察、投资兴业，截至2023年6月底，全省经营主体达542.4万户、同比增长21.6%；④ 2023年上半年，16个州市党政"一把手"累计外出招商111次、签约项目126个，在一线办公508次、解决问题1073个⑤。省级部门

---

① 张潇予、瞿姝宁、唐薇：《以强作风高效能跑出发展加速度》，《云南日报》2023年7月21日。
② 张潇予、瞿姝宁、唐薇：《以强作风高效能跑出发展加速度》，《云南日报》2023年7月21日。
③ 张潇予、瞿姝宁、唐薇：《以强作风高效能跑出发展加速度》，《云南日报》2023年7月21日。
④ 瞿姝宁、张潇予：《作风改进提效能，奋勇争先促发展》，《云南日报》2023年7月21日。
⑤ 《"开好局、强信心、促发展——贯彻落实党的二十大精神"系列新闻发布会作风革命、效能革命专场发布会》，云南省人民政府网站，2023年7月20日，https://www.yn.gov.cn/ynxwfbt/html/2023/zuixinfabu_0719/5727.html。

领导干部带头践行一线工作法，经常到基层、到一线，进行现场办公 1319 次，在一线解决问题 1843 个，示范带动各级干部转变作风提升效能，取得了明显成效，也直接体现在经济社会发展的成效上。2022 年，全省产业投资增长 42.5%、占全部投资的 40.6%，超过房地产和交通投资总和；2023 年上半年，产业投资增长 20.5%，占全部投资的 48.5%，较上年底提高 7.9 个百分点[1]；2022 年，脱贫人口和监测对象人均纯收入增长 15.9%，全面消除了年人均纯收入在 7000 元以下且有劳动能力的脱贫户[2]。

（二）社会安全的经济基础坚定，全省经济运行稳中向上向好[3]

2023 年上半年，全省实现地区生产总值 14170.43 亿元，同比增长 5.1%，经济增长态势与全国基本一致，增速较一季度提高 0.3 个百分点。一是新能源产业发展势头强劲。2023 年上半年，云南遭遇 1961 年以来最严重旱情，受到极端天气的影响较大，云南全省水力发电减发了 350 亿千瓦时，云南省委、省政府谋划推动了风电、光伏发电等价格政策，从政策维度激励调动新能源发电项目加快投产发电，安排能源保供的财政专项资金 10 亿元，引导促进电厂加大了电煤的采购力度，强化推动监管中长期电煤合同的履约，中长期电煤合同履约率提升将近 100%，汛期到来前，全省火力发电机组全开满发，运行效率为近 10 年来的最高水平。新能源并网投产 711.65 万千瓦、为上年全年的 4.8 倍，火电增发电量 104 亿千瓦时，新能源增发电量 61 亿千瓦时[4]，最终实现了云南省能源安全和经济总量增长的"双保双赢"。二是高原特色农业产业发展势头良好。粮油生产稳定，蔬菜、

---

[1] 《"开好局、强信心、促发展——贯彻落实党的二十大精神"系列新闻发布会作风革命、效能革命专场发布会》，云南省人民政府网站，2023 年 7 月 20 日，https://www.yn.gov.cn/ynxwfbt/html/2023/zuixinfabu_0719/5727.html。

[2] 《"开好局、强信心、促发展——贯彻落实党的二十大精神"系列新闻发布会作风革命、效能革命专场发布会》，云南省人民政府网站，2023 年 7 月 20 日，https://www.yn.gov.cn/ynxwfbt/html/2023/zuixinfabu_0719/5727.html。

[3] 孔垂炼、陈锌钊：《云南"三大经济"稳进提质》，《云南经济日报》2023 年 8 月 1 日。

[4] 《云南省 2023 年上半年经济运行情况新闻发布会》，云南省人民政府网站，2023 年 7 月 31 日，https://www.yn.gov.cn/ynxwfbt/html/2023/zuixinfabu_0729/5789.html。

茶叶、鲜切花、水果产量分别增长 3.3%、1.0%、10%、8.9%，秋粮播种进展顺利，猪牛羊禽肉产量增长 4.5%①。重点工业产业快速增长，烟草增长 6.4%，支撑作用明显，新能源电池增长 140%、硅光伏增长 47.3%②，成为工业增长重要拉动力，旅游业全面复苏，"有一种叫云南的生活"成为云南旅游新名片，春节、五一、端午假日旅游市场持续火爆带动交通运输旅客周转量增长 106%③。三是"口岸+通道+城镇+产业+物流"协同联动发展格局初步形成。安排 9 亿元财政资金，支持磨憨、瑞丽、河口等 3 个国际口岸城市建设。全省口岸通关稳步恢复、通关效率不断提升，口岸实现进出口货运量、货值分别增长 51.3%、21.8%④；中老铁路沿线开发加快，开通中老铁路双向国际跨境旅客列车，磨憨铁路口岸冰鲜指定监管场地投入运营，中老铁路累计运输货物、旅客量分别同比增长 105.2%、152.7%⑤。四是推动重点产业向园区集聚发展。优化园区管理体制机制，制定赋权指导目录和主导产业指引，全省 89 个开发区规上工业增加值同比增长 9.7%、高于全省 4.7 个百分点，固定资产投资同比增长 34.5%、远超全省平均水平，工业固定资产投资同比增长 42%、高于全省 9.3 个百分点⑥。

（三）社会治安防控体系不断完善，人民群众安全感不断增强

2023 年以来，云南各级公安机关坚持和发展新时代"枫桥经验""浦江经验"，切实践行"民呼我为""接诉即办"，及时回应人民群众需求，不断提升群众安全感，设立开通了"96111 举报投诉专线"，专门受理公民、法

① 孔垂炼、陈锌钊：《云南"三大经济"稳进提质》，《云南经济日报》2023 年 8 月 1 日。
② 《云南省 2023 年上半年经济运行情况新闻发布会》，云南省人民政府网站，2023 年 7 月 31 日，https：//www.yn.gov.cn/ynxwfbt/html/2023/zuixinfabu_ 0729/5789.html。
③ 《云南省 2023 年上半年经济运行情况新闻发布会》，云南省人民政府网站，2023 年 7 月 31 日，https：//www.yn.gov.cn/ynxwfbt/html/2023/zuixinfabu_ 0729/5789.html。
④ 孔垂炼、陈锌钊：《云南"三大经济"稳进提质》，《云南经济日报》2023 年 8 月 1 日。
⑤ 《云南省 2023 年上半年经济运行情况新闻发布会》，云南省人民政府网站，2023 年 7 月 31 日，https：//www.yn.gov.cn/ynxwfbt/html/2023/zuixinfabu_ 0729/5789.html。
⑥ 《云南省 2023 年上半年经济运行情况新闻发布会》，云南省人民政府网站，2023 年 7 月 31 日，https：//www.yn.gov.cn/ynxwfbt/html/2023/zuixinfabu_ 0729/5789.html。

人和社会组织对社会治安和公共安全突出问题的举报投诉，在以下方面成效显著。一是整治社会治安突出问题，最大限度消除公共安全隐患。组织开展了社会治安领域的乱点大排查和大整治专项行动，全力打处各类涉及黄、赌、毒的违法犯罪。侦破各类刑事案件5.9万余起，共侦破跨境赌博刑事案件1094起，打掉涉案团伙514个，冻结扣押赌资2.92亿余元；相继设立校园警务室5268个、常态化投入2.3万余名联校专门警力，护学岗2万余个，真正让校园成为安全港湾；社会街面巡逻防控出动警力185.3万余人次，发动群防群治力量203.4万人次、武装处突单元3.4万个次，最大限度挤压违法犯罪空间；排查化解家庭、感情、邻里、债务等各类矛盾纠纷82504起，化解率达96.55%；共出动警力4.23万人次，排查走访有关单位3.5万家，整治消防安全隐患6500余处；有效支撑全省安全，举办大型群众性活动291个、998场次，实现重大安全事故"零发生"；共破获各类刑事案件5.9万起，抓获犯罪嫌疑人6.1万人；打掉黑恶势力团伙6个；现行命案保持100%的破案率；全量起底整治各类道路交通安全隐患21.6万余处，整治率达96.4%。[①]，保障了人民群众生命财产安全。二是开展一系列打击假冒伪劣专项行动。全省公安全力推进"昆仑2023"等系列专项行动，依法严厉打击环食药、知识产权和森林草原犯罪，紧盯"食药环知森"5大领域突出问题，联合行业主管部门开展农资打假、食用农产品"治违禁、控药残、促提升"三年行动、"药剑2023""打假护牌"行动、打击污染环境违法犯罪等系列专项行动。以开展"昆仑2023"行动为牵引，侦破公安部督办案件8起，成功侦破"3·03"假冒注册商标案、"3·15"生产销售假药案、"3·27"生产销售伪劣化肥案等一批重大案件，切实维护了云南"食药环知森"领域持续稳定。三是整治一批污染环境案，生态环境显著改善。聚焦赤水河（云南段）、黑惠江、九大高原湖泊保护治理，切实履行河（湖）长制职责，加强协同配合，深入开展巡查检查、问题

---

① 《云南省公安厅"96111"社会治安和公共安全突出问题举报投诉专线主题新闻发布会》，云南省人民政府网站，2023年8月10日，https：//www.yn.gov.cn/ynxwfbt/html/2023/zuixinfabu_ 0809/5857. html。

督办和专项整治，分批次对 13 起生态环境领域大要案件进行挂牌督办，相继侦破一批污染环境督办案件，形成了有力震慑，全力服务保障全省生态文明建设大局。

（四）社会安全的医疗保障能力大幅增强，基层医疗服务层次不断提升

2023 年，云南省卫生健康委实施基层医疗卫生机构差异化的功能定位，对服务能达到国家推荐标准的机构，侧重发展医疗服务。一是提升基层医疗卫生机构达标数量和质量。云南省卫生健康委制定下发了《2023 年"优质服务基层行"活动暨创等达标工作方案》，全面推进"优质服务基层行"活动暨创等达标工作。省级组建了 8 个专家组赴 13 个州市 36 家基层医疗卫生机构开展现场带教指导，对存在的问题逐项逐条梳理，反馈各州市整改。进一步优化调整评审评价方式，按照"成熟一批、推荐评审一批"的原则，对达到国家推荐标准的机构分批次开展省级复核。同时，有序开展新版标准复核评价"回头看"，2023 年全省将对至少 50% 的 2022 年以前服务能力达到国家标准的机构，按照 2022 版标准开展复核评价"回头看"，实现新版标准指标全覆盖。二是补齐基层医疗服务能力的短板弱项。根据云南省印发的 2023 年基层卫生人才能力提升培训项目实施方案，下达培训补助资金 1332 万元，遴选 16 个州市基层骨干全科、乡村医生、骨干人员 2167 人开展适宜技术和相关业务培训；下达农村订单定向医学生免费培养中央财政补助资金 1469 万元、省级财政配套补助资金 906.96 万元①。测算下达了 2023 年中央和省级基本公共卫生服务补助资金共计 379287 万元②，用于支持各地开展基本公共卫生服务。云南省卫生健康委牵头制定出台《关于进一步深化改革促进乡村医疗卫生体系健康发展的若干措施》《云南省促进卫生健

---

① 《省人大常委会质询整改工作取得阶段性成效 提升基层医疗服务能力做好质询"后半篇文章"》，云南人大网，2023 年 8 月 21 日，https://www.ynrd.gov.cn/html/2023/rendajujiao_0821/23741.html。

② 《省人大常委会质询整改工作取得阶段性成效 提升基层医疗服务能力做好质询"后半篇文章"》，云南人大网，2023 年 8 月 21 日，https://www.ynrd.gov.cn/html/2023/rendajujiao_0821/23741.html。

康事业高质量发展三年行动计划（2023—2025 年）》等文件，提出要加快县域优质医疗卫生资源扩容和均衡布局，推动重心下移、资源下沉，促进乡村医疗卫生体系高质量发展，为维护人民健康提供有力保障。三是加强基层医疗卫生机构执业的全过程监管。制定了《云南省县域巡回医疗和派驻服务工作任务清单》，明确省、州（市）、县（市、区）级综合医院、中医医院、妇幼保健机构、疾病预防控制机构到乡村两级开展巡回、驻点服务的具体任务、工作时间和频次等，把基层医疗卫生机构作为行业综合监管的重点对象，监督指导全省的基层医疗卫生机构严格落实安全制度规范，确保医疗质量，以医疗从业人员的执业资质管理为抓手，强化基层医疗卫生机构执业的全过程监管[①]。

（五）法治建设成效显著，群众获得感、幸福感、安全感进一步提升

为了准确、客观反映人民群众对法治云南建设的真实感受，中共云南省委全面依法治省委员会办公室严格落实省委部署，在全省 16 个州（市）和 129 个县（市、区）开展了法治建设群众满意度的问卷调查，力求通过面上的第一手资料，掌握人民群众的心声，从而改进工作方法，着力推动解决群众急难愁盼问题。在采用电话调查的基础上首次引入网络调查方式，最大限度地提升法治建设评价工作的科学化水平，2022 年度全省人民群众法治建设群众综合满意率为 97.77%，[②] 反映出云南法治建设成效逐年向好、节节攀升，充分体现出云南在科学立法、严格执法、公正司法、全民守法进程中取得的重大进展。云南省委统筹推进出台了《云南省法治政府建设实施纲要（2021—2025 年）》等 7 项规范性文件，持续完善全面依法治省，统筹推进部署依法治省年度重点任务，组织法治督察和法治建设示范创建，有效运用考核方式倒逼各级各部门进一步落实其法治建设责任。聚焦高质量发展、优化营商环境、生态文明建设、民族团结进步、增进民生福祉等领域，

---

① 瞿姝宁：《提升基层医疗服务能力 做好质询"后半篇文章"》，《云南日报》2023 年 8 月 21 日。

② 陈晓波：《我省法治建设成效逐年提升》，《云南日报》2023 年 6 月 16 日。

继续深化拓展区域共同立法，推动与四川省协同制定《泸沽湖保护条例》，完成九大高原湖泊"一湖一条例"立法后评估。全面贯彻落实"科技创新+政府革命"等理念，持续优化法治化营商环境，深化行政执法体制改革，加强在市场监管执法、自然资源管理、文化旅游执法等重点领域执法。坚持健全完善执法、司法的权力监督制约和追责问责制度，坚决纠正执法司法过程中出现的突出问题，确保矛盾纠纷得到快速解决。全面落实"八五"普法规划，中小学法治副校长配备率达99%，开展普法宣传活动2.3万余场次，启动村（社区）"法律明白人"培养工程，全省共培养"法律明白人"67510人，认定学法用法示范户11101户，发挥人民调解"第一道防线"作用，调解矛盾纠纷成功率达97%以上，全省11192个村（居）配备法律顾问实现全覆盖，参与调解矛盾纠纷23608次，为村（居）民提供法律服务91970件次。①

二 2024年云南社会安全形势分析

（一）社会安全的法治基础还不够牢固

2023年度云南省法治建设群众满意度调查反映出部分基层行政执法机关单位的行政执法行为不够规范、程序违法现象比较突出，落实行政执法全过程记录、重大执法决定法制审核、执法公示"三项制度"不到位，执法过程不清晰不明了，执法中"合法不合理""同案不同罚""同事不同办""过罚不相当"等问题依然存在。部分社会成员遵法意识不强、用法意愿不高，遇事找关系的观念习惯根深蒂固，遇事不找法、全民普法工作还有巨大差距，"讲人情、找关系"的现象还具有顽固性、长期性、复杂性。法治领域便民惠民举措在真正让群众可知、可感、可及等方面还有进一步提升空

---

① 《2022年度云南省法治建设群众满意度调查新闻发布会》，云南省人民政府网站，2023年6月15日，https://www.yn.gov.cn/ynxwfbt/html/2023/zuixinfabu_0615/5512.html。

间，惠民政策宣传广度、深度不够，知晓率低，惠民政策落实体系不完善，监督管理和跟踪问效机制不健全等。部分地方和部门执法、司法自由裁量权行使不当，个别执法司法部门违纪违法问题仍然突出，需要进一步健全完善执法司法监督制约机制，提升执法司法公开透明度。

（二）社会矛盾纠纷风险挑战进一步凸显

习近平总书记多次指示要把矛盾纠纷化解在基层，必须坚持和发展新时代"枫桥经验"。云南省历来高度重视矛盾纠纷多元化解工作，建立健全各项制度机制，出台了《关于完善矛盾纠纷多元化解机制的实施意见》，以多管齐下、群防群治的实际成效让矛盾纠纷处置在萌芽、化解在基层。

2024年，群众利益诉求的多元化进一步凸显，矛盾纠纷可能呈现主体更加多元、内容日趋复杂的新特点，现有矛盾纠纷化解的体制机制可能要随着形势任务的改变而做出进一步的改进和完善。为了全面贯彻落实中央要求，云南省委、省政府应部署加强对相关法律制度的健全完善，严格履行各项法定程序，深入开展调查研究，在充分征求各州市、省直各部门和专家学者意见建议的基础上，广泛深入基层综治中心、公安派出所、司法所、村（社区）等一线实战部门，听取"两代表一委员"、村（社区）工作人员、基层网格员、人民调解员、群众代表意见建议，收集梳理群众关心关注的急难愁盼问题，力求靶向精准。按照"不抵触、有特色、可操作、重实效"的理念，确保法规能够"立得住、行得通、真管用"，对具体法规条款的制定要科学设计，满足针对性强和便于操作的要求。针对云南全省的多民族聚居的实际，明确少数民族聚居的地方在不违反法律法规的情况下可以按照少数民族风俗习惯开展矛盾纠纷化解工作；针对边疆地区实际，必须健全完善符合实际的矛盾纠纷多元化解机制，配套成立各类矛盾纠纷化解调解组织和机构，为边疆民族地区的矛盾纠纷化解提供个性化的服务。积极推动形成联动互动合力，力求在地方性立法层面推动构建体系完备、权责清楚、措施明晰、协调顺畅、保障有力、问责明确的体制机制，全面涵盖矛盾纠纷化解的主体、职责和途径，矛盾纠纷化解的衔接联动、措施保障及监督等内容。对于实践中形成的务实可行的体制机制和经验做法要及时予以总结提升，形成可复制可推广的经验，增强工作的辨识度。坚持正确的工作导向，围绕矛盾纠纷的发现、处理、监督督促等环节做出可操作性强的细化规定，切实形成畅通群众诉求的表达渠道，规范利益协调，压实各级各部门的工作责任。

（三）新型网络犯罪仍呈多发高发态势，网络安全形势严峻

2024年，包括电信诈骗案件在内的新型网络犯罪仍呈多发高发态势，电信网络诈骗是典型的非接触式违法犯罪，嫌疑人在实施诈骗活动中通过电话或网络通信工具与受害人进行交流，受害人被骗后的转账过程中，诈骗团伙会使用大量银行卡和电话卡，对骗取资金层层转移，直至取现，从而达到掩人耳目、躲避打击的目的。此类违法犯罪隐蔽性、欺骗性较强，在部分群众反诈意识不够高的情况下，就很难避免此类案件发生，需要在全社会不断强化网络安全意识，在人们头脑中真正筑起网络安全的"防火墙"。要引导人民群众在使用网络时增强安全意识、牢固掌握安全知识、不断提高安全技能，做到安全上网、文明用网，把有效防范网络安全风险和抵御网络安全风险放在首位，在全社会范围内有力形成保障网络安全的强大合力。

（四）面临经济领域社会矛盾风险向意识形态领域转移的风险

目前，经济下行的压力已经传导到各行各业，特别是对于灵活就业的人员，收入减少、生活艰难的压力会通过传导、叠加、升级等方式，使小的矛盾风险演变为大的矛盾挑战，经济、社会、文化等领域的矛盾如果不能及时有效应对，也可能转化为意识形态领域的风险。此外，还要谨防各类风险的叠加，涉及收入差距、就业、医疗、养老等民生领域的问题直接关涉群众的切身利益，对这类群众关注度高、舆论燃点低的问题要建立应急机制和快速有效的舆论引导机制，避免因为处置不当而引发意识形态安全事件。

三　推动云南社会安全的对策建议

现阶段，由于国际国内形势变化较快，各类矛盾和风险仍然多发易发且相互交织，需要以五大思维统筹推进云南社会安全工作。

（一）牢固树立底线思维，健全政治安全防控体系

一是深入学习贯彻习近平总书记提出的总体国家安全观，树牢"大安全"的理念，抓好各项工作的统筹和协调，把安全责任压严压实，以新时代的安全格局保障新时代的发展格局。二是党员领导干部要高度警惕各类倾向性和苗头性动向，提高风险研判能力。需要以"时时放心不下"的责任感，加强隐患排查和化解的能力，不管是"黑天鹅"事件还是"灰犀牛"事件，发生前都有细微的迹象，需要见微知著，提升敏锐的分析和判断能力，把矛盾风险化解在萌芽状态，绝不能让小的风险演化成为大的风险，绝不让个别的风险演化成为群体的风险，也不能让风险由局部的转化为区域性的，更不能把自然灾害领域的风险演化成社会治理领域的风险。三是建立健全沟通渠道和反馈机制，提升应急状态下做好群众工作的能力。不论线上还是线下都必须畅通信息及时沟通的渠道，畅通民意的反馈机制，健全应急状态下吸纳民意和汇集民智的工作机制，不但要保证人民群众的重大事件的知情权、参与权、表达权、监督权，还必须时时事事坚持人民当家作主，具体现实地在基层应急治理的全过程中体现贯彻人民民主。

（二）以系统思维坚决防范化解社会矛盾风险，筑牢社会安全人民防线

一是要做好矛盾纠纷的多元化解，必须将"枫桥经验"与云南实际相结合。云南属于边疆民族地区，经济社会发展相较于沿海省份相对落后，在社会治理阶段既要借鉴先进经验，更要与本地的实践紧密结合。对于非诉讼纠纷解决机制的优势必须重视，把多元化解矛盾纠纷工作推上更高层次，坚

持将矛盾纠纷的源头治理与系统治理相结合，依法治理与综合治理相结合，从制度上完善多元化预防社会矛盾纠纷、调处社会矛盾纠纷。二是将全省、各州（市）和县（乡）社会治理现代化的工作任务不断向纵深推进。坚持从源头上治理矛盾纠纷、稳定矛盾风险的评估、预警制度，按照"谁主管、谁负责"的原则，各级各部门在自己工作领域内做出重大决策或者重大执法活动等过程中就把可能出现的矛盾纠纷提前考虑，并对矛盾纠纷化解途径一并进行谋划，确保矛盾纠纷化解协调配合到位、畅通分流渠道、责任分配均衡。对于容易产生矛盾纠纷的重点行业和重点领域必须紧紧盯住，督促相关的主管部门切实履行自己化解纠纷的责任，对各行各业存在的矛盾风险隐患必须标本兼治。针对婚姻家庭、恋爱感情、邻里之间等较容易演化为刑事案件的矛盾纠纷，必须从源头预防，加大引导力度，反复地排查、滚动地排查，加大对此类纠纷多元化解力度，不断提升人民群众的安全感和满意度。通过对矛盾纠纷的排查，力争通过多元化解，达到"小事不出村、大事不出乡、矛盾纠纷不上交"。按照属地管理为主，结合分级负责的原则，各级各部门主动接访，汇聚力量统筹整合资源，形成矛盾纠纷的化解合力，谋划实现矛盾纠纷在网上的流转，实现了"线上+线下"有机对接的矛盾纠纷化解模式。

（三）以法治思维深化改革、推动发展、化解矛盾，提升基层治理能力和治理效能

一是持续深入推进普法强基补短板，常态化抓好普法工作，提升边疆民族地区群众法治意识和社会治理法治化水平。围绕促进民族团结进步、生态文明建设、维护边疆稳定、扩大对外开放、保障人民合法权益等，进一步加强和改进地方立法和修法工作。要深化司法体制配套改革，确保严格执法、公正司法，为云南现代化建设提供坚强有力的法治保障。二是强化基层法治思维，形成善于运用法律推进基层治理的工作氛围。要从制度上强化社区志愿者队伍建设，做好专业法律知识的培训，确保社区能组织一批规范、专业的志愿服务人员。基层工作者加大法律法规学习力度，知法懂法，要引导居

民通过法律程序、运用法律手段解决社会矛盾，在人民群众中形成遇到问题找法律、解决问题用法律手段、靠法律化解矛盾的大好局面。

（四）以创新思维加强网络空间的数字治理能力

一是提升网络空间建设力度。在云岭大地深入挖掘数字经济领域增长点，加快推进人工智能、量子计算、开源芯片等关键核心技术攻关，加快推动 5G 基础设施建设、普及推动物联网和工业互联网等数字设施建设，优化算力设施和大数据中心的建设布局，推进数字技术和彩云之南的实体经济深度融合，推动数字产业化、产业数字化的深入发展，发挥信息化对社会经济发展的驱动引领作用。二是通过网络空间凝聚共识。在网络领域里开展主流舆论的宣传引导，持续巩固壮大网上的正能量，精心组织开展网络上的各种主题宣传、最新形势宣传、基本政策宣传、社会建设成就宣传、优秀模范典型宣传，用"党言党语"的核心来引导规范"网言网语"，让党的声音一如既往地成为网络世界里的最强音，全面展现云南全省经济、社会发展取得的新成绩和新亮点，用真情实感和真实事例写就云岭大地的新乐章。三是推进依法治网。必须坚持政府依法管网、企业依法办网、网民依法上网，相关主管部门大力推进网络虚拟空间法治化建设，牢牢掌握网络意识形态领域的工作领导权，把网络安全屏障筑得更加牢固。牢固树立总体网络安全观念，加大网络安全领域关键核心技术攻关突破力度，强化数据安全管理和防护，持续优化网络安全技术应用生态，不断铸就加强网络安全的"防火墙"，应对新挑战，推动构建网络安全产业和网络信息产业新格局。

（五）以辩证思维统筹发展与安全，不断提升社会安全保障能力

习近平总书记指出：危和机总是同生并存的，克服了危即是机。要深入分析，全面权衡，准确识变、科学应变、主动求变，善于从眼前的危机、眼前的困难中捕捉和创造机遇。一是坚持发展和安全并重。从唯物辩证法的逻辑上看，离开发展谈安全或者离开安全谈发展，或认为在实际工作中可以多谈此少谈彼，或认为安全是对发展的干扰，或认为只要发展好尤其是经济发

展好就可以解决一切问题等，这些认知都是错误的。抓发展和抓安全的两只手都要硬，在发展中更多考虑安全因素，通过发展提升地区安全实力，运用发展成果来夯实社会安全的基础，为实现更高水平更高层次的安全提供更为牢固的基础和条件。二是把安全贯穿到发展各领域。把安全贯穿到经济、政治、文化、社会和生态文明这五个方面的发展之中去。三是统筹好各项安全工作。坚持以人民安全为宗旨、以政治安全为根本、以经济安全为基础、以科技文化社会安全为保障、以促进国家安全为依托，形成一个相互交织、相互促进的安全体系。

参考文献

李培林、陈光金、王春光主编《社会蓝皮书：2023 年中国社会形势分析与预测》，社会科学文献出版社，2022。

B.4
2023年云南就业形势与未来展望

段铸晟*

摘　要： 悠悠万事，民生为重；民生福祉，就业为本。云南省作为中国西南的重要省份，近年来在促进就业方面取得了显著成效。就业结构不断优化，重点就业群体得到进一步保障，群众就业创业能力显著提升，就业服务信息平台进一步完善。尤其是随着数字经济和绿色经济的兴起，新的就业增长点不断涌现。然而，全球化背景下的不确定性以及国内经济转型升级对云南的就业市场也带来了一系列挑战。当前，云南就业市场主要面临就业结构性矛盾突出、职业技能培训发展滞后、摩擦性失业问题凸显、创业带动就业仍不充分等困难，针对上述问题，建议从把稳定就业和扩大就业放在社会经济发展的优先地位，研判新时代就业群体特征，适当调整政策扶持范围和力度，实现就业服务均等化，促进区域间就业机会的基本平衡等方面入手。展望未来，随着云南经济不断发展壮大，新的就业机会将逐渐增多。同时，政府相关政策的积极落地也将为云南就业形势带来积极变化，有望实现更多人的就业目标。

关键词： 就业形势　重点就业群体　就业保障

进入"十四五"以来，我国经济进入新常态，在此背景下，我国深入实施就业优先战略，出台了一系列促进就业创业的政策措施。数据显示，2023年我国城镇新增就业1244万人，超额完成预期目标任务，12月，全国城镇调查失业率为5.1%，就业保持总体稳定。①

---

* 段铸晟，云南省社会科学院社会学研究所助理研究员，主要从事社会治理与民间习俗研究。

① 王萍萍：《就业形势总体稳定，重点群体就业持续改善》，国家统计局官网，https://www.stats.gov.cn/sj/sjjd/202401/t20240118_ 1946702.html。

一 云南省就业形势分析

我国就业形势的总体稳定，为云南稳增长、保就业创造了有利条件。云南作为一个边疆人口大省，保持就业发展的稳定，对保就业、惠民生至关重要。但同时，新发展阶段下发展方式转变，发展动力转换，供给侧结构性改革力度加大，经济发展的外部不确定性因素增多，给云南省的就业发展带来广泛而深刻的影响。

（一）就业数量稳中有降

从总量看，呈现人口总数增长但就业人口总数下降的态势。2016～2020年全省总人口从 4677 万人增加到 4722 万人，但城乡总就业人数从 2855 万人减少到 2806 万人，2021 年跌破 2800 万大关减少到 2774 万人①，2022 年持续减少到 2735 万人②。

从城镇就业人数看，从 2019 年到 2022 年，全省城镇新增就业人数分别为 1231 万人、1292 万人、1309 万人和 1361 万人③，年均增长率为 3.4%。

从失业人员再就业情况看，扶持失业人员实现就业 15.9 万人，其中就业困难人员实现就业 12.37 万人。④ "零就业家庭" 就业援助专项行动共扶持 2017 户城镇 "零就业家庭" 的至少一名成员实现就业，保持了 "零就业家庭" 动态清零的工作目标。组织高校毕业生就业见习 15215 人。全年就业专项资金使用总额达 357723.51 万元。⑤

---

① 云南省统计局编《云南统计年鉴 2022》，中国统计出版社，2022 年 11 月。
② 《云南省人力资源和社会保障厅 云南省统计局关于印发〈2022 年云南省人力资源和社会保障事业发展统计公报〉的通知》，https://hrss.yn.gov.cn/html/2022/8/4/53844.Html。
③ 云南省统计局编《云南统计年鉴 2022》，中国统计出版社，2022 年 11 月。
④ 《云南省 2022 年国民经济和社会发展统计公报》，http://ylxf.1237125.cn/Html/News/2023/3/28/410486.html。
⑤ 《云南省 2022 年国民经济和社会发展统计公报》，http://ylxf.1237125.cn/Html/News/2023/3/28/410486.html。

同时，城镇登记失业人数呈现逐年递增的趋势，2018 年至 2022 年，全省城镇登记失业人数从 20.88 万人增长到 32.49 万人①。同时，云南省城镇登记失业率呈现逐年下降的趋势，始终控制在 5.5% 以内，城镇登记失业率的稳步下降，表明近年来云南稳定就业工作取得一定成效。

（二）就业结构日益优化

1. 产业结构

经济结构的调整促进就业结构的优化，就业结构的变化反映经济结构的转型升级。从三次产业就业结构、城乡就业结构和就业人员行业分布等方面，可以观察到近年来云南就业结构的变化情况。2016~2022 年云南省三次产业就业人口情况如表 1 所示。

表 1　云南省三次产业就业人口情况

单位：万人

产业	2016 年	2017 年	2018 年	2019 年	2020 年	2021 年	2022 年
第一产业	1474	1380	1295	1260	1226	1187	1225
第二产业	415	437	459	469	497	499	478
第三产业	964	1013	1066	1081	1083	1088	1032

资料来源：《云南省 2022 年国民经济和社会发展统计公报》。

基于表 1 中数据计算得出，2016~2022 年，云南第三产业从业人员所占比重增长放缓，从 33.79% 提高到 37.73%，从业人员从 964 万人增加到 1032 万人，服务业吸纳就业能力进一步增强；第二产业从业人员所占比重缓慢增加，从 14.55% 提高到 17.48%，从业人员从 415 万人增加到 478 万人；第一产业从业人员所占比重趋于合理，从 51.66% 下降到 44.79%，从业人员从 1474 万人下降到 1225 万人。

从静态分析来看，截至 2022 年全省的就业人口仍有接近一半以上集中在第

---

① 《云南省 2022 年国民经济和社会发展统计公报》，http：//ylxf.1237125.cn/Html/News/2023/3/28/410486.html。

一产业，第二产业就业人口较少，仅占17.5%，第三产业吸纳就业人口较多，占比超过1/3。从动态趋势来看，农业转移就业人口明显增加，第一产业就业人数减少，但农村的劳动力转移就业压力依然较大。第二产业的就业人数稳步上升，但增长幅度不大，需要推动产业结构的调整。发展新业态，加快产业的转型与升级，提高就业的吸纳能力。第三产业的就业人口增长速度正在持续提升。

总体上，就业人口正在从第一产业向第二、第三产业转移，就业结构逐步优化。

2. 城乡结构

从城乡就业结构来看，就业人员可分为乡村就业人员、城镇就业人员。二者具体分布情况如表2所示。

表2　云南省城乡就业人口情况

单位：万人

类型	2016年	2017年	2018年	2019年	2020年	2021年
城镇	1017	1062	1152	1231	1292	1309
乡村	1837	1768	1669	1580	1514	1465

资料来源：《云南省2022年国民经济和社会发展统计公报》。

通过表2可以计算出，2016～2021年，乡村从业人员所占比例由64.37%下降到52.81%，仍然超过一半；城镇就业人员增加明显，年均增长率为5.18%；就业人员正在逐步从乡村向城镇转移。

按城镇单位类型划分，相关就业人员又分为国有单位就业人员、集体单位就业人员和其他单位就业人员，具体就业人数见表3。

表3　云南省各单位就业人口情况

单位：万人

类型	2016年	2017年	2018年	2019年	2020年	2021年
国有单位	165	160	155	150	155	162
集体单位	9	8	6	7	6	10
其他单位	171	187	196	153	144	132

资料来源：《云南省2022年国民经济和社会发展统计公报》。

通过表 3 可看出，2016~2021 年，国有单位就业人员及集体单位就业人数均呈现由减到增的趋势；其他单位就业人员则呈现由增到减的趋势，表明越来越多的人在就业过程中选择了不同的就业单位，就业渠道更加多样，就业形式更加灵活，就业结构更趋合理。

（三）重点群体就业保障进一步提升

云南紧紧围绕高校毕业生、农民工两个就业重点群体，实施积极的就业政策，扶持创业带动就业，加大对就业困难人群的帮扶力度，已取得显著成效。

1.完善高校毕业生就业政策

云南深入实施"云岭大学生创业引领计划"和"十百千万计划"，鼓励高校毕业生到城乡基层、中小微型企业就业，支持自主创业，加强就业援助，促进就业公平，创新人才培养机制，加强离校未就业高校毕业生信息登记对接。具体有以下五个方面。

一是"走下去"基层服务计划。鼓励和引导高校毕业生到城乡基层、艰苦边远地区和中小微企业就业。2023 年云南省人社厅等 3 部门印发《关于进一步引导高校毕业生服务乡村振兴的通知》（以下简称《通知》），多举措鼓励支持高校毕业生到基层服务乡村振兴，符合相关条件的高校毕业生可享受基层就业奖补、创业担保贷款贴息奖补、一次性创业补贴等多项支持。

《通知》明确，对毕业三年内的高校毕业生在云南省辖区内乡（镇）、村企业就业的，给予个人 5000 元的一次性基层就业奖补；对吸纳毕业年度高校毕业生就业的县（市、区）以下中小微企业，按照每人 5000 元的标准，给予一次性吸纳就业补贴[1]。

《通知》提出，对毕业三年内的高校毕业生、留学回国学生在云南省辖区内乡（镇）、村创业的，可按规定申请不超过 20 万元的创业担保贷款扶持，各级财政按规定给予贴息奖补支持。对毕业三年内的高校毕业生在云南

---

[1] 李海球：《鼓励支持高校毕业生到基层就业创业》，《云南日报》2022 年 7 月 26 日。

省辖区内乡（镇）、村创业且稳定经营 6 个月以上的，可按规定给予不超过 3 万元的一次性创业补贴。

二是"走进去"支持校园招聘计划。从 2013 年起，云南省财政每年设立 500 万元专项资金，对高校开展的校园招聘活动给予补助，专项资金已按全覆盖、重激励、重效益的原则下达到各高校。

三是推行创业促就业计划。建立健全大学生就业创业体制机制，把就业创业教育列入教学计划，强化就业创业实践环节。目前，全省高校就业指导课全部列入必修课程，职业生涯规划课列入选修课程，创业课不少于 36 学时，不低于 2 个学分。2022 年，云南省教育部门和高校举办创业讲座和论坛近 1000 场，参加学生超过 20 万人次，2300 名毕业生通过政策扶持成功实现创业。9 所高校创业园被认定为云南省大学生（青年）创业示范园，1 所高校创业园被认定为众创空间，40 所高校大学生创业平台获得奖励。

四是推行质量提升计划。近年来，云南大学、云南师范大学、云南工商学院等 10 多所高校，进入教育部 50 所全国高校毕业生就业工作宣传典型高校行列。昆明理工大学教师编写的《大学生职业生涯规划与就业指导》入选全国就业指导示范课程教材。

五是推行就业帮扶计划。积极建立就业困难高校毕业生信息库，实行"一对一"实名动态的个性化就业指导和服务。从 2014 年开始，云南省将享受城乡低保家庭、全省 3 个藏区县、8 个人口较少民族和残疾毕业生纳入补助范围，给予一次性求职补贴，补贴标准也从每人 500 元提高到每人 1000 元。毕业生离校前，全省符合条件的近万名毕业生全部及时、足额享受到了省级一次性求职补贴。由于政策到位、措施有力，高校毕业生就业率稳定在 96% 以上，较好地促进了大学毕业生就业创业。

2. 促进农业转移人口就业

当前，农民工就业稳定性不强，合法权益受到侵害的现象仍时有发生，参加城镇社会保险的比例不高，享受城镇基本公共服务范围较窄，在城镇落户仍然面临诸多困难，针对这些突出问题，云南省出台了一系列政策措施，促进农民工就业。

一是加大培训资金投入，落实培训补贴政策，提高培训质量。根据就业市场需求和产业结构调整需要，重点开展订单式培训、定向培训、企业定岗培训，面向市场确定培训职业（工种），形成培训机构平等竞争、农民工自主参加培训、政府购买服务的机制。探索开展以云南民族民间工艺、民族传统技艺为主的特色职业培训，打造云南农民工职业培训品牌。鼓励企业组织开展农民工培训，符合相关规定的，对企业给予培训补贴。鼓励大中型企业联合技工院校、职业院校，建设一批农民工实训基地，云南省财政给予一定补贴。将国家通用语言纳入对少数民族农民工培训的内容。

二是建立扶持云南特色农民工劳务品牌。突出区域特点，充分挖掘省内各地优势特色产业、民族民间传统工艺、旅游特色资源等吸纳农民工就业的潜力，鼓励有条件的地区建立专项扶持资金，引导、扶持、培育一批具有云南民族文化特色、具有较高知名度和综合竞争力的农民工劳务品牌，发挥劳务品牌促进农民工稳定就业、高质量就业的积极作用。

三是规范农民工用工制度。督促和指导用人单位与农民工依法签订和履行劳动合同。在流动性大、季节性强、用工时间短的行业，依法规范劳动派遣用工行为，清理建设领域违法发包分包行为，加强非公有制企业经营者用工培训重点是针对小微企业经营者的《中华人民共和国劳动合同法》培训。

四是保障农民工劳动报酬权益。进一步落实农民工工资保证金、工资准备金、政府应急周转金制度。实施"全民参保登记计划"，依法推进农民工持续参加各项社会保险，努力扩大农民工参加城镇职工社会保险的覆盖面。

五是依法保障农民工农村"三权"等合法权益。建立完善政策措施，依法保障农民工农村土地承包经营权、宅基地使用权和集体经济收益分配权。

3. 实施创业促进就业政策

把创业和就业结合起来，以创业带动就业，成为促进就业增长的新动力。2009年以来，云南省推出多项政策，将创业促进就业落到实处。创建了门槛低、政策优、服务完善的鼓励创业"贷免扶补"模式；进一步完善小额担保贷款政策体系，实施了"援企稳岗"的政策和措施；积极推进创业培训，加强创业培训师资队伍和培训机构建设，鼓励有创业要求和培训愿望、具备一定创业条件的城乡各类劳动者以及处于创业初期的创业者参加创业培训；强化创业培训与"贷免扶补"、小额担保贷款等扶持政策的衔接，完善政策扶持、创业培训、创业服务一条龙的工作体系，提高创业成功率；建设省级青年创业示范园。每年在全省范围内评选认定10个示范园，由云南省人社厅与省财政厅联合授予"省级青年创业示范园"牌匾。经认定的示范园，由省财政厅给予每个园区100万元的资金补助，用于园区建设、项目服务、技术研发、公共费用支出、创业人员培训等；在经济新常态下，通过"贷免扶补"、小额担保贷款、劳动密集型小企业贷款、"两个10万元"微型企业培育工程等4种模式，大力推进创业带动就业工作。受益于"贷免扶补"这一创新模式，云南创业带动就业的能力不断增强，为保持就业的稳定增长作出了积极贡献。到2021年，全年发放"贷免扶补"创业促进就业贷款43022户，发放贷款金额77.39亿元，带动12.53万人实现就业；发放个人创业担保贷款41903笔，发放贷款金额71.95亿元，带动11.14万人实现就业；发放小微企业贷款176户，发放贷款金额4.25亿元，吸纳0.39万人就业。创新创业在扩大就业中占有举足轻重的地位，创业带动就业的倍增效应凸显。

（四）积极促进就业创业能力提升

云南积极探索新路，推动加强职业技能培训。利用多种资源，创建以院校、企业、各培训机构为基础的体系。规范管理、完善措施、突出重点、提升层次。为社会培养众多技术人才，收获良好效益。就服务就业而言，积极开展技能教学。依据城乡一体、工作导向、技能本位、终身学习等原则，强化体制建设，快速完善机制。提高课程质量，持续增加学习规模，提升训练的针对性与实效，让培训在推进就业、稳定工作方面充分发挥作用。以岗位学习、集中训练、业务进修、岗位操练和技能比赛等形式，广泛进行企业员工技术进阶培训。

实施高技能人才培养工程，各类骨干企业通过建立首席技师和技师聘任、研修制度，自办培训机构或与职业院校联合办学等方式，大力培养高技能人才，重点培养企业和地区经济发展急需和紧缺工种的技师、高级技师。各级政府和行业企业设立高技能人才培养专项基金，按照"谁出资培养，谁享受补贴"的原则，给予相应补贴。"十三五"期间，每年新培养各类高技能人才5万人，其中技师、高级技师5000人。

实施技能大师工作室创建工程，选拔一批社会公认、技艺精湛、有突出业绩的技师、高级技师，依托重点行业企业创建技能大师工作室，充分发挥有绝活绝技的高技能人才带徒传技、技术攻关的作用。省级层面，对"云岭首席技师"领衔组建技能大师工作室的，省财政连续5年每人每年给予10万元工作经费，要求所在企业按不低于1∶1的比例安排配套经费，给予每人每年生活补贴3万元。全省每年各类职业培训规模达到50万人，其中年均劳动预备制培训2万人、创业培训4万人以上、技能鉴定35万人以上。围绕人才振兴计划，加快推进职业培训鉴定示范基地建设。按照统筹规划、合理布局、功能互补、资源共享的原则，依托技工院校、职业院校、职教中心等培训资源，建立一批以初级、中级、高级技能培训为主的培训鉴定示范基地，面向社会提供职业培训和技能鉴定服务。全省计划建成50个功能完备、设备先进、培训质量高、辐射带动能力强的职业培训鉴定示范基地。

（五）就业服务信息平台进一步完善

建立就业信息平台，提供就业信息服务是完善就业市场功能、减少摩擦性失业的重要途径。云南在新经济常态中，持续探新、创变。有效结合传统与新兴媒介，打造"站点、微博、微信、纸媒、电视"五位合一的宣传新阵地，旨在为大学生、乡村劳力等重点人群提供实用、高效的就业及创业信息服务。

1. 提升公共就业服务网络功能

借助网络新媒体，丰富宣传内容，更加集中、权威发布就业创业新政策、新动向等信息。开辟新浪官方微博"就业彩云南"，发布及时有效的就业信息、政策动态，回应与就业服务有关的热点问题。增设省就业局微信

"就业彩云南",为有就业创业需要的劳动者主动推送方便快捷的公共就业人才服务信息。与《春城晚报》合办《春城晚报·职来职网》周刊,定期刊登就业政策宣传及岗位信息,现已出版165个整版。与云南广播电视台"都市频道"合作,以"飞播字幕"的形式在《条形码望远近》栏目中播出"公共就业服务信息"5000余分钟。

2.开设"云南人社众创网"

结合云南特色农业及民族文化产业,推动人力资源服务产品发展。形成以物品扩展帮助创业新方式,增进人力资源与特色产品完美配合及流转,也促使创意同市场需求、社会资本高效对接。通过"人社淘宝"平台,支持创业并带动就业。具体而言,实现"无成本、便捷、全元素、全开放",为创新创业搭建理想舞台。尤其为就业困难者、城乡未工作人群、大学生等渴望通过创业改变命运的人提供机遇与政策援助,打造属于云南人自己的"淘宝"。

3.开展就业服务"四进五化"活动

扎实推进公共就业服务政策"进校园、进园区、进社区、就业转移进乡村"和"就业宣传多样化、就业培训精品化、就业服务均等化、创业帮扶精细化、操作流程规范化"的"四进五化"等活动,促进全省公共就业服务质量有新变化、上新台阶,为广大劳动者提供优质高效的公共就业服务。

(六)高校毕业生就业形势仍然严峻

国家统计局公布的2023年一季度数据显示,我国16~24岁劳动力调查失业率达到了19.6%,就业形势较为严峻。当前,恰逢毕业季的二季度,考虑到就业会受到疫情后经济社会形势的变化以及宏观政策调整等多重因素影响,毕业生就业形势依旧严峻。

1.从供给侧看,2023年云南省毕业生人数持续增长

按照3~4年为一个毕业周期来看,2019~2020年两年入学的高校学生将是2023年高校毕业生的主要组成群体。2019年云南省高等教育招生

40. 40 万人。其中，研究生招生 1. 67 万人；普通本、专科招生共 30. 55 万人；成人高等教育本、专科招生共 8. 18 万人。2020 年云南省高等教育招生 45. 47 万人，比上年增长 12. 6%，其中，研究生招生 2. 12 万人，增长 27. 0%；普通本、专科共招生 34. 57 万人，增长 13. 2%；成人高等教育本、专科共招生 8. 78 万人，增长 7. 3%；2019～2020 年合计的招生数为 85. 87 万人。[①] 排除选择"慢就业"、"灵活就业"、继续深造、出国留学等途径的毕业生，2023 年云南省毕业就业生 46. 37 万人（包括本科生、研究生、高职专科生、成人本专科生、网络本专科生），就业形势较为严峻。

2. 从需求侧看，现有工作岗位持续减少

一是从企业的就业需求看，2022 年第三季度云南省监测企业在岗职工总数降幅为 0. 37 个百分点，而四季度降幅为 0. 71 个百分点。到 2023 年第一季度，降幅增长至 1. 02 个百分点。在岗职工总数降幅呈现持续增高的态势。二是从行业需求来看，19 个行业中有 14 个行业减员，其中减员人数相对较多的分别是制造业、交通运输业以及仓储和邮政业。由此可见，云南省现存岗位数量下降趋势仍在持续加重。2023 年一季度，云南省用人单位实际招用人员 91432 人，求职成功率仅为 35. 07%。[②] 现有岗位明显难以满足高校毕业生就业需求。三是从对比来看，四川省 2023 届高校毕业生预计有 62. 81 万人，2023 年一季度四川省人力资源市场供求情况分析报告数据显示，2023 年一季度，四川本省及 21 个市（州）公共人力资源市场发布岗位 84. 92 万个，同比增加 10. 69 万个。重庆市 2023 年应届高校毕业生预计有 33. 6 万人，全市人力资源市场发布岗位 215. 2 万个，同比增长 3. 6%。而根据 2023 年昆明市人力资源和社会保障工作会议上公布的数据，2022 年昆明市提供有效就业岗位 18. 97 万个，2023 年全年提供有效就业岗位仅 14 万个，同比下降 26. 2%。川渝地区上升与云南省的下降趋势对比明显。

---

① 云南省统计局编《云南统计年鉴 2022》，中国统计出版社，2022 年 11 月。
② 云南人社厅：《云南省 2023 年 1 季度劳动力市场供求状况简析》，云南人力资源和社会保障网，2023 年 4 月 28 日，https：//hrss. yn. gov. cn/html/2023/4/28/56169. html。

二 云南省就业发展存在的问题

（一）就业结构性矛盾突出

近年来，云南省就业结构有所优化，但就业结构与产业结构的协调发展仍显不足，就业结构的变化与产业结构调整的需求之间存在较大差距。

一是"就业难"与"用工荒"并存。2023年，全省高校毕业生突破40万人，高校毕业生"就业难"与农民工"用工荒"并存，新生代农民工与高校毕业生还存在缺乏归属感、过客心态严重、流失率较高的问题，致使离职率日益增高，"短工化"趋向日渐明显。

二是技能型人才短缺。随着传统产业转型升级和承接中东部产业转移加快，技能型人才严重短缺和结构性失业问题凸显。全省持有职业资格证的技能劳动者占比远低于全国平均水平，高技能人才占技能劳动者的比重为22.7%，低于全国的25.6%。部分劳动者在求职过程中存在避"重"就"轻"心理，喜欢追求轻松、"体面"的白领工作而回避苦、脏、累、"低人一等"的技能型工作，导致"有人无事做"和"有事无人做"并存，具有职业习惯、职业纪律、职业技能、"会动手"的实用性技能人才和熟练劳动者严重短缺。

三是劳动者收入出现"倒挂"现象。劳动力供求结构失衡在一定程度上导致学历与薪资水平的"倒挂"现象。据初步调查，云南省高校毕业生半年后的就业专业对口率较低，甚至有的学校、有的专业已低于50%，且低就业状态占比较高，出现了高校毕业生劳动报酬低于同行业技能型工人甚至普通工人的现象，导致类似"谷贱伤农"的"才贱伤教"局面，引发了新一轮的"读书无用论"思潮。出现这种情况，虽然有高等教育与职业教育协调发展不充分的原因，但就业的结构性矛盾也是重要原因。

（二）职业技能培训发展滞后

近年来，云南省职业技能培训体系逐步建立，培训人数逐年增多，培训质量逐步提高。但是，应当看到，职业教育培训仍然存在一些亟待解决的问题。

一是对职业培训的认识不到位。"重普教轻职教""重学历轻技能"思想普遍存在，导致部分劳动者不愿接受职业技能培训、不愿当技术工人、不愿走技能成才的道路。

二是培训机制不健全。市场在培训资源配置中的决定性作用尚未得到充分发挥。目前，全省职业培训仍以政府投入为主，培训的引导性不足、类型较少、层次较低、主体较为单一，企业参与度不够，覆盖面窄，以市场需求为核心的订单培训、按需培训机制不够健全，劳动者终身职业培训体系尚未建立。

三是培训效果评估机制不健全。全省劳动者职业培训主要由人社、农业、教育、扶贫、移民、工会、妇联、共青团等部门组织实施，培训的行政化倾向较为明显，培训的补贴标准和验收标准不统一、验收评估机制相对滞后，培训就业的功能较弱，培训机构兑现的补贴未能与培训就业率和市场效益充分挂钩，政策措施的配套性不强，培训资源的整合不够。

四是职业培训机构发展滞后。目前，全省职业培训机构发展不平衡，培训机构数量较少，培训精品和强品较为缺乏，知名培训品牌较少，以市场为导向、以企业为主体的培训运作模式还未真正形成。

五是技工院校培养技能人才规模不大。技工类学校毕业生人数较少，难以满足产业调整升级对技能人才的需求。此外，部分企业尤其是小微企业为规避工资提升、人才流失等因素造成的成本上升，对职工职业技能提升培训重视不够，存在"重使用、轻培养"的现象，加剧了高技能人才匮乏的问题。

（三）摩擦性失业问题凸显

经济结构加快调整，淘汰过剩产能力度加大，劳动人口在产业间、行业间的流动增多，但受公共就业信息不对称的影响，部分下岗失业人员在短期内难以实现有效就业，摩擦性失业不同程度地存在。云南钢铁、水泥、电解铝、平板玻璃、煤化工等行业产能严重过剩，企业岗位流失严重，失业职工再就业面临严重困难。下岗失业人员就业技能低、年龄偏大，再就业难，需大力开展就业技能培训，积极开发公益性岗位，多途径拓展就业渠道，妥善安排下岗职工再就业，努力减少摩擦性失业。

（四）创业带动就业仍不充分

自 2009 年实施"贷免扶补"创业政策以来，云南省创业带动就业取得明显成效。但在创业者素质提升、创业推动创新、创业带动就业等方面还存在诸多问题。

一是生存型创业居多、成长型创业较少。全球创业观察组织连续 16 年的调查数据显示，除文化因素外，在经济落后地方的早期创业活动指数往往较高，创业意愿更强，在法国、德国、意大利等西欧国家仅约为 5%，我国则长期处于中等偏上水平。对云南创业者的调查问卷数据显示，创业原因中为"有一定社会资源""找不到合适工作""有一定创业资金"的分别占 19.2%、14.3% 和 10.0%，相当部分创业者迫于生计才创业。[①]

二是创业带动就业的比例较低。有关研究显示，国外创业带动就业的比例大致在 1∶9，在上海等发达省份创业带动就业的比例大致在 1∶7，而在云南省则更低。调查问卷数据显示，创业带动 3~5 人就业的占 37.1%，带动 1~2 人就业的占 32.1%，带动 5~10 人就业的占 17.1%，带动 10 人以上就业的占 13.7%，平均每个创业者带动的就业人数在 4 人和 5 人之间，低于全国平均水平。[②]

三是创业推动创新不够。创业者的教育程度偏低，且多集中于传统行业，"摆地摊卖杂货"或开"土特产网店"的较多。相关资料显示，我国创业者中拥有本科学历的比重仅占 9.2%，且创业领域多集中于餐饮、保健、零售业等低技术含量的服务类行业，与美国等发达国家多数机会型创业者从

---

① 潘启云：《经济新常态下云南就业增长的总体形势》，载《就业与创业：以云南为例》，社会科学文献出版社，2019。

② 潘启云：《经济新常态下云南就业增长的总体形势》，载《就业与创业：以云南为例》，社会科学文献出版社，2019。

事商业服务类行业情况有明显的差距。调查问卷数据显示，云南创业企业中属于服务业的占 54.29%，属于生产加工业的占 25.71%，属于种养殖业的占 12.14%，属于高新技术行业的仅占 7.86%。而在创业孵化基地的调查中，入园创业者中具有大专和本科学历的占 50%，大专以下学历的达 45%，研究生及以上学历的仅占 5%。[①] 创业者素质能力偏低决定了创业企业科技创新和经营模式创新动能不足。

三　云南省就业发展的对策建议

改革开放 40 年来，云南省就业领域取得了一系列重要成就，为建设面向南亚东南亚辐射中心发挥了重要的支撑作用，为边疆民族团结和社会和谐作出了重要贡献。但也要充分认识到，在全省经济下行压力增加，经济结构战略性调整和经济转型不断实现升级优化的背景下，云南就业结构性矛盾依然突出，就业劳动力总体素质与产业升级不相适应，因产业结构调整滞后引起的就业弹性低等问题依然存在，妥善应对就业问题仍是一项长期任务，也是与全省高质量发展相对应的系统工程。党的二十大为今后一段时间的就业工作指明了方向，面对新时代新使命，全省要重整行装再出发，创新顶层规划，统筹重点人群就业，完善政策，促进以创业带动就业，全面提升就业服务能力和管理水平，最终实现"3815"战略。

（一）把稳定就业和扩大就业放在社会经济发展的优先地位

就业是最大的民生，与经济有着天然的有机联系，仅靠人力资源相关部门解决就业问题是远远不够的，需要将就业纳入宏观调控的范围，按照高质量的发展要求，既要稳增长又要保就业，在促进发展方式转变和发展质量提高的过程中增加就业岗位、拓宽就业渠道，优先考虑就业战略，形成就业与

[①] 潘启云：《经济新常态下云南就业增长的总体形势》，载《就业与创业：以云南为例》，社会科学文献出版社，2019。

经济的良性互动。一方面要调整全省产业结构，大力支持就业吸附力强的农业、旅游文化产业等地区特色产业发展，结合乡村振兴战略，扩大农、林、畜牧业对劳动力的吸纳空间；另一方面要加大对非公经济、中小企业的扶持力度，广泛调动社会各界积极性，引导就业群体创办多种形式的合作经济、中小企业，形成稳定就业、扩大就业的合力。

（二）研判新时代就业群体特征，适当调整政策扶持范围和力度

经过改革开放 40 余年的不懈努力，人民生活水平得到极大提高，社会主要矛盾发生深刻变化，2020 年我国已经全面步入小康社会。因此，全省需要在掌握新时代平台经济、共享经济等新业态特征基础上，分析研判适应新经济的就业和用工特点，探索和创新适应新经济业态发展的监管方式，加快完善相关配套制度，调整就业重点群体结构，根据大学生、农民转移劳动力、去产能下岗安置人员等人群类型和技能特征，有针对性地分类施策，完善适应新就业形态的劳动用工和社保政策，让更多劳动力需求得以体现和响应，让更多就业者分享新经济红利。

（三）实现就业服务均等化，促进区域间就业机会的基本平衡

滇东、中、西部地域特征明显，经济发展不平衡导致了城乡间、区域间就业岗位和机会不均等问题，而要真正破解这一难题，除经济层面的结构调整外，公共就业服务均等化是促进就业公平的重要保障。一是要加强政策向边远地区、经济相对落后的基层倾斜，进一步完善公平就业制度，不断破除妨碍劳动者自由流动的体制机制弊端。二是要健全覆盖全民、贯穿全程、辐射全域、便捷高效的全方位公共就业创业服务体系；推行终身职业培训制度，大规模开展技能培训，加快培养知识型、技能型、创新型劳动者大军，为实现经济高质量发展提供有力支撑。

（四）加强和完善就业服务体系，提升信息化服务能力

云南省地势复杂，有些人口密度较低的区域通常由于服务半径过大而使

服务功能减少、服务能力下降，所以，建议从服务对象的实际需要和便利程度出发，进一步强化基层特别是农村牧区的公共就业服务功能，通过推行标准化、精细化、专业化服务，让越来越多的就业服务业务向需求前端下沉和前移。以"云服务、微应用、大数据"理念为指导，积极推进新的公共就业服务信息系统建设，在就业云平台基础上，推动新技术、新手段在就业管理和服务领域的广泛运用，全方位促进公共就业服务水平提升，打造一批各具特色、软硬件皆优的公共就业服务平台。

（五）多措并举促进青年群体就业创业

赢得青年才能赢得未来，发展青年才能发展未来。青年是云南在新时代西部大开发上闯新路、在乡村振兴上开新局、在实施数字经济战略上抢新机、在生态文明建设上出新绩的生力军，也是云南实现新型工业化、新型城镇化、农业现代化、旅游产业化的主力军。"十四五"时期，实现更加充分更高质量就业，是推动云南在新时代长治久安和高质量发展、全面建设社会主义现代化国家的内在要求，是践行以人民为中心的发展思想、扎实推进共同富裕的重要基础。

1. 加强城市软实力建设，增强云南青年归属感

一座城市是否能够被记住、被尊重、被向往，是否能够产生持久的影响力、软实力、带动力、竞争力，关键要看有无适合青年就业的岗位和港湾，有无适合青年创业的环境和制度，有无个性鲜明的文化气质，有无开放包容的人文环境，这也是当下城市竞争的关键所在。

一是提升城市软实力。着力打造云南各大小城市在公共管理、文化资源、公民素质和宜居环境等方面的综合实力，努力营造"尊重劳动、尊重知识、尊重人才、尊重创造"的浓厚氛围，创新增强省会城市及各地州城市与周边省市城市的竞争力，增加就业机会，激发青年的就业创业热情。

二是强化青年人才政策牵引。研究整合政府职能部门和银行金融机构的资金支持、技术指导、培训帮扶和综合信息等服务政策，构筑一套全链条人才引进和服务的政策体系，鼓励政策实施向青年人才倾斜，为青年成功创业

创造条件。

三是强化青年人才安居保障。面向海归青年、博士后等青年人才，打造集"居住+办公+社交"多功能于一体的青年人才驿站和人才街区，有效解决青年人才过渡性需求，采用"订单式"方式筹集优质商品房房源定向供应给青年人才，助力青年人才落地发展。

四是强化青年人才服务支撑。推行线下线上"英才卡"，促进人才链、产业链、资金链、服务链、数据链交叉融合，涵盖商务办公、政策兑现、落户安居、教育医疗、金融支持等全要素服务；激发青年人才跨界合作潜能，以实际行动支持青年人才挑大梁、当主角，激发青年投身云南就业创业的热情。

2. 加大统筹协调力度，形成高效推进机制

一是切实加强组织领导。重点是加强部门之间的统筹协调和沟通合作，形成更加高效的工作推进机制，上下步调一致，齐头并进，共同开创云南青年就业创业的新局面。二是创新实施就业创业促进计划。更大力度推进青年就业见习计划，探索全省见习全业务流程线上办理模式，减少岗位设置条件限制；更多举措夯实离校未就业毕业生实名管理，做好离校前后服务衔接，推进全省毕业生求职创业补贴"网上办""指尖办"。三是全面提升就业公共服务品质。提升招聘服务质量，常态化组织开展好线上线下招聘活动，紧扣毕业生求职需求，打造精准便捷高效招聘服务模式；提升政策服务便利性，通过数据比对、核验，推进毕业生就业服务"一件事"打包快办，加大政策落实力度；提升职业指导精细度，建立职业指导工作协同联动机制，强化毕业生就业观念引导，开展职业指导进校园、进社区活动，引导毕业生树立正确就业观念；强化毕业生就业情况研判分析，持续加强毕业生就业情况调研，全面掌握毕业生就业流向区域、特点和变化趋势，为高校毕业生就业工作政策研究提供参考。四是畅通供给需求信息。充分发挥好云南数字经济发展优势，把大数据互联互通的优势嵌入青年就业创业公共服务信息平台，畅通信息供给渠道和获取渠道，破解供给需求不平衡不匹配的情况。

3. 优化就业创业环境，深化"云人服务"意识

一是加大青年创业金融支持。建议进一步拓宽资金来源，将云南青年创新创业基金做大做强，用于支持青年创业或相关服务；建议以省财政投入和相关单位以及企业参股形式，筹建省级青年创业担保公司，注重向创新性强、科技含量高的创业项目适当倾斜，解决全省青年创业群体在创业过程中因缺乏担保和信用不足等原因而融资难的问题。二是积极优化融资环境。通过降低门槛、简化手续、规范程序等途径，解决城乡创业青年贷款立项慢、操作难的问题。吸引和鼓励社会风险投资为青年创业提供资金扶持，提供诸如战略决策的制定、技术评估、市场分析、风险及回收的评估等资源。三是减轻青年税费负担。建议争取工商、财税等部门强化针对扶持青年创业就业方面的相关政策支持，在注册登记程序、条件、费用税款收取及其他方面给予更大的优惠和便利，支持有志青年创业起步，促进和推动青年创业就业。四是优化"贵人服务"政策服务广度。坚持创业载体建设主体多元化、类型多样化、产业集群化发展，采取政府引导扶持、鼓励多方投资等方式为青年提供创业空间和载体；组建一支为青年提供创业培训、创业实训、资源对接、创业孵化、政策落实、专家辅导等服务的低成本、全要素、便利化的"启航导师"队伍，提供专业服务力量。五是打造蓬勃向上的青年就业创业文化。引导青年充分就业、积极创业，吸引集聚青年人才来滇发展，激发青年创业热情，进一步营造促进青年创业的浓厚舆论环境和文化氛围，为云南省"3815"战略积蓄人才资源，汇聚青春力量。

4. 提升青年个人能力，有效应对激烈竞争

一是引导青年树立正确择业观。青年不再把"铁饭碗"视为工作首选，着力组织村干部、农村产业青年、返乡回乡人员等参加高素质农民"新农人"培训班，着力培育"农创客""新农人"等农村创业创新主体。聚焦重点环节、关键领域，把正确的就业创业观培育融入在校大学生、高校毕业生、职场青年、青年人才等青年成长的不同阶段，量身打造全周期高质量服务模式——送出青春礼包，有力保障广大青年成长成才、创业就业。二是完善就业创业培训体系。进一步增加财政投入，由政府牵头整合资源组成就业

创业培训网络，引导青年提升个人人力资本，针对青年就业创业者的个性特点和创业不同阶段的需要开展形式多样的就业创业培训，提高就业创业青年的发展能力和创业项目的可操作性，提高青年就业率和创业成功率。三是完善引才育才平台。深化人才发展体制机制改革，修订人才引进政策，进一步规范人才引进认定程序、明确引才单位及主管部门职责，提高人才引进工作的质量和效率；充分发挥企事业单位用人主体作用，落实用人主体自主权，强化效益意识，努力实现人才总量、质量、贡献率"三个提升"，精准引进能力突出、专业对口的高校毕业生。四是开展职业技能培训。密切劳动、市监等部门与用工企业的联系，加大"菜单式""订单式"培训力度，直接与就业岗位进行挂钩、输送，为青年就业创业提供高质量、专业化的信息服务。提高职业技能培训的针对性和实效性，同时加大宣传力度，提高广大无业、失业青年参加培训的知晓率和参与度，重点开展中、高级技能培训，帮助青年掌握职业技能，提升就业竞争力。五是建立就业监测机制。开展就业监测制度，及时掌握用工动态，以掌握合同签订进度、落实工资支付监管长效机制等为重点，引导企业牢固树立靠事业留住员工、靠感情联络员工、靠待遇增加员工的新理念，增强员工对企业的归属感、认同感，使员工"招得进、留得下、稳得住"，逐步建立起企业发展和员工成长同步实现的长效机制。

参考文献

牛踏宇：《高校毕业生就业结构性矛盾的分析与解决》，《中国就业》2023 年第11 期。

杨立远、戴心怡：《高校毕业生就业结构性失衡成因探究与困境纾解》，《国际公关》2023 年第 17 期。

刘艳、李树民：《大学生就业的结构性矛盾分析》，《太原理工大学学报》（社会科学版）2008 年第 2 期。

岳昌君编著《全国高校毕业生就业调查报告 2021》，北京大学出版社，2022。

冒荣、张焱：《改革开放 40 年高等教育的规模扩张与当前的"两极失衡"——冒荣教授专访》，《苏州大学学报》（教育科学版）2019 年第 1 期。

B.5
2023年云南社会保障报告

欧晓鸥*

摘　要：　党的十八大以来，云南省委、省政府将社会保障体系建设摆在突出位置，围绕全覆盖、保基本、多层次、可持续等目标，全省社会保障事业发展进入了快车道，制度体系更加完善，覆盖范围持续扩大，待遇水平稳步提高，基金管理能力持续增强，服务水平不断提升，社会保障作为民生保障安全网、收入分配调节器、经济运行减震器的作用日益凸显，人民群众的获得感、幸福感、安全感不断增强。虽然云南省社会保障事业的发展已经取得重大进展，但近年来保障水平有待提升、保障不均衡、保障制度尚待完善、服务能力有待加强等问题仍然存在，需从政策层面和社会层面持续发力，不断满足人民对美好生活的需求。

关键词：　社会保障　制度完善　保障均衡

　　社会保障是关系国计民生的大事，它的发展和完善有利于整个社会的安定和谐，能起到托底和保障的作用。社会保障制度是完善程度和社会制度优越程度的集中体现。

　　目前，我国社会保障已从计划经济时代的国家负责、单位包办、全面保障、板块结构、封闭运行式的社会保障制度转换成了政府主导、企业与个人责任分担、覆盖全民、社会化、多层次化的新型社会保障体系，成为惠及全民的制度安排。我国社会保障改革也已进入系统集成、高效协同发展阶段，

---

* 欧晓鸥：云南省社会科学院社会学研究所副研究员，主要研究领域为社会性别与发展、社会政策与社会保障。

为经济改革与发展创造了相对稳定的社会环境，并通过相关制度安排扫除了劳动力自由流动的障碍，继而通过新的融资方式直接推动着中国经济增长。

党的十八大以来，中国已建成世界上规模最大的社会保障体系，人民群众获得感、幸福感、安全感更加充实、更有保障、更可持续，党的二十大报告对促进我国社会保障事业高质量发展、可持续发展提出了全新的要求，即健全覆盖全面、统筹城乡、公平统一、安全规范、可持续的多层次社会保障体系。

云南省委、省政府一直将社会保障体系建设摆在突出位置，围绕全覆盖、保基本、多层次、可持续等目标，全省社会保障事业发展进入了快车道，制度体系更加完善，覆盖范围持续扩大，待遇水平稳步提高，基金管理能力持续增强，服务水平不断提升，社会保障作为民生保障安全网、收入分配调节器、经济运行减震器的作用日益凸显，人民群众的获得感、幸福感、安全感不断增强。然而在总结成绩、梳理经验的同时也应该看到，虽然云南省社会保障事业的发展已经取得重大进展，但近年来城乡区隔、供给不足、性别视角缺乏等问题仍然存在，制约着人民日益增长的美好生活需要的满足，现有社会保障制度仍有进一步完善的空间。

一 2022年云南社会保障①基本情况和主要进展

（一）养老保险提质扩面②

1.城镇职工养老保险待遇持续提升

一是2022年云南省进一步完善有雇工个体工商户、"三支一扶"人员、西部志愿者等群体的参保缴费政策，规范养老保险待遇支出项目；二是相继

---

① 广义的社会保障概念包括社会保险、社会救助、社会福利和优抚等，本文涉及内容属于狭义的社会保障范畴，主要包括社会保险（含医疗保险）和社会救助。

② 本部分数据如无特殊说明，均来自《2022年云南省人力资源和社会保障事业发展统计公报》和部门工作报告。

制定出台社保助企纾困政策，在实施 5 个特困行业阶段性缓缴社会保险费政策基础上，进一步实施扩围延期政策；三是同步提高企业和机关事业单位退休人员基本养老金，全省退休人员基本养老金总体比上年度增长 4%；四是推动建立多层次多支柱养老保险体系，积极发展企业年金和个人养老金，推动养老保险第二、三支柱建设，在玉溪市先行实施个人养老金制度，为全省全面推开探索有益经验。如表 1 所示，2022 年末，参加城镇职工基本养老保险人数为 806.96 万人，比上年末增加 67.61 万人，其中：职工参保人数 611.08 万人，离休、退休、退职人数 195.88 万人。确保了 137.22 万名企业参保离退休人员按时足额领到养老金，企业职工基本养老保险退休人员人均基本养老金为 3293 元/月。云南省职工养老保险参保人数大幅提升，保险基金收入和支出亦逐年增长，养老金实发人数呈上升趋势，企业退休人员社会化管理服务实现全覆盖，进一步保障了群众的养老需求。

表 1　2018~2022 年云南职工养老保险情况

类别	2018	2019	2020	2021	2022
职工参保人数(万人)	440.23	468.41	515.78	550.54	611.08
企业参保人数(万人)	316.56	343.38	388.20	421.68	482.99
离休、退休、退职人数(万人)	175.99	181.47	185.56	188.81	195.88
职工基本养老保险费征缴收入(亿元)	692.82	693.55	574.76	794.97	895.47
职工基本养老保险基金支出(亿元)	677.14	764.47	804.57	868.81	992.20
企业养老金实发人数(万人)	126.32	128.76	131.35	132.67	137.22

资料来源：《云南统计年鉴 2023》。

2. 城乡居民基本养老保险制度不断完善

2022 年，云南省各级人社部门通过开展云南社保服务"康乃馨"行动；建章立制防范化解基金安全风险；督促落实困难群体代缴政策；加快信息系统建设等工作，稳步推进扩面增效，城乡居民基本养老保险覆盖范围进一步扩大，待遇水平不断提升，年末全省城乡居民基本养老保险参保总人数 2479.71 万人，全年领取城乡居民基本养老保险待遇人数 572.3 万人，城乡居民基本养老保险基金收入 152.27 亿元，基金支出 104.34 亿元。截至 2022

年 10 月底，各级政府共为 64.74 万符合困难群体代缴政策的人员代缴城乡居民养老保险费，代缴资金 8171.71 万元。此外，各级经办部门按照每半年开展一次资格认证的工作要求，利用"互联网+"技术，充分发挥"云南人社 12333"手机 App 等媒介优势，为待遇领取人员搭建自助认证平台，并对长期卧床、空巢、失能、残疾人和 80 岁以上高龄老人等特殊群体，定期开展社保待遇资格认证、社保卡办理、困难补贴发放等上门服务。截至 2022 年 10 月底，全省共完成城乡居民养老保险生存认证 548.25 万人，综合认证率达 96.26%，进一步满足了老年群体的特殊需求，保障了其合法权益。

（二）失业保险待遇确保到位

2022 年，为积极应对疫情影响和经济下行多重压力，极力发挥失业保险保市场主体稳就业、兜底线保民生的作用，云南省人社部门着力在"快""实""准"上下功夫，推动失业保险一揽子政策措施高质量精准落地，全省失业保险参保人数达到 357.52 万人，基金收入 26.93 亿元，支出 31.84 亿元，向 16.58 万名符合条件的失业人员发放失业保险金 15.32 亿元，人均失业保险金水平为 1575 元/月；为 7.77 万名失业人员发放失业补助金 1.68 亿元。全省共为参保缴费单位和个人减轻失业保险缴费负担 23.30 亿元（其中为 13.78 万户企业减负 15.6 亿元）；向 7.03 万户参保单位发放失业保险稳岗返还资金 8.64 亿元，惠及职工 202.89 万人；为 7.33 万名参保人员发放技能提升补贴 1.22 亿元；发放一次性留工培训补助 9161 户 1.15 亿元，惠及职工 22.99 万人；发放一次性扩岗补助 5890 户，3682.05 万元，2.45 万人；缓缴失业保险费 1027 户 5812.93 万元。自稳岗返还政策实施以来，2022 年返还资金、惠及职工、受惠企业数量均为历年最高。此外，为保障失业人员待遇，人社部门一是放宽参保职工和领金人员技能提升补贴申领条件，从失业保险基金中提取 3.78 亿元至职业技能提升行动专账资金，支持大规模职业技能提升行动；二是按时足额发放失业保险金待遇保障基本生活，从 2022 年 10 月 1 日起调整云南省失业保险金发放标准，并从 9 月以来启动领金人员价格临时补贴联动机制；三是从 2022 年 7 月 1 日起统一全省城乡劳动者失业保险政策，农民合同制工人与城镇职工同等缴纳失业保险费，同等享受失业保险待遇；四是推进失业保险待遇"畅通领、安全办"，依托"云南公共就业服务平台"，优化服务流程，实现失业保险待遇"免跑即领""免证即办""免登即发"的"三免"经办模式，进一步确保失业人员的保障待遇到位。

（三）工伤保险稳步推进

2022年末，全省参加工伤保险人数 575.71 万人，比上年末增加 33.8 万人，其中农民工参保人数 151.17 万人。享受工伤保险待遇人数 4.05 万人。全年工伤保险基金收入 19.56 亿元，其中工伤保险费征缴收入 18.91 亿元；基金支出 19.91 亿元。此外，云南省 2022 年对工伤职工伤残津贴生活护理费和供养亲属抚恤金进行了调整，进一步提升了参保伤残职工及其家属的保障水平。

（四）医疗保险持续改革[①]

1. 城镇职工医疗保险效能显著提升

2022年，云南省参加职工医保人数为 584 万人，同比增加 15 万人，增长 2.6%。其中，在职职工 419 万人，同比增长 2.8%；退休人员 165 万人，同比增长 2.2%；职工医保基金（含生育保险）收入 394 亿元，增长 1.5%，支出 316 亿元，增长 6%。参加职工医保人员享受待遇 3467 万人次（普通门诊 2504 万人次、门诊慢特病 809 万人次、住院 154 万人次），同比增加 136 万人次。职工医保次均住院费用为 9728 元，同比增加 181 元，增长 1.9%。职工医保住院费用政策范围内基金支付 89.2%，同比减少 1.3%。职工医保基金（含生育保险）当期结余 78 亿元，累计结余 692 亿元。

值得一提的是，自 2022 年 4 月起，云南省启动职工医保门诊共济改革，虽启动了在职职工个人账户部分减计，但职工医保参保人可以享受普通门诊

---

① 本部分数据如无特殊说明，均来自《2022 年云南省医疗保障事业发展统计公报》。

费用报销待遇，职工医保个人账户保障范围延伸到父母、配偶、子女及购买补充医疗保险，做到了改革推进过程中"保障不断档、待遇不下降"，全省享受门诊共济待遇 123.35 万人，享受待遇 429.71 万人次。报销门诊费用 4.87 亿元，次均报销 113.33 元。个人账户绑定授权 26 万人，绑定账户共计支付 2.13 亿元。截至 2022 年末，共有 8162 名参保人使用个人账户支付 1859.15 万元。云南省通过差异化支付支持基层医疗机构能力提升，实现"群众受益、基金增效"改革等做法，得到国家医保局肯定。①

2. 城乡居民医疗保险惠民利民

2022 年，云南省参加城乡居民基本医疗保险（以下简称居民医保）3976 万人，同比增加 23 万人，增长 0.6%。参保人员享受待遇 14569 万人次（普通门诊 12754 万人次、门诊慢特病 1019 万人次、住院 796 万人次），同比增长 7.1%（普通门诊 6.2%、门诊慢特病 23.9%、住院 2.4%），次均住院费用 5751 元，同比增加 168 元，增长 3%。居民医保基金收入 388 亿元，同比增加 16 亿元，增长 4.3%。居民医保住院费用政策范围内基金支付 72%（三级 66.6%，二级 75.3%，一级及以下 78.8%），同比减少 1.1%。医保基金支出 362 亿元，同比增加 20 亿元，增长 6%；医保基金当期结余 26 亿元；医保基金累计结余 266 亿元。

此外，为进一步提升基金使用效能，满足群众医疗保障需求，云南省医疗保障部门还采取了一系列措施，推动云南省医疗保障制度更加完善。一是将中药饮片和医疗机构制剂纳入全省医保支付范围，308 种中药饮片和 809 种医疗机构制剂已通过国家备案，按程序纳入医保支付；二是将卫生健康部门认定的"高血压糖尿病"参保居民纳入保障范围，巩固居民"高血压糖尿病"门诊用药保障；三是按照国家标准在全国率先上线"双通道"电子处方中心，实现外购药品全流程服务"一站式"医保报销结算，现已实现州市全覆盖；四是集中带量采购药品已覆盖化学药、生物药和中成药三大领

---

① 《暖心！2022 年云南医保 10 件惠民实事落地有声》，云南省医疗保障局网站，2023 年 10 月 5 日，https：//ylbz.yn.gov.cn/index.php？c＝show&id＝3121。

域，涉及高血压、糖尿病、抗肿瘤、抗病毒等 400 多个药品，进一步降低药品和医用耗材价格；五是深入开展打击欺诈骗保专项整治行动，持续打击"假病人""假病情""假票据"等"三假"骗保行为，建立医保基金社会监督员制度；六是扩大普通门诊跨省直接结算服务覆盖面，在全省 1728 家定点医药机构开通了门诊慢特病跨省直接结算服务，落实高血压、糖尿病、慢性肾功能衰竭、恶性肿瘤、器官移植术后抗排异治疗等五种门诊特殊病慢性病费用跨省直接结算，实现生育保险待遇核定与支付事项"跨省通办"；七是全面推行门诊特殊病待遇省内异地认定，推动实现定点医疗机构"一站式"办理，目前全省 17 个统筹区 99 家三级医疗机构、763 家二级医疗机构可异地认定备案门诊特殊病慢性病待遇；八是推进医保移动支付建设，参保人通过医院微信公众号、医院支付宝小程序、国家医保 App，使用医保电子凭证即可在线完成医保统筹基金报销、个人账户、个人自付费用"一键"结算，截至 2022 年 12 月底，全省已有 14 个州市 102 家医疗机构上线医保移动支付业务；九是落实核酸检测价格调整政策及耗材集采降价成果，2022 年 3 次调整新冠病毒核酸检测项目价格，减轻了参保人的核酸检测费用负担。[1]

3. 生育保险覆盖范围持续扩大

2022 年，全省参加生育保险 406 万人，同比增加 13 万人，增长 3.3%。享受生育待遇 21 万人次，同比增加 3 万人次，增长 18.6%。生育保险人均生育待遇支出为 10746 元，同比增加 1541 元，增长 16.8%。

（五）社会救助工作成效显著

1. 基本生活救助精准程度大幅提升

近年来，云南省社会救助事业成效显著，如表 2 所示，5 年来，除非本地户籍的临时救助人数以外（这与实行居住地申请救助制度有关），各项救

---

① 《暖心！2022 年云南医保 10 件惠民实事落地有声》，云南省医疗保障局网站，2023 年 10 月 5 日，https：//ylbz. yn. gov. cn/index. php？c＝show&id＝3121。

助受益人数不断减少，一方面说明救助力度不断加强，另一方面也说明云南省群众生活水平逐步提升，困难群体规模有所缩小。

表2　2018~2022年云南省社会救助受益人数

项目	2018年	2019年	2020年	2021年	2022年
临时救助(万人次)	94.00	135.29	109.96	67.71	100.15
本地户籍(万人次)	93.64	133.45	108.04	41.48	93.43
非本地户籍(万人次)	0.36	1.84	1.92	26.23	6.73
城市居民最低生活保障人数(万人)	48.34	43.75	41.00	39.20	37.00
农村居民最低生活保障人数(万人)	254.95	251.10	244.90	226.00	225.50

资料来源：《云南统计年鉴2023》。

2022年度，云南省基本生活救助事业的具体进展和成效有如下几方面。

第一，合理提高救助标准。从2022年7月起，全省城乡低保标准分别提高到不低于8400元/人年、5343元/人年，同比分别增长6%、12%；特困人员供养标准提高到不低于910元/人月，同比增长6%。截至2022年10月底，全省有城乡最低生活保障对象257.15万人，特困供养12.8万人。[1]

第二，兜牢预防规模性返贫的保障底线。落实防返贫监测机制，严格落实参照"单人户"施保、刚性支出扣减、"救助渐退"等措施，对脱贫人口中完全丧失劳动能力或部分丧失劳动能力且无法通过产业就业获得稳定收入的人口，依规纳入救助范围；加强与乡村振兴部门的数据比对，强化三类监测对象监测帮扶，防止致贫返贫。[2]

第三，加强临时救助力度。采取打破临时救助户籍限制、加快审批发放进度、推行急难发生地实施救助、开展"先行救助"等办法，并建立和完善主动发现机制，开展特殊困难群体排查专项行动，进一步保障困难群众基本

[1]　资料来源：由云南省民政厅提供。
[2]　《我省健全完善社会救助体系　分层分类兜住困难群众民生底线》，云南省人民政府网站，https：//www.yn.gov.cn/ztgg/lwlb/lwlbkyn/202303/t20230329_257051.html。

生活。2022 年 1~10 月，实施临时救助 60.96 万人次，支出资金 4.74 亿元。①

第四，强化精准救助。注重低收入人口动态监测预警，在全国率先建成使用"低收入人口动态监测信息平台"，建立包括低保对象、特困人员、易致贫返贫户、低保边缘家庭等共计 546.14 万人的低收入人口数据库；优化和完善"云南省居民家庭经济状况核对平台"功能，与 12 个省级部门实现 21 项数据共享，加大对申请对象家庭经济状况的核对，确保救助精准。②

第五，优化办理程序。全面建立居住地申请救助制度，将居住地申办低保拓展到特困供养领域，至此云南省基本生活救助事项全部实现居住地申办；推广使用线上申请平台，通过"一部手机办低保""政府救助平台"压缩办理时限，全年累计为 17.47 万户次困难群众提供"不出户、不求人"的申办服务；对接"一卡通"管理平台，开发数据接口，实现社会救助资金发放"社银一体化"平台与"一卡通"平台无缝对接。③

2. 综合救助覆盖范围有所拓展

在医疗救助方面，目前云南省医疗救助对象范围由居民拓展至困难职工，实现医疗保障三重制度对医疗救助对象的全覆盖。2022 年城乡居民医疗救助收入 36.2 亿元，医疗救助资金支出 33.2 亿元，其中：资助参保支出 12.4 亿元，住院救助支出 19.6 亿元，门诊救助支出 1.2 亿元。全省农村低收入人口参保率 99.98%，待遇享受 3821.4 万人次〔住院 221.1 万人次、慢特病 306.4 万人次、门诊 3086 万人次、其他（含院前抢救）81.5 万人次、药店购药 122.5 万人次、生育 3.9 万人次〕。④

在住房救助方面，云南省目前主要对符合规定标准的住房困难的低保家庭、分散供养的特困人员等实施住房救助；对城镇住房救助对象优先实施公租房保障；对农村严重困难家庭等实施农村危房改造和农房抗震改造。

---

① 资料来源：由云南省民政厅提供。
② 资料来源：由云南省民政厅提供。
③ 资料来源：由云南省民政厅提供。
④ 资料来源：《2022 年云南省医疗保障事业发展统计公报》。

二 云南社会保障存在的问题及原因分析

（一）整体保障水平有待提升

第一，保障水平横向对比有差距。地区经济社会发展差异是阻碍城乡居民从社会保险中公平受益的一个突出问题。社会保障支出水平与各省份经济发展状况、财政支出水平存在较强关联性。因此我国各省份的基本养老保险制度、基本医疗保险制度支出存在一定差距。研究显示，以城乡居民养老保险制度来看，2017年全国人均支出644元，全国共有18个省份低于这一水平；13个省份高于这一水平。发达地区与欠发达地区差距较为明显。云南、贵州、新疆、安徽等地人均水平不足500元；浙江、江苏、天津、上海、浙江等经济发达省份人均支出高于1000元；[①] 从2017年各省社会保障财政支出比重来看，社会保障财政比重系数小于0.25的低系数地区包括贵州、西藏、青海、福建、云南5个地区，系数大于0.25而小于0.5的中等系数地区，包括四川、山东、广东、江苏、浙江等23个地区。[②] 由此可见，近年来云南社会保障水平虽然稳步提升，但若横向比较，由于经济、社会、文化发展的累积性劣势，其财政投入水平和保障水平与发达地区相比都存在一定的差距。

第二，"提质"方面还有空间。虽然近年来云南省各类保险的"扩面"工作取得了显著成效，基本做到"应保尽保"，但是待遇水平方面还有所欠缺。以养老保险为例，职工养老保险参保人员缴费基数较低，参保人员平均缴费基数与全省城镇单位就业人员平均工资比率不足90%，与国家要求尚有差距；城乡居民养老保险虽然分为200~9000元的18个缴费档次以满足参保人的不同需求，但是由于观念、经济水平等原因，大部分居民仍然选择

---

① 资料来源：2017年《中国人力资源和社会保障年鉴》。

② 资料来源：2017年《中国人力资源和社会保障年鉴》。

较低缴费档次，直接影响今后的养老金水平，存在难以保障其基本生活的风险。

（二）保障不均衡问题突出

第一，保障水平存在城乡差异。虽然云南省脱贫攻坚任务已全部完成，但目前云南省大部分农村的产业基础还相对薄弱，集体经济不够发达，加之地方财政普遍困难，对社会保障事业的投入力不从心，因此一些地区的农村保障水平仍然存在短板，特别是部分地区救助标准尤其是农村低保标准和全国、西部地区平均水平还有差距，离满足困难群体的实际需要还有差距。

第二，保障水平存在身份区隔。新时代，养老保险"双轨制"并轨以及城乡保险一体化的改革，已经从制度设计上剔除了影响社会保障身份公平实现的最大障碍。但是，在既有问题解决的同时，社会保障身份公平问题又有了新的表现形式，[1] 具体表现在两方面。一是新确立的城乡居民医疗、养老保险制度，使城镇职工与城乡居民在保障待遇上产生了较为显著的区隔。二是新经济的蓬勃发展加快了新业态从业者的发展速度，导致新业态从业者因"去劳动关系"的就业性质，参加社会保险不充分，[2] 成为社会保障的"漏出群体"。此外，由于当前生育保险与劳动关系捆绑的现状，目前云南省女职工可享受的生育保险待遇包括生育医疗、产检、营养补助费用和生育津贴，生育保障相对完善，但是职工以外的城乡女性和男职工的未就业配偶只享受定额支付的生育医疗待遇，待遇差距较为明显，不利于应对产业结构升级和服务、数字经济时代和老龄、少子化人口结构转变对社会保障的新挑战。

第三，社会性别视角缺位。一是女性生育保障不足。如前文所述，生育保险与职工医疗保险挂钩，当前无业、失业、灵活就业的广大城乡女性仍被排除在生育保险之外，仅能获得定额支付的生育医疗待遇，导致生育成本过高，且

---

① 李思特：《社会公平视角下的中国社会保障问题研究》，吉林大学博士学位论文，2021。
② 席恒：《全球新冠肺炎疫情、超级老龄化、新型就业三重挑战下的中国社会保障》，《社会保障评论》2022年第1期。

其生育期间的基本生活缺乏保障，生育的社会价值未被彰显，更多还是由女性个人和家庭承担，不利于女性的职业发展和公正平等社会氛围的营造。此外，目前政策规定，同样缴纳生育保险，女职工本人可以享受生育保险的所有待遇，但男职工的未就业配偶只能享受生育医疗待遇，而不能享受生育津贴、产检定额报销等待遇，不利于体现生育成本社会共担的理念，也不利于进一步发挥生育保险的生育激励作用。二是政策宣传过程中存在的性别歧视。由于传统性别角色规范，边远少数民族地区的妇女，特别是留守和老年妇女，通常活动范围小于男性，加之受教育程度和自身认识所限，往往不能及时获取相关信息和公共服务，但当前政策宣传过程中未对女性特殊需求和经验有所考虑，因此女性群体在自主参保和寻求救助方面相较男性可能存在更多障碍。

（三）保障制度尚需完善

第一，统筹层次较低。基金管理的层次越高，基金的互济性、安全性、抗风险性都随之提高。目前云南省大多数县（市、区）城乡居民基本养老保险基金和基本医疗保险都是县级统筹，统筹层次较低、防风险能力较弱，不利于基金安全和规范管理，也不利于基金的效益释放。

第二，收支平衡存在风险。在疫情和新就业形势的冲击下，云南省社保基金的收支平衡和总体安全面临一定挑战，其中，工伤和失业保险基金已经出现收支矛盾。一方面，疫情对劳动力市场造成了严重的冲击，一定程度上弱化了企业和劳动者的缴费能力，进而造成社会保险基金当期收入减少。同时，"减降缓免返"的阶段性社会保障组合政策，同样减少了社会保险基金的收入。另一方面，疫情防控期间社会救助、养老保险、医疗保险、失业保险等资金的支出又有所增加。[1] 由于疫情后基金收入能力的恢复存在一定的时滞性，不仅影响当期基金的收支，还会持续影响未来基金的积累。[2]

---

① 席恒：《全球新冠肺炎疫情、超级老龄化、新型就业三重挑战下的中国社会保障》，《社会保障评论》2022年第1期。

② 封进、赵发强：《新冠肺炎疫情对中国城镇职工养老保险基金积累的影响》，《社会保障评论》2021年第1期。

第三，失业保险制度亟待健全。一是灵活就业人员参保权利义务不对等。灵活就业人员参加失业保险缴费基数为统筹地在岗职工平均工资的60%，与建立正式劳动合同关系的用人单位及职工享受同等待遇，缴费低但受益率高，给失业保险基金收支平衡带来一定挑战。二是灵活就业人员身份和就业失业状态认定困难。2019年《人力资源社会保障部关于推进失业保险金"畅通领、安全办"的通知》规定失业人员申领失业保险金时，不再出具终止或者解除劳动关系证明、失业登记证明，同时，国家《就业失业登记管理办法》及失业登记工作相关要求，灵活就业人员可采取书面承诺的方式办理就业失业登记。但精简就业失业证明材料，给经办环节确认失业保险待遇资格或停发待遇造成一定困难，事后监管在一定程度上增加了基金风险和审计风险。

第四，应急制度建设不足。目前云南省社会保障的应急制度呈现出碎片化、临时性特点，体系化、制度化的社会保障应急制度建设尚不健全，特别是在社会救助方面，对困难群体的基本生活救助和医疗、教育、住房、就业等专项救助和其他帮扶救助综合联动、叠加救助还需强化；在急难社会救助方面，救助的及时性、便捷性以及主动发现救助仍需进一步加强。此外，应急和临时救助政策与常态化救助政策之间的续接、转化还需提升。

（四）服务能力有待加强

第一，服务智能化程度仍有差距。虽然智能技术近年来在云南省社会保障工作中已经有所运用，大大优化了工作效率和群众体验，但与发达地区相比，仍需加深大数据、云计算、人工智能以及区块链在社会保障公共服务供给应用中的深度与广度，以实现社保业务跨部门、跨层级、跨区域经办能力更上一层楼，进一步提升社会保障公共服务便捷性、可及性与公平性。

第二，基层经办能力较弱。虽然基层工作人员面临覆盖范围广、工作量多、任务重、压力大的客观困难，但在服务意识、统筹信息系统应用水平和经办能力方面仍然存在短板，导致有些地区在社会保险扩面增效工作中进度缓慢，措施单一，报表数据统计与系统数据有出入；有些地区基层工作人员办理业务不及时，不能高效回应群众需求。

三 提高云南社会保障的对策和建议

（一）政策层面

1.继续推进社会保险提质扩面工作，全面提升保障水平

第一，降低城乡居民参保成本。进一步加大财政投入力度，完善参保缴费激励机制，增加缴费补贴，落实困难群众分类资助参保政策，降低城乡居民参保成本。

第二，提升群众参保质量。一是根据云南省居民，尤其是农村居民可支配收入增长情况，动态合理调整城乡居民基本养老保险缴费档次，并加大社会保险，尤其是居民养老保险政策宣传力度，消除群众参保疑虑，提高城乡居民参保积极性，引导城乡居民提升缴费档次。二是通过提高门诊待遇、完善门诊特殊病慢性病保障机制、职工医保门诊共济等措施，不断提升基本医疗保险待遇水平。

第三，提升社会救助水平。一是加大城乡困难群体救助力度，特别是提升农村和特困人员低保标准和各项救助水平，缩小城乡救助水平差距，切实解决群众生存困难。二是科学测算城市和农村低保保障标准，力求做到低保标准年度增速不低于居民上年度人均消费支出增速。

2.逐步解决社会保障资源不均衡问题，确保社会保障公平性

第一，逐步扩大生育保险覆盖范围。建立针对灵活就业者、未就业或失业女性、农村女性、女大学生、男职工未就业配偶等群体的参保缴费机制，通过结合家庭联保、个人缴费、政府补贴、定额补助等多元筹资方式将其纳入受益范围，保障其在分娩医疗费用以外，平等享受生育津贴、产检定额报销等待遇，降低生育成本，将现行职工生育保险制度完善为与全省人口发展战略相适应、覆盖全体城乡居民的生育保障体系。

第二，关注新业态从业人员社会保障权益。一是进一步优化制度，积极鼓励和推动在城镇就业的新业态从业人员、灵活就业人员等重点群体参加企业职工基本养老保险和医疗保险，切实提升其社会保障水平。二是探索打破制度壁垒，继续扫除新业态从业人员社会保险关系在跨险种、跨地区转移续接中存在的制度障碍，避免其保障权益在变动中流失。三是全力维护新就业形态劳动者劳动保障权益。通过持续开展新就业形态劳动者劳动权益保障专项行动，加强对新就业形态劳动者劳动合同、书面协议订立等的指导和服务，以及对平台企业和劳动者的用工指导、监督和服务，规范新就业形态企业和平台用工行为，防范化解劳动纠纷，切实保障新就业形态劳动者劳动权益。

第三，在社会保障工作中加入社会性别视角。一是在政策宣传的方法和形式选择上考虑妇女，尤其是偏远地区农村妇女的经验和需求，使用浅显易懂和妇女可及的方式确保妇女能够知晓和理解相关社会保障政策，提升妇女参保质量。二是在社会救助方面主动关注妇女群体，例如优先对边远少数民族地区因灾、因病致贫或留守贫困妇女群体实施低保和其他救助，对贫困单亲家庭女户主给予重点扶持和帮助等。

3. 着力完善制度建设，推动管理工作规范化、科学化

第一，逐步提升保险基金统筹水平。针对目前云南省保险基金统筹层次低、互济性不足的情况，按照制度政策统一、基金统收统支、管理服务一体的标准，不断提升各类保险基金统筹层次，推进基本医疗、养老保险和失业保险省级统筹工作稳步实施。

第二，加强保险基金安全管理。一是不断调整和优化个人缴费和政府补助结构，降低收支失衡风险。二是树立保险基金中长期平衡理念，加强基金中长期精算，构建收支平衡机制，开展待遇调整风险评估和基金运行风险评估及预警机制，实现决策分析科学化和风险防控智能化。

第三，推进失业保险工作制度化、规范化。一是进一步明确失业保险覆盖对象，扩大失业保险参保范围，探索新业态和灵活就业人员参保模式并合理设计保障待遇和标准，确保参保人员权利义务对等。二是健全灵活就业人员就业状态认定标准和流程，同时畅通与其他社会保险和市场监管部门的数

据比对、信息交流的渠道，既考虑灵活就业人员业务办理的方便快捷，也防止身份确认过程中的漏洞，降低基金风险，保障社会公平。

第四，加强应急制度建设。加强部门联动，推进基本生活救助和医疗、教育、住房、就业等专项救助以及其他帮扶救助的有效衔接，建立反应迅速的救助联动机制，对不符合低保或特困供养条件的低收入家庭和刚性支出较大家庭给予及时救助。并加强应急和临时救助政策与常态化救助政策之间的衔接和转化。

4. 持续提升服务能力，推进社保服务智能化、高效化

要提升基层经办能力。一是进一步加强经办队伍建设，整合各类资源，常态化、制度化开展以提升基层业务人员服务意识、政策宣传水平和信息化操作水平为核心的业务培训和交流活动，满足群众对基层社保服务的需要。二是完善社保信息系统建设。在优化现有社保信息系统基本功能的基础上，深入扩展各类综合性数据库和平台功能，尤其是"低收入人口动态监测信息平台"和"云南省居民家庭经济状况核对平台"等，提高社会救助工作的信息化和精准化水平。三是加强信息共享。建立各部门、各地区之间的信息共享机制和渠道，提升信息共享效率和效果。

（二）社会层面

1. 探索多元筹资模式

一是探索社保基金的多元筹资模式。在明确政府责任及边界的前提下，通过把控个人、政府、社会与市场在不同制度中的定位，引导市场力量充实社会保障资金来源，提升社会保障制度的运行效率。二是探索救助力量的多元化模式。引导和支持社会组织、爱心企业、慈善机构和个人等社会力量以捐赠、众筹、提供服务、合作等方式参与社会救助，补充财政力量的不足，进一步促进社会救助提质扩面。

2. 引导社会服务参与

一是建立保障工作的社会支持网络。以政府为主导力量，社区为基本单位，社会工作者为纽带，各种社会力量（包括企业、社会组织、法律援助机构等）大力协助，建立基层"社会安全网"，使正式与非正式资源整合起来，共同发挥效能，[①] 调整和完善现有社会保障制度的不足，有效服务于不同社会群体的保障需求。二是推进"物质+服务"的社会救助模式。在对困难群众现金救助的基础上，探索开展照料护理、康复训练、送医陪护、心理疏导、资源链接、社会融入等方面的服务型救助，满足困难群众的不同需求，增加救助的可持续性。

3. 鼓励商业保险发展

一是鼓励商业保险机构加强产品创新。支持和引导商业保险机构提供包括医疗、疾病、康复、照护、生育、养老等多领域的综合性健康产品和服务。二是规范商业保险机构承办职工大额医疗费用补助、居民大病保险业务等，建立完善参与基本医疗保险经办的商业保险机构绩效评价机制。三是落实行业监管部门责任，加强市场行为监管，突出商业保险产品设计、销售、赔付等关键环节的监管。

参考文献

王菊芬：《社会性别视角下的城镇医疗保险改革——以上海的模式为例》，《妇女研究论丛》2007 年第 5 期。

向荣：《云南省妇女生存发展与社会保障研究报告》，载云南省妇女儿童工作委员会编《探索与研究：云南妇女儿童发展十年成就》，云南人民出版社，2012。

封进、赵发强：《新冠肺炎疫情对中国城镇职工养老保险基金积累的影响》，《社会保障评论》2021 年第 1 期。

席恒：《全球新冠肺炎疫情、超级老龄化、新型就业三重挑战下的中国社会保障》，《社会保障评论》2022 年第 1 期。

---

① 向荣：《云南省妇女生存发展与社会保障研究报告》，载云南省妇儿工委编《探索与研究：云南妇女儿童发展十年成就》，云南人民出版社，2012。

B.6
2023年云南城乡居民收入和消费报告

施 锐 黎志远[*]

摘　要：　本报告以云南省为研究范围，聚焦云南省城乡居民的收入与消费状况，通过深入分析国家统计局云南调查总队年度统计公报及《云南统计年鉴2023》的相关数据，揭示了当前云南省城乡居民收入与消费中存在的主要问题，包括中低收入比重偏高、贫富分化风险加剧、居民负债抑制效应显著以及消费信心不足等。针对这些问题，本报告提出了通过深化收入分配制度改革，提高劳动报酬在初次分配中的比重，完善按要素分配政策制度，促进城乡居民收入水平的整体提升。加强社会保障制度建设，提高社会保障水平，减轻城乡居民的生活压力，增强消费信心。鼓励和支持新业态、新模式的发展，推动线上线下融合发展，为城乡居民提供更多元化、个性化的消费选择等对策建议。

关键词：　收入与消费　消费新动能　收入分配

　　2023年，云南省委、省政府坚持以人民为中心的发展思想，认真落实收入分配政策，加快形成公正合理有序的收入分配格局，构建与经济社会发展相协调的科学合理的收入分配体系，努力实现居民收入增长与经济增长的同步发展。实施促消费稳增长行动，增强消费对经济发展的基础性作用，顺应消费升级趋势，提升传统消费，培育新型消费，适当扩大公共消费，促进消费向绿色、健康、安全发展。

---

* 施锐，云南省社会科学院社会学研究所副研究员，主要从事发展社会学研究；黎志远，云南省社会科学院社会学研究所助理研究员，主要从事发展社会学研究。

一 云南城乡居民收入和消费现状①

2023 年，云南城乡居民人均可支配收入在一系列稳就业保民生的政策作用下达到 28421 元。城乡居民人均可支配收入比 2022 年名义增长 5.5%，在名义增速上与全国水平持平，但扣除价格因素后，实际增长 5.2%。云南城镇居民人均可支配收入 43563 元，比上年增长 3.3%。农村居民人均可支配收入 16361 元，比上年增长 8.0%。相比之下，全国城镇居民人均可支配收入增长 5.1%，农村居民人均可支配收入增长 7.7%，云南省农村居民的人均可支配收入增速超过了全国平均水平。随着疫情防控和经济社会发展的统筹推进，疫情对居民消费造成的影响逐步消除，但是居民消费结构的有效修复和进一步优化仍需时日。

（一）城乡居民收入和消费格局日趋合理

统计数据显示，收入分配改革有效提高了居民收入在国民收入中的比重，不仅提高了低收入群体的收入水平，也为中等收入群体的扩大打下了坚实基础。基于"互联网+"的新型消费业态推动了消费模式的创新，城乡居民的消费结构正在加速转型，从传统的生存型消费向发展型和享受型消费转变，消费内容更加多元化，消费质量不断提升。

1. 劳动者报酬在初次分配中的比重持续上升

云南省自 2023 年 10 月起对最低工资标准进行调整，根据县级行政区域的经济社会发展水平，将最低工资标准划分为三类，确保最低工资与当地经济发展水平相匹配，体现了差异化和精准化的政策导向，其中，昆明市五华区、盘龙区、西山区、官渡区、呈贡区、晋宁区和安宁市、嵩明县为一类地区，月最低工资标准从 1900 元提高到 1990 元，小时最低工资标准从 18 元

---

① 云南省统计局：《云南省 2023 年国民经济和社会发展统计公报》，云南省人民政府网，2024 年 3 月 29 日，https://www.yn.gov.cn/sjfb/tjgb/202403/t20240329_ 297393.html；云南省统计局：《云南统计年鉴 2023》，中国统计出版社，2023。

提高到 19 元；昆明市所辖其他各县及东川区、其他州市所辖县级市及市辖区、玉龙纳西族自治县和德钦县为二类地区，月最低工资标准从 1750 元提高到 1840 元，小时最低工资标准从 17 元提高到 18 元；其他各县为三类地区，月最低工资标准从 1600 元提高到 1690 元，小时最低工资标准从 16 元提高到 17 元。云南省的最低工资标准调整不仅能够直接提升低收入劳动者的收入水平，还能够通过一系列连锁反应，促进就业市场的稳定，激发消费市场的活力，推动经济结构的优化，为实现共同富裕和经济社会的高质量发展奠定坚实基础。

2. 城乡居民消费增速高于全国，差距持续缩小

2023 年云南居民人均消费支出 20995 元，比上年增长 10.8%，分城乡来看，城镇居民人均消费支出 28338 元，比上年增长 8.0%，高于全国 0.6 个百分点；农村居民人均消费支出 15147 元，比上年增长 13.8%，高于全国 4.5 个百分点。城乡居民消费意愿整体回升。云南省居民收支比为 1.35，其中城镇居民收支比为 1.53，农村居民收支比为 1.08。体现出居民消费潜力逐步释放对推动国民经济进一步恢复的积极作用。同时，新发展格局极大提升了云南省经济发展的自主性和可持续性，为促进我国经济平稳健康发展奠定了坚实的基础。

2023 年，城镇常住居民、农村居民人均消费支出均实现增长，消费能力正逐步提升。

3. 城乡居民消费结构持续优化

随着疫情防控和经济社会发展的统筹推进，疫情对居民消费造成的影响逐步消除，但是居民消费结构的有效修复和进一步优化仍需时日。2022 年，受疫情影响，交通出行消费支出下滑明显，交通通信支出 2556 元，下降 9.9%；教育文化娱乐支出 2028 元，下降 1.5%；医疗保健支出 1825 元，增长 7.4%；其他用品和服务支出 365 元，下降 1.6%。2023 年，居民消费结构基本稳定。云南人均食品烟酒支出同比增长 0.9%，人均衣着支出同比增长 0.5%，人均居住支出同比增长 0.3%，人均交通通信同比下降 2.8%，生活用品及服务、教育文化娱乐、医疗保健、其他用品和服务支出同比增长

0.2%、2.2%、0.7%、3.0%。

城乡居民食品消费结构进一步优化。居民饮食习惯从"主食型"逐步向"副食型"转变，体现出主食消费下降，副食消费上升的特点。副食消费支出占食品消费的56.4%，比2013年上升11.1个百分点。食品消费种类更加绿色健康、营养丰富、方便快捷。奶类、豆类、肉类、干鲜瓜果类、水产品、禽类等食品消费大幅度上升。

（二）城乡居民收入持续稳步增长

2023年，农村居民人均可支配收入在云南高原特色现代农业的发展带动下，受益于花卉、茶叶、咖啡、果蔬、油料等高原特色农业量效齐增，农村劳动力转移就业力度持续加大，秋粮再获丰收，部分农产品价格上涨，生猪价格回升等因素作用，名义增速和实际增速均快于城镇居民。

1. 城乡居民财产净收入占比稳步提高

2023年，云南居民人均财产净收入2445元，相比上一年下降了1.9%，占可支配收入的比重为8.6%，尽管财产净收入有所下降，但它仍然是云南居民可支配收入的一个组成部分，财产净收入的下降可能受到多种因素的影响，包括市场条件、投资回报率变化、政策调整等。经营净收入6394元，相比上一年度增长了4.5%，占可支配收入比重为22.5%，对居民人均可支配收入的增长贡献了1.0个百分点。工资性收入14806元，相比上一年度增长了8.2%，占可支配收入的比重为52.1%，是拉动居民人均可支配收入增长的主要驱动力，这一增长表明云南居民在工资性收入方面有了显著提升，反映出就业市场和工资水平的积极变化。转移净收入4776元，相比上一年度增长了2.9%，占可支配收入的比重为16.8%，对居民人均可支配收入增长的贡献为0.5个百分点。

2. 城乡居民收入差距有所缩小

从城镇与农村居民的可支配收入看，2023年云南省城镇常住居民人均可支配收入为43563元，比农村常住居民人均可支配收入高出了近2.6倍。但农村居民收入增长率（8.0%）高于城镇居民（3.3%）。农村居民收入增速持续快于城镇居民，推动城乡居民收入比连续下降，城乡收入比值为2.66∶1，比上年缩小0.12，城乡居民人均收入相对差距进一步缩小。值得关注的是，脱贫县农村居民的人均可支配收入为15218元，增长了8.5%，比2022年增长了0.8个百分点。这意味着脱贫政策正在有效地提高这些地区居民的收入，这一增长率高于全国和全省农村居民人均可支配收入的平均水平，脱贫地区的农村居民收入增长速度较快，生活水平在持续提升。

3. 城乡居民收入的地区差距总体有所缩小

2023年，云南省16个州市中，城镇居民和农村居民人均可支配收入最高的均为昆明，分别达55501元和22144元；而最低的均为怒江，城镇居民和农村居民人均可支配收入分别为29639元和8602元，城镇居民和农村居民人均可支配收入最高的分别是最低的1.87倍和2.57倍（见表1）。

表1　云南省16个州市2023年城乡居民收入的比较

单位：元

地区	城镇居民人均可支配收入	农村居民人均可支配收入	地区	城镇居民人均可支配收入	农村居民人均可支配收入
昆明	55501	22144	保山	40516	15708
玉溪	48660	21303	普洱	37909	15762
曲靖	45051	18896	文山	38989	15444
大理	43563	16361	临沧	36422	16450
红河	43253	17282	迪庆	43898	12303
楚雄	45413	16846	德宏	34296	14236
西双版纳	37800	18283	昭通	35949	14509
丽江	41473	14753	怒江	29639	8602

资料来源：各州市2023年国民经济和社会发展统计公报。

（三）城乡居民消费新动能逐步形成

2023年，城镇常住居民人均消费支出28338元，增长8.0%。相比之下，农村常住居民人均消费支出15147元，增长了13.8%。这些数据表明，在 2023 年，云南省城乡居民消费支出都有增长，农村居民消费支出增长速度快于城镇居民，反映出农村消费潜力的持续释放和市场消费活力的激发。

1. 城乡居民消费势头恢复良好

2011~2023 年全省城乡居民消费势头良好，其中 2018 年城镇居民人均消费首次突破 2 万元大关，达 21626 元；农村居民人均消费支出由 4424 元增加到 15147 元，其中 2019 年首次突破万元大关，达 10260 元。2023 年，云南省居民人均消费支出 20995 元，比上年增长 10.8%，而全国居民人均消费支出为 26796 元，云南省的人均消费支出低于全国平均水平。按常住地分，云南省城镇居民人均消费支出为 28338 元，全国城镇居民人均消费支出为 32994 元；云南省农村居民人均消费支出为 15147 元，全国农村居民人均消费支出为 18175 元。从增长速度来看，云南省居民人均消费支出同比增长 10.8%，而全国居民人均消费支出同比增长 9.2%，表明云南省居民消费支出的增长速度快于全国平均水平。

云南省在 2023 年的居民消费支出增长态势良好，虽然总量低于全国平均水平，但增长速度较快，显示出云南省居民消费潜力的积极释放和市场消费活力的增强。

2. 城乡居民八大类人均消费支出实现全面快速增长

2022 年，受疫情影响，云南居民交通出行消费支出下滑明显，交通通信支出 2556 元，同比下降 9.9%；教育文化娱乐支出 2028 元，下降 1.5%；医疗保健支出 1825 元，增长 7.4%；其他用品和服务支出 365 元，下降 1.6%。随着我国疫情防控策略不断优化，防控效果更为精准有效，居民消费渠道日渐通畅，消费环境日益宽松，在国民经济持续好转的背景下，居民人均消费支出呈恢复改善局面。

从 2023 年云南省城乡居民八大类消费价格比上年涨跌幅度情况看，其中服务性消费支出占比有所上升，特别是在其他用品及服务等方面，支出占比较上年上升了 3.0 个百分点。居民人均消费支出中，食品烟酒、衣着、居住、生活用品及服务、教育文化娱乐、医疗保健等类别的支出占比较上年分别上升了 0.9、0.5、0.3、0.2、2.2、0.7 个百分点，而人均交通通信支出占比则下降了 2.8 个百分点。这表明，尽管交通通信支出的绝对数额较大，但相对于其他类别的消费，交通通信支出的相对重要性在减少，而服务和娱乐等方面的消费在增加，反映了居民生活质量的提升和消费模式的转变。

此外，分城乡来看，城镇居民消费支出中，食品烟酒、衣着、居住、生活用品及服务、教育文化娱乐、医疗保健、其他用品及服务支出保持增长，支出占比较上年分别上升了 1.1、0.4、0.3、0.4、2.5、0.9、3.4 个百分点；而交通通信支出同比下降，降幅为 2.4 个百分点。农村居民的消费支出也呈现出相似的趋势，特别是在其他用品及服务、教育文化娱乐等方面的消费增长较快，这反映了农村居民在基本生活需求得到满足后，开始增加在服务和娱乐等方面的支出。

2023 年云南省城乡居民的消费结构发生了积极变化，服务和娱乐等非基本生活需求的消费占比增加，而交通通信支出的相对重要性降低，显示了居民生活水平的提高和消费模式的升级（见表 2）。

表 2　2023 年云南居民消费价格比上年涨跌幅度

单位：%

指标	全省	城市	农村
居民消费价格指数	0.3	0.5	-0.1
食品烟酒	0.9	1.1	0.5
粮食	0.9	1.0	0.9
食用油	-1.8	-1.4	-2.3
畜肉类	-5.8	-5.6	-6.2
衣着	0.5	0.4	0.6
居住	0.3	0.3	0.4
生活用品及服务	0.2	0.4	-0.4
交通通信	-2.8	-2.4	-3.4
教育文化娱乐	2.2	2.5	1.4
医疗保健	0.7	0.9	0.3
其他用品及服务	3.0	3.4	1.8

资料来源：《云南省 2023 年国民经济和社会发展统计公报》。

3. 传统耐用消费品拥有量稳定增长，高端智能消费品拥有量快速增长

2022年以来，一系列促进消费恢复的政策陆续出台，在疫情防控的同时，线上线下消费有机融合，信息消费扩大升级，基于"互联网+"的消费新业态不断壮大。同时，家电消费、健康服务消费、文旅消费、绿色消费、农村消费正在稳步有序恢复。生活家电普及渗透率进一步提升。一是从居民拥有洗衣机、电冰箱（柜）、彩色电视机和热水器等传统家用电器看，拥有量已经接近饱和，增长趋于稳定。2021年云南每百户居民家庭拥有洗衣机、电冰箱（柜）、彩色电视机和热水器分别达到98.8台、98.9台、108.0台和85.2台，比2013年末分别增加26.8台、41.2台、5.5台和20.9台，年均增长4.0%、7.0%、0.7%和3.6%。二是从反映现代新兴生活的居民家庭拥有接入互联网的移动电话、接入互联网的计算机、中高档乐器和健身器材等高端智能消费品看，拥有量加速增长。2021年云南居民每百户居民家庭拥有接入互联网的移动电话、接入互联网的计算机、中高档乐器和健身器材分别为245.2部、32.9台、4.7架和3.4台，比2013年分别增加206.6部、10.8台、3.3架和2.0台，年均增长26.0%、5.1%、16.3%和11.7%。人均通信消费从2013年的394元上升到2021年的623元，年均增长5.9%。

4. 汽车拥有量较快增长

从居民出行的交通工具看，云南居民每百户汽车拥有量从2013年的19辆增加到2021年的46辆，增加了27辆，年均增长11.7%。用于交通工具购置、交通工具用燃料和汽车维修保养的消费支出从2013年的633元增加到2021年的2034元，增加了2.2倍，年均增长15.7%。城镇居民家庭每百户拥有家用汽车和助力车数量，分别从2013年的29.7辆和28.9辆，增加到2021年的58.8辆和46.3辆，增加29.1辆和17.4辆，年均增长8.9%和6.1%。农村居民家庭每百户拥有家用汽车和助力车数量，分别从2013年的10.2辆和9.5辆，增加到2021年的30.0辆和22.7辆，增加19.8辆和13.2辆，年均增长14.4%和11.5%，农村居民每百户家庭拥有的汽车和助力车年均增速分别高于城镇居民5.5个和5.4个百分点。农村居民汽车拥有量增幅显著高于城镇居民，体现出乡村振兴背景下农村消费的巨大潜力。同时，

随着农村消费环境不断改善，移动支付普及率不断提升，农村电商进一步蓬勃发展，农村居民的消费结构、消费模式正在发生显著改变，乡村消费也将成为拉动云南经济持续增长的新引擎。随着绿色低碳转型加快，绿色消费也为中国经济高质量发展注入全新活力。新能源汽车产量逐年增长，中国汽车流通协会发布的相关报告显示，在相关政策刺激下，新能源汽车市场不仅没有受到疫情的影响，而且持续环比改善超过预期。

5. 教育消费成为消费新亮点

云南居民人均教育支出从 2013 年的 588 元，上升到 2021 年的 1622 元，增加了 1.8 倍，年均增长 13.5%。其中成人教育年均增长 13.3%，学前教育年均增长 19.0%。随着居民收入稳定增长，消费理念在不断更新，消费结构逐渐表现出由生存型向发展型过渡，这也是消费升级的积极指标。

二 云南城乡居民收入和消费存在的问题

（一）消费者信心恢复尚待时日

从云南当前情况来看，消费者信心的恢复不仅关乎经济的短期表现，更关系到长期的市场健康和社会发展。2023 年在疫情带来的经济波动下，经济复苏的不均衡性对消费者信心产生了影响。虽然一些行业和企业已经迅速恢复，但其他领域，特别是旅游、餐饮和零售等接触密集型行业，仍然面临较大的挑战。这种不均衡的复苏导致部分消费者的就业和收入前景不明朗，进而影响了他们的消费意愿。同时，消费者信心的恢复还需要政策的持续支持，通过减税、补贴、信贷优惠等措施，减轻企业和个人的财务负担，激发市场活力。

（二）低收入群体比重较高，制约居民收入持续增长

云南省当前低收入家庭比例较高，低收入群体比重居高不下，已经成为制约居民收入持续增长的一个重要因素。低收入群体的消费能力相对较弱，

这直接影响了消费市场的扩张和经济的内需增长。此外，由于教育和培训机会的不足，该群体的人力资本积累缓慢，这也限制了他们通过提升技能来增加收入的可能性，增加贫富分化加剧的风险，对社会稳定和经济发展构成挑战。

（三）警惕居民负债对消费形成抑制效应

云南省近年来城乡居民负债率呈上升趋势，居民债务的快速增长可能导致债务的可持续性面临压力，尤其是当债务收入比超过一定阈值时，居民的债务偿还能力可能受到影响，进而抑制消费。居民可能会因为负债压力而调整消费结构，减少非必需品的消费，而增加必需品的消费，从而影响整体的消费水平和消费升级。同时，随着居民债务的增加，家庭需要支付更多的利息和本金，这直接影响了家庭的可支配收入，减少了用于消费的资金。高负债也可能导致居民对未来的经济状况感到不确定，从而减少当前的消费支出，增加储蓄以备不时之需，对消费形成挤出效应。

（四）居民储蓄意愿大幅增加，消费动力有待激发

储蓄意愿的增强往往与消费意愿的减弱有着直接的关联。在经济活动中，居民的可支配收入在储蓄和消费之间分配，当更多的收入被分配到储蓄时，自然而然地，用于消费的收入就会减少。在经济下行压力增大或市场不稳定的情况下，居民可能会选择增加储蓄以备不时之需，从而减少对非必需品的消费。这种预防性储蓄行为在短期内可能会提高居民的安全感，但长期来看，却可能导致消费市场的萎缩，影响经济增长的内生动力。然而，消费是推动经济增长的重要力量。持续的低消费意愿不仅会影响零售、餐饮、旅游等行业的发展，还可能通过产业链条的传导效应，影响到更广泛的经济领域。

三 对策建议

云南省城乡居民收入和消费整体呈现显著回暖趋势。从此前发布的数据

看，云南省社会消费品零售总额同比增长，其中餐饮消费大幅增长，商品零售增速不高。这反映了云南省消费市场的恢复对稳增长起到了积极作用，但扩大消费的空间还没有被充分打开。总体来看，云南省居民的收入持续增长，但收入增长与消费支出之间的关系较为复杂。预计随着经济发展，城镇与农村的收入差距可能会有所缩小。然而，面临生活成本上升等挑战，城镇居民的消费支出可能仍会维持低增长态势。与此同时，随着农村居民收入的提高，其消费支出可能将持续增长。把恢复消费和扩大消费放在首要位置就是要推动经济转型，必然需要多措并举。因此，既要加大政府在促消费方面的支出规模，又要加紧推进国民收入再分配的改革，让政府、企业和居民的收入分配结构更合理，同时让居民的收入结构更合理。

（一）贯彻新发展理念，扎实推动共同富裕

共同富裕是社会主义的本质要求，是中国式现代化的重要特征。优化收入分配是推动共同富裕的关键措施之一，它涉及社会公平、效率以及经济的持续健康发展。增强劳动报酬在初次分配中的比重，确保居民收入增长与经济增长基本同步，劳动报酬提高与劳动生产率提高基本同步。通过教育和培训提高劳动力素质，增加就业机会，提高高校和职业院校毕业生的就业匹配度，为技能型劳动者、农民工等提供上升通道。大税收、社会保障和转移支付的调节力度，提高直接税体系的完善度，加强对高收入者的税收调节和监管。完善按要素分配政策制度，确保各类生产要素由市场决定报酬的机制，探索增加中低收入群体要素收入的途径。通过教育、培训和社会帮扶等措施，提升低收入群体的受教育水平和技能，增强其收入增长动力。实施就业优先政策，创造更多就业机会，提高就业质量，为居民提供稳定的收入来源。目前来看，增加就业的主要渠道来自民营企业，因此要改善民企的营商环境，降低融资成本，提高民企的投资意愿。

（二）进一步健全社会保障体系，有效释放居民消费潜力

中国特色社会保障制度是中国特色社会主义制度体系的重要组成部分，

对于维护社会稳定、促进社会公平、保障公民基本生活权益具有不可替代的作用。在经济社会发展中，完善社会保障体系是提高居民生活质量、释放消费潜力的关键措施。应进一步健全社会保障体系，减少居民的后顾之忧，增强他们的消费信心和消费能力，从而有效释放居民消费潜力，促进消费市场的健康发展。

云南省居民可支配收入占云南GDP的比重偏低，要根据经济发展水平和居民需求，逐步提高社会保障待遇，确保保障水平与居民生活水平相适应。建立社会保障标准与物价、居民收入等经济指标相挂钩的动态调整机制，确保社会保障水平能够适应经济社会发展的变化。针对不同群体的需求，提供差异化的社会保障服务，增加对居民部门的转移支付，特别是对农村老人的养老金发放规模，减轻居民的养老负担。

（三）进一步拓宽消费渠道，发展居民消费的新增长极

稳定和促进大宗商品消费是激发市场活力、促进经济增长的重要策略。特别是在汽车和家居家电领域，通过一系列政策激励和市场活动，可以有效提升消费意愿，促进产业升级。延续并优化2023年的新能源汽车购置税减免政策，降低消费者购车成本，同时鼓励消费者选择更环保的出行方式。继续推广新能源汽车下乡活动，通过财政补贴、税收优惠等方式，鼓励农村消费者购买新能源汽车，扩大新能源汽车的市场覆盖。支持公交、出租、环卫等公共领域通过采购新能源汽车来更新车队，提高公共交通的能源效率，同时作为新能源汽车推广的示范。鼓励有条件的州、市对消费者"以旧换新"或购买新车（乘用车）给予补贴，促进老旧车辆的淘汰和新车市场的繁荣。开展绿色、智能家居家电以旧换新及下乡活动，通过政府引导和企业参与，推动消费者升级换代，提升生活质量。鼓励生产企业、销售企业、商场、家装公司、回收企业等开展联合促销活动，通过优惠券、折扣、赠品等方式，激发消费潜力。鼓励老年人家庭进行家居适老化改造，如安装视频照护系统、护理型洗浴装置等，提高老年人的生活质量，同时带动相关产业发展。鼓励有条件的州、市通过政府支持、企

业促销等多种方式，开展居民旧房装修和局部升级改造，提升居住环境，促进建筑装修市场的发展。

促进住房消费健康发展。扩大保障性租赁住房的供给，特别是对于新市民、青年人等住房困难群体，通过政府投资、社会资本参与等多元化方式增加房源。扎实做好保交楼、保民生、保稳定的工作，确保房地产项目的顺利交付，维护购房者的合法权益，保持社会稳定。充分发挥住宅专项维修资金的作用，支持老旧小区的改造提升，特别是老旧住宅电梯的更新改造，改善居民的居住环境。继续实施农村危房改造，鼓励同步开展农房节能改造和品质提升，改善农村居民居住条件。积极稳步推进城中村改造，改善城中村居民的居住条件，同时注重保护城中村的历史文化和社区特色。继续实施农村危房改造项目，提高农村住房的安全性和舒适性，保障农村居民的基本居住需求。鼓励同步开展农房的节能改造和品质提升，提高农房的能源效率，降低农村居民的生活成本。完善住房周边的社区服务配套，如教育、医疗、交通等，提高住房的综合价值，吸引更多的住房消费。

大力发展服务消费，打造美食地标，加快文旅业态创新，推动经济结构优化升级，满足人民对美好生活的需求，为经济的高质量发展注入新动力。通过媒体宣传、文化体验、线上线下活动等方式，营造饮滇茶、喝云咖的消费氛围，提升云南特色饮品的知名度和影响力，以"一州一席宴"为基础，挖掘和弘扬各民族特色餐饮文化，结合夜间文旅消费集聚区建设，打造一批具有地域特色的餐饮美食街区，成为吸引游客的美食地标。组织开展"云南名特小吃节""野生菌美食文化节""避酷暑（寒）·品滇菜"等丰富多彩的促消费活动，通过节庆活动聚集人气，营造浓厚的消费氛围。支持各州、市结合地域特色举办美食节、小吃节等活动，对于规模大、成效好的活动给予适当的资金支持和政策扶持，激发地方发展美食旅游的积极性。深入推进"旅游+"和"+旅游"的融合发展，培育推出一批康养度假、文化体验、乡村休闲、科学科普、游学研学等新业态项目，丰富旅游产品供给。加快发展边（跨）境旅游，推动中老铁路沿线旅游资源及线路产品的开发，打造跨境旅游新亮点，吸引国内外游客。

拓展新型消费，壮大数字消费，加快形成绿色低碳的生活方式和消费模式，推动消费升级，促进经济高质量发展。鼓励企业建设数字消费体验中心，提供沉浸式、互动式的数字消费体验，如虚拟现实（VR）、增强现实（AR）体验店等，吸引消费者体验数字消费。支持昆明市建设"国家综合型信息消费示范城市"，发挥示范引领作用，推动数字消费创新发展。开展普惠性"上云用数赋智"行动，降低企业数字化转型的门槛和成本，推动新增"上云"企业1万家以上，加快企业数字化、网络化、智能化发展。聚焦数字商贸、数字文旅、数字会展、数字物流、数字康养等应用场景，引进和培育一批数字经济龙头企业，加快发展普惠式、共享式、大众化的数字消费新业态。加快形成绿色低碳的生活方式和消费模式，提高公众的环保意识，引导消费者选择绿色、低碳、环保的产品。

参考文献

李培林、陈光金、王春光主编《社会蓝皮书：2023年中国社会形势分析与预测》，社会科学文献出版社，2022。

云南省统计局：《云南省2023年国民经济和社会发展统计公报》，2024年3月，https：//www.yn.gov.cn/sjfb/tjgb/202403/t20240329_ 297393. html。

云南省统计局：《云南统计年鉴2023》，中国统计出版社，2023。

B.7
2023年云南教育改革与发展报告[*]

何元 田娟[**]

摘 要: 云南省委、省政府高度重视教育工作,坚持教育优先发展,保障教育投入,2023年教育事业改革发展取得明显进展。学前教育普及普惠发展持续推进,普惠性幼儿园在园幼儿中占比持续提高;义务教育优质均衡发展向纵深推进;普通高中特色多样化发展不断提速,县中办学水平整体提升;现代职业教育体系逐步形成,高职在校生规模持续扩大;高等教育内涵发展不断深化,高校融入地方经济社会发展更加有力;民办教育办学持续规范。同时,也面临一些困难和问题,未来一年,建议持续深入推进立德树人、基础教育强师兴校、提升边境县教育质量、打造现代职业教育体系、提升高等教育质量、推进教育数字化等七项行动。

关键词: 教育高质量发展 立德树人 现代职业教育体系 教育数字化

一 2023年云南教育事业改革与发展情况

(一)各级各类教育发展取得成效

云南省委、省政府高度重视教育工作,始终把教育事业摆在优先发展地

---

* 本报告为2022年云南省教育科学规划课题《云南民族地区乡村寄宿制小学家校协同育人研究》的阶段性成果,负责人:何元。本报告所涉及的数据,除特别注明外,均来源于云南省教育事业发展统计公报和相关报告。

** 何元,云南师范大学民族教育学博士,云南省教育科学研究院院长,主要从事教育政策与教师教育研究;田娟,首都师范大学博士,云南省社会科学院社会学研究所副研究员,主要从事教育社会学、教师情感研究。

位，2023 年召开教育大会，印发教育三年行动计划，推动全省上下形成大抓教育的新气象，教育事业改革发展各项工作稳步向前，人民群众的教育获得感不断增强。截至 2023 年底，全省有各级各类学校 26552 所，在校生 1011.56 万人，专任教师 60.89 万人。其中：幼儿园 13804 所、在园幼儿 168.02 万人，学前教育三年毛入园率从 2022 年 92.46%提高到 93.16%；小学 9913 所、在校生 386.46 万人，初中 1708 所、在校生 188.66 万人，义务教育巩固率从 97.39%提高到 97.61%；特殊教育学校 86 所，比上年增加 2 所，特殊教育在校生 4.48 万人；普通高中 650 所、在校生 106.32 万人；中职学校 293 所、在校生 39.22 万人；高中阶段毛入学率从 91.99%提高到 92.43%；高等学校 89 所〔其中：普通本科学校 32 所、高职（专科）学校 56 所、成人高等学校 1 所〕，各种形式的高等教育在学总规模 167.03 万人（其中：在学研究生 7.71 万人、本科在校生 56.71 万人、专科在校生 57 万人、成人本专科在校生 28.01 万人、网络本专科在校生 17.60 万人），高等教育专任教师 4.74 万人，高等教育毛入学率从 55.61%提高到 57.40%。①

（二）教育保障能力稳步提升

1.党的领导更加坚强有力

组织学习宣传贯彻落实党的二十大精神和习近平总书记致云南大学建校 100 周年重要贺信精神，启动新一轮"万名党员进党校"专题培训。制定印发党员和干部年度培训计划，组织高职院校、高中、初中小学书记校长等集中培训，举办全省公办高职院校书记校长、州（市）县教育工委负责人和中小学校书记校长专题培训。21 所民办高校编制内党委书记选派实现全覆盖，印发全面建立中小学校党组织领导的校长负责制 16 条措施和 7 个配套示范文本，党领导教育工作的体制机制持续完善。举办高校"一流党建"创建及党务工作队伍素质能力展示活动，健全完善教育系统基层党建工作责

---

① 《云南省 2023/2024 学年初全省教育事业发展统计公报》，云南省教育厅网站，2024 年 4 月 10 日，https://jyt.yn.gov.cn/article/2147449725。

任落实体系，明确工作职责、责任落实措施及追责问责情形。开展教育系统基层党建质量提升 10 个专项行动，对党支部进行分类定级，整顿提升软弱涣散党组织，基层党建质量进一步提升。统筹高校领导班子、党风廉政、意识形态责任制检查考核，把对州（市）的各项督导检查合并到春秋季学期综合督导，对进校园事项实行清单管理，清理规范命名、创建、比赛、竞赛等活动，"帽子"学校和各类活动大幅减少，切实减轻基层负担。

2. 立德树人取得成效

思政工作的内容和形式不断丰富。全省高校全面开设"习近平新时代中国特色社会主义思想概论"课。实施大中小学思政课"手拉手"共建计划。张桂梅思政大讲堂入选中宣部 2023 年宣传思想文化工作案例，各州（市）、高校举办分课堂 200 余讲。党政领导带头到高校作形势政策报告。不断加强中小学思政课教师队伍建设，印发《云南省加强新时代中小学思政课建设工作任务清单》等文件，中小学专兼职思政课教师人数持续增加。出台《云南省健全学校家庭社会协同育人机制工作方案》，成立云南省学校家庭教育专家工作组，推荐安宁、会泽、腾冲 3 个县（市）申报全国学校家庭社会协同育人实验区。持续落实云南省初中学生劳动教育综合评价方案，深入探索"课程+课堂+校内劳动+家务劳动+校外实践基地劳动"为一体的劳动教育体系。深化体教融合，组织大中小学生开展体育比赛、美育展演，举办云南省第五届"云岭杯"中华经典诵写讲大赛成果展演暨颁奖活动，成立中小学心理健康教育专家指导委员会，"守望云心"心理服务平台持续发挥作用，"五育并举"的育人体系不断健全。

3. 教育改革不断推进

中共云南省委办公厅、云南省人民政府办公厅印发《云南省教育高质量发展三年行动计划（2023—2025 年）》。云南省教育厅印发高等学校教师互聘、文献资源和大型科研仪器开放共享等政策性文件。在全国率先出台民办学校财务管理及办学资金监管办法。加强学校学生食堂运行和中小学校服规范管理。落实课后服务收费和财政补助经费保障标准，全覆盖建立经费保障机制。"双减""双升"深入推进，出台分学科教学基本要求和作业设计与实施指导意见，强化作业设计指标日常监测。推进规范民办义务教育发展专项工作，全省"公参民"义务教育学校基本完成规范治理，民办义务教育在校生占比控制在国家标准范围内。持续扩大教育对外开放潜力空间，成功举办第六届南亚东南亚教育合作昆明论坛，"留学中国·学在云南"品牌吸引力不断增强。依托云南大学，高水平组建西南联合研究生院，联合北京大学、清华大学、南开大学，由云南大学、昆明理工大学、云南师范大学参与，累计招收博士生310人、硕士生792人，实现培养方案一体化和新生集中统一教学。

4. 基础教育教师队伍建设成效明显

落实新时代基础教育强师计划，制定中小学幼儿园教师违反职业道德行为处理实施细则、教职员工准入查询工作实施办法，深入开展"树师德、正师风、铸师魂"师德师风专项整治，落实新时代教师职业行为十项准则。推进县管校聘改革，促进义务教育教师均衡配置和教师校长交流轮岗。完善中小学教职工编制"周转池"，补充义务教育教师编制。全面深化基础教育学校校长职级制改革，组织第九、十期万名校长培训班，培训学员2000人。落实《云南省基础教育领域教学名师工作室建设及管理办法（试行）》，组建省级名师工作室62个。创新建立教师"省管校用"对口帮扶机制，依托57所省一级一等和二等高级完全中学，对口帮扶乡村振兴重点帮扶县的57所普通高中，探索破解"县中困境"的新路径。开展乡村优秀青年教师研修公益活动，落实义务教育学校教师艰苦边远地区津贴，继续实施乡村教师生活补助。持续实施省级公费师范生培养计划，为乡村学校定向培养"下得去、留得住、教得好"的教师。

5. 教育发展基础更加夯实

落实义务教育经费保障机制，城乡义务教育公用经费补助标准按照小学650元/生·年，初中850元/生·年，对寄宿学生每生每年再增加200元公用经费补助，农村地区不足100人的较小规模学校按照100人核定公用经费，特殊教育学校（含随班就读学生）公用经费标准达到6000元/生·年，足额下达城乡义务教育学校公用经费补助资金，惠及560多万名全省义务教育学生。实施新一轮义务教育薄弱环节改善与能力提升工程，完成全省2021~2025年义务教育薄弱环节改善与能力提升项目规划，持续改善学校基本办学条件。实施中小学校舍维修改造长效机制项目建设，支持农村公办义务教育学校校舍抗震加固、维修改造、改扩建校舍及附属设施等。落实云南省公办高等学校债务管理暂行办法等有关制度，规范公办高校债务"借、用、管、还"，切实防范债务风险。进一步规范省属高校、中等职业学校、中小学教育收费行为。实现义务教育网络全覆盖，接入国家智慧教育平台，不断充实和丰富数字教育资源。实施校园安全防范能力提升三年行动，中小学幼儿园安全防范4个100%建设任务全面完成；开展防溺水防交通事故等专项行动，中小学生非正常死亡人数持续下降。

（三）人民群众教育获得感增强

1.全面落实学生资助政策

按照《云南省学生资助资金管理实施办法》，严格落实学生资助资金预算分配、发放及清算的相关程序和要求，用好农村义务教育学生营养改善计划管理信息系统，进一步织密家庭经济困难学生就学资助保障网。按照国务院要求，制定实施国家助学贷款新政策工作方案，将人均贷款额度上限提升4000元，阶段性免除经济困难高校毕业生国家助学贷款利息并允许延期还本金。持续推进县级学生资助中心标准化建设，开展全省农村义务教育学生营养改善计划专题培训，进一步完善从学前教育到高中阶段教育全学段的学生资助体系，保障农村家庭经济困难学生按规定享受资助，确保各学段学生资助政策落实到位。

2.校外培训机构进一步规范

构建省教育厅、省科技厅、省文化和旅游厅、省体育局联动机制，分别制定科技类、文化艺术类、体育类培训机构准入指引。发挥好省级中小学生校外培训项目分类鉴别专家委员会的作用，指导各地组建分类鉴别专家委员会，通过随堂听课、访谈等方式进行综合研判，对学科类、非学科类项目进行精准鉴别分类并向社会公布。持续加强对校外培训治理工作的指导和督促，严控收费标准和严管培训时间。加大巡查处罚力度，切实督促培训机构严格落实国家关于"不得占用国家法定节假日、休息日及寒暑假组织学科类培训"和"培训结束时间不得迟于晚上八点半"的要求。开设绿色通道，优先为转为非学科类的培训机构办理手续、为"双减"相关从业人员搭建供需求职服务平台。加强义务教育阶段学科类校外培训收费管理，强化收费监管，坚决防范"退费难""卷钱跑路"等情况发生。加大宣传力度，提醒家长自觉抵制隐形变异学科类培训、规避校外培训陷阱。

3. 全力促进高校毕业生顺利就业

组织"就业促进周"系列活动，开展"百日冲刺"行动，省级部门协同组织"中小企业百日招聘""民企高校携手促就业"等专项行动，充分挖掘就业岗位。实施"宏志助航"计划，培训低收入家庭毕业生。举办高校残疾人毕业生专场招聘会。深入实施"万企进校园"计划，会同省工商联举办"百城万企——民企高校携手促就业"推进会暨校企洽谈活动。拓展高校书记校长访企拓岗促就业行动，访问企业超过1.8万家，提供岗位26万余个。创新举办云南省社会组织专场招聘和养老服务人才专场招聘会。开展"就业创业政策宣传月"活动，印发《云南省促进高校毕业生就业创业政策100问》。

二 云南教育发展现状与存在的问题

（一）发展现状

1. 学前教育普及普惠发展

截至2023年底，全省共有幼儿园13804所，比上年减少115所。其中，普惠性幼儿园12766所，比上年减少18所，占全省幼儿园总数的92.48%。学前教育在园幼儿168.02万人，比上年减少12.81万人。其中，普惠性幼儿园在园幼儿151.39万人，比上年减少8.68万人，占全省在园幼儿的比例为90.11%，比上年提高1.59个百分点。学前三年毛入园率93.16%，比上年提高0.7个百分点（见表1）。

表 1　学前教育普及与普惠情况

年份	幼儿园数(所)	在园幼儿数(万人)	其中普惠性幼儿园在园幼儿数(万人)及占比(%)	学前三年毛入园率(%)
2020	13385	167.27	137.24/82.05	88.79
2021	13883	176.97	154.50/87.30	90.23
2022	13919	180.83	160.07/88.52	92.46
2023	13804	168.02	151.39/90.10	93.16

资料来源:《云南省 2020/2021 学年初全省教育事业发展统计公报》《云南省 2021/2022 学年初全省教育事业发展统计公报》《云南省 2022/2023 学年初全省教育事业发展统计公报》《云南省 2023/2024 学年初全省教育事业发展统计公报》。

一是制定学前教育和特殊教育普惠行动实施方案,聚焦"补短板""强弱项""扬优势""促安全",从总体要求、重点任务、政策措施和组织实施等四个方面,推动学前教育普及普惠安全优质发展。二是扎实推进 2023 年省政府十件惠民实事之一幼儿园建设项目。按照任务项目化、项目清单化、清单具体化的要求,新建、改扩建公办幼儿园 214 所,增加学位 4.5 万个,超额完成省政府惠民实事"新建、改扩建 200 所幼儿园"的任务。三是持续推进县域学前教育普及普惠先行达标创建示范县工作。从基础条件好、达标差距小的县(市、区)中遴选出石林、绥江、腾冲、牟定、姚安、开远、德钦 7 个县市,确定为云南省学前教育普及普惠创建县,示范带动全省普及普惠县的创建,进一步提升县域学前教育普惠水平。四是持续推进科学保教工作。组织以"倾听儿童、相伴成长"为主题的学前宣传月工作。召开全省学前教育专干、基地园园长、县区幼儿园园长、学前教育领域专家的培训,全面推行幼儿园保教课程游戏化,持续开展幼儿园"小学化"治理行动。持续推广《云南省幼儿园一日活动教师指导用书》,不断规范幼儿园办园行为,提升全省幼儿园特别是农村幼儿园整体保教水平。五是进一步加强幼儿园管理创建评估工作。全面落实《云南省一级幼儿园管理办法(试行)》,全面规范省一级幼儿园的创建程序和创建管理,进行动态监测和不定期抽查,切实改变"重创建,轻管理"的现状。

2. 义务教育优质均衡发展

截至 2023 年底，全省共有义务教育阶段学校 11621 所，义务教育阶段招生 132.78 万人，在校生 575.12 万人，专任教师 37.09 万人，九年义务教育巩固率 97.61%。义务教育阶段在校生中进城务工人员随迁子女 42.98 万人，其中，在小学就读 31.01 万人，在初中就读 11.97 万人。小学方面：全省共有普通小学 9913 所，比上年减少 436 所，下降 4.21%。另有小学教学点 2766 个，比上年减少 6 个。小学阶段招生 70.18 万人，比上年增加 10.93 万人，在校生 386.46 万人，比上年增加 6.73 万人。小学阶段教育专任教师 23.21 万人，生师比 16.65：1，专任教师中本科以上学历比例 74.36%。初中方面：全省共有初中 1708 所，比上年增加 12 所，增长 0.71%。初中阶段招生 62.6 万人，比上年减少 1.12 万人。在校生 188.66 万人，比上年增加 2.33 万人（见表 2）。初中阶段教育专任教师 13.88 万人，生师比 13.59：1，专任教师中本科以上学历比例 94.14%。

表 2　义务教育发展情况

年份	小学		初中		九年义务教育巩固率（%）
	学校数（所）	在校生数（万人）	学校数（所）	在校生数（万人）	
2020	10688	389.22	1691	182.37	96.15
2021	10533	385.23	1692	183.51	97.16
2022	10349	379.73	1696	186.33	97.39
2023	9913	386.46	1708	188.66	97.61

资料来源：《云南省 2020/2021 学年初全省教育事业发展统计公报》《云南省 2021/2022 学年初全省教育事业发展统计公报》《云南省 2022/2023 学年初全省教育事业发展统计公报》《云南省 2023/2024 学年初全省教育事业发展统计公报》。

一是开展优质均衡发展情况监测。组织开展 2023 年全省义务教育质量监测，完成 129 个县（市、区）961 所中学、1638 所小学德育、科学、劳动 3 个学科监测。二是义务教育优质均衡发展，国家督导评估实现"零"突破。省政府召开义务教育优质均衡发展现场推进会，强力推动义务教育优质均衡发展。国家核查专家组对石林彝族自治县、沾益区、红塔区义务教育优质均衡发展进行督导评估实地核查，3个受检县基本达到国家评估标准。三是控辍保学长效机制进一步巩固。利用国网学籍系统精准学籍底数；利用动态管理系统开展常态化考勤监测；利用政府救助平台开展劝返，使脱贫家庭辍学学生实现动态清零；利用视频核查系统强化监督检查。四是义务教育招生考试工作推进平稳。进一步完善招生政策措施，坚持公民同招，落实免试就近入学政策。指导各地和"公参民"转公学校做好过渡招生工作。优化程序、简化材料，督促各地切实保障随迁子女、残疾少年儿童、教育优待对象入学，全省进城务工人员随迁子女就读公办（含享受购买学位）比例超过90%。

3. 普通高中教育特色多样发展

截至2023年底，全省共有普通高中650所，比上年增加9所。普通高中招生37.22万人，比上年增加0.08万人；在校生106.32万人，比上年增加1.03万人（见表3）。专任教师7.73万人，生师比13.75∶1，专任教师学历合格率99.45%。普通高中体育运动场（馆）面积达标学校比例89.08%，体育器械配备达标学校比例94.92%，音乐器械配备达标学校比例93.38%，美术器械配备达标学校比例92.92%，理科实验仪器达标学校比例95.38%。

表3　云南省普通高中发展情况

年份	普通高中数（所）	在校生数（万人）	招生数（万人）	高中阶段毛入学率(%)
2020	601	97.16	36	90.98
2021	616	101.57	35.67	91.24
2022	641	105.29	37.14	91.99
2023	650	106.32	37.22	92.43

资料来源：《云南省2020/2021学年初全省教育事业发展统计公报》《云南省2021/2022学年初全省教育事业发展统计公报》《云南省2022/2023学年初全省教育事业发展统计公报》《云南省2023/2024学年初全省教育事业发展统计公报》。

一是实施"十四五"县域普通高中发展提升行动计划和奋进西部先进行列行动计划，从总体要求、重点任务、政策措施和组织领导等四个方面，健全县域普通高中发展提升保障机制，全面提高县中教育质量，促进县中与城区普通高中协调发展。二是实施"五个一批"帮扶破解"县中困境"，通过教育人才"组团式"帮扶一批、部属高校托管帮扶一批、教师"省管校用"帮扶一批、省属高校托管帮扶一批、州（市）内优质高中帮扶一批，实现县中托管帮扶全覆盖，整体提升县中办学水平，加快缩小教育差距。三是持续推进消除普通高中大班额工作。按照省级统筹、地方为主，坚持"消除存量、杜绝增量"的原则，指导督促各州市认真贯彻落实，2022年大班额由2021年的4527个减少到2778个，占比由2021年的23.59%减少到13.58%；超大班额由2021年的1379个减少到362个，占比由2021年的7.19%减少到1.77%，为2025年消除普通高中大班额目标任务奠定了良好基础。四是实施多元化办学激发办学活力。针对普通高中区域之间、校际发展不均衡的问题，在全省推广"会泽模式"，鼓励各地借鉴学习会泽经验。成立教育集团，以主校为母体，输出品牌、输出校长、输出师资、输出管理，一体化发展、捆绑式考核，快速孵化一批优质学校。形成政府引导、社会参与的多元办学格局，提供多样化选择。召开全省推进县域普通高中高质量发展现场会，促进全省县域普通高中高质量发展。五是全面推进"三新"改革。全面实施新课程、使用新教材，从2022年9月新生开始，三科统编教材使用实现全覆盖。做好新课程新教材全员培训，特别是加强国家统编三科教材的使用和管理，做到了"先培训再上岗，不培训不上岗"。印发《关于普通高中选课走班工作的指导意见》[①]，组织开展涵盖州（市）、县（区）基教、招办、教研、学校校长到任课教师的全员培训。六是抓好民办普通高中跨州市招生治理和规范工作。巩固和提升民办普通高中跨州市招生治理工作成果，严格资格审批、规范录取程序和"九个不得"要求，进一步加大省级统筹力度，进一步压减民办普通高中跨区域招生指标。稳妥推进优质普通高中指标到校工作。七是进一步加强普通高中管理创建评估工作。组织专家对申报一级一、二等的17所高级完全中学加强业务指导并进行审核，修

---

① 云南省网上新闻发布厅：《云南省深化普通高等学校考试招生综合改革实施方案解读新闻发布会》，2022年6月27日，https://www.yn.gov.cn/ynxwfbt/html/2022/zuixinfabu_0624/4734.html。

订《云南省一级普通高级中学管理办法》，建立动态管理机制，着力解决"管不到位"和"躺平"现象，为推进普通高中高质量发展，真正发挥优质资源的引领示范作用。

4. 现代职业教育体系逐步形成

截至 2023 年底，全省共有职业学校 349 所，其中，中职 293 所①，在校生 39.22 万人，高职 56 所、在校生 57 万人。另有技工学校 35 所，在校生 14.65 万人。从规模看，2023 年，全省职业学校在校生 96.22 万人，其中，高职在校生较 2012 年增加 38.25 万人，是 2012 年的近 3 倍；高职院校增加到了 56 所，较 2012 年增加了 19 所；16 个州（市）以职业教育园区为引领，建成滇中、滇东北、滇东南、滇西、滇西北、滇南等 6 个区域的 15 个职教园区，一定程度上改变了职业教育学校小、占地少、布局散的局面。昆明冶金高等专科学校、云南机电职业技术学院、昆明工业职业技术学院 3 所高职院校进入国家级"双高计划"，实现了云南高职教育在全国"第一方阵"排位零的突破。昆明冶金高等专科学校、云南交通职业技术学院、云南农业职业技术学院、云南机电职业技术学院 4 所高职院校列为国家优质专科高等职业院校；昆明冶金高等专科学校、云南交通职业技术学院 2 所高职院校列为国家示范院校，云南机电职业技术学院列为国家骨干院校。

表 4　云南省职业教育发展情况

年份	中职教育		高职教育	
	学校数（所）	在校生数（万人）	学校数（所）	在校生数（万人）
2020	404	75.94	50	46.48
2021	396	72.13	50	52.86
2022	364	48.55	50	55.95
2023	293	39.22	56	57

资料来源：《云南省 2020/2021 学年初全省教育事业发展统计公报》《云南省 2021/2022 学年初全省教育事业发展统计公报》《云南省 2022/2023 学年初全省教育事业发展统计公报》《云南省 2023/2024 学年初全省教育事业发展统计公报》。

---

① 中等职业教育学校数等相关数据包含普通中等专业学校、职业高中和成人中等专业学校。不包括人力资源和社会保障部门管理的技工学校。

全省职业教育培养了一大批支撑经济社会发展的技术技能人才，在服务区域发展、脱贫攻坚、促进教育公平等方面发挥了重要作用。一是推进职业院校办学条件达标工作。制定印发职业院校达标工作实施方案，争取中央和省级专项资金、教育强国专项资金、地方政府专项债券等资金用于改善职业院校办学条件，"一地一案""一校一策"推动职业院校办学条件达标。二是加强技术技能人才培养。持续推进扩大五年制中高职贯通培养规模和覆盖面，新增45所高职院校318个五年制专业，共有136所中职学校与高职院校开展"3+2"联合办学，五年制录取5.32万人，比2022年增加了0.61万人。中高职院校专业点覆盖全省12大重点产业，专业布点数量排在前五的是教育与体育大类、医药卫生大类、财经商贸大类、电子与信息大类、土木建筑大类。三是服务发展能力进一步提升。高职院校已建立产业学院48个，合作企业49家。建立55个职教集团，合作办学专业数400余个。遴选62家企业开展省级产教融合型企业培育，131所学校、1500家企业开展现代学徒制培养，学徒达7万余人。全省职业学校面向农林牧渔业、制造业、采矿业、社会服务业等行业开展1000余个培训项目，培训企业职工、农村劳动者等社会群体38万人次，数量呈逐年增长趋势。四是稳步推进学徒制和"1+X"证书试点。55所学校293个专业开展现代学徒制人才培养工作，学徒制人才培养规模超过5万人。162所学校开展"1+X"证书试点，参与试点学生11万人，获得技能等级证书人数5.39万人。

5. 高等教育提质培优

截至2023年底，全省共有高等学校89所。其中，普通本科学校32所（含独立学院2所），高职（专科）学校56所，成人高等学校1所。另有培养研究生的科研机构2所。各种形式的高等教育在学总规模167.03万人，比上年增加5.37万人。高等教育毛入学率57.4%，比上年提高1.79个百分点（见表5）。普通本科学校校均规模1.72万人，高职（专科）学校校均规模1.02万人。普通本科招生16.63万人，比上年增加0.09万人，另有专科起点本科招生4.02万人，本科在校生56.71万人，比上年增加2.63万人。高职（专科）招生20.55万人，在校生57万人，比上年增加1.05万人，增长 1.88%。研究生招生 2.63 万人，比上年增加 0.14 万人，增长 5.62%；其中，博士生 0.16 万人，硕士生 2.46 万人。在学研究生 7.71 万人，其中，在学博士生 0.62 万人，在学硕士生 7.09 万人。毕业研究生 2.01 万人，其中，毕业博士生 718 人，毕业硕士生 1.93 万人。高等教育专任教师 4.74 万人，其中，普通本科学校 3.11 万人；高职（专科）学校 1.63 万人；成人高等学校 42 人。普通本科学校生师比 21.13∶1，高职（专科）学校生师比 32.85∶1。普通、职业高等学校共有校舍建筑面积 2722.76 万平方米，比上年增加 192.38 万平方米。生均占地面积 45.68 平方米，生均校舍建筑面积 22.42 平方米，生均教学科研实习仪器设备值为 1.07 元。

表 5　云南省高等教育发展情况

年份	高校数（所）	在校生数（万人）	本科高校				高等教育毛入学率（%）
			学校数（所）	本科生数（万人）	硕士生数（万人）	博士生数（万人）	
2020	83	142.54	32	49.94	5.06	0.41	50.05
2021	83	150.15	32	51.54	5.88	0.47	53.03
2022	83	161.66	32	54.08	6.61	0.55	55.61
2023	89	167.03	32	56.71	7.09	0.62	57.40

资料来源：《云南省 2020/2021 学年初全省教育事业发展统计公报》《云南省 2021/2022 学年初全省教育事业发展统计公报》《云南省 2022/2023 学年初全省教育事业发展统计公报》《云南省 2023/2024 学年初全省教育事业发展统计公报》。

一是持续推动本科高校学分制改革。不断健全和完善高校学分制管理和运行机制，推动课程中心、教师中心、学生中心协调发展，创新以"学生为中心"的教学、管理和服务模式。推动呈贡大学园区教学资源共享、课程互选、学分互认。实行非通用语种课程全省联考，试点开展大学数学公共课联考。二是持续加强专业建设，调整优化本科专业综合评价频次方式，实施本科专业"增 A 去 D"行动，硕士及以上授予单位基本实现"去 D"任务。遴选支持建设一流专业 26 个、新兴专业 30 个，对专业综合评价中升级晋档的专业进行奖励。三是持续提高本科高校服务经济社会能力。按照

"一州市一高校"原则，引导一批州市本科高校完善"校地共建、城校共生"协同育人机制，全面提高人才培养质量，提升对经济社会发展的贡献度。紧密对接云南重大战略产业布局，加快高校本科专业结构调整，新增新兴专业 121 个，撤停专业 315 个。26 个科技小院获批教育部等 3 部门支持建设。四是持续推动"双一流"建设。云南大学进入第二轮国家"双一流"建设行列，持续支持昆明理工大学"双一流"创建。实施省级一流学科建设，全省 8 所高校 33 个学科进入 ESI 前 1%，完成首次省级一流学科动态调整。新增 28 个硕士点，1 个博士点。

6.民办教育走向规范

截至 2023 年底，全省共有各级各类民办学校 6334 所，比上年减少 166 所，占全省各级各类学校总数的比例 23.86%。在校生 169.1 万人，比上年减少 11.51 万人，占全省各级各类在校生总数的比例为 16.71%。其中：民办幼儿园 5903 所，在园幼儿 86.71 万人，占全省学前教育在园幼儿的比例为 51.61%；民办义务教育阶段学校 160 所，在校生 18.84 万人，占全省义务教育阶段在校生的比例为 3.28%；民办普通高中 212 所，在校生 23.81 万人，比上年增加 3.1 万人，占全省普通高中在校生的比例为 22.39%；民办中等职业学校 38 所，比上年减少 7 所，在校生 8.53 万人，占全省中等职业教育在校生的比例为 21.74%；民办高校 21 所，其中普通本科学校 9 所、高职（专科）学校 12 所，在校生 31.21 万人，占全省普通、职业本专科在校生的比例为 27.45%（见表6）。一是建立民办学校财务监管机制。建立民办学校账户监管、临时大额资金支出监管、最低运转保障金等制度和党组织负责人参与重大财务决策监督机制，并对举办者出资、财务预算、收退费、资产和负债等财务管理重要环节做出明确规定，有效规范引导全省各级各类民办学校健康有序发展，切实维护广大师生的合法权益。二是规范民办义务教育发展。持续督促指导 310 所民办义务教育学校（含 96 所"公参民"学校）规范治理，转为公办的 51 所"公参民"学校完成事业单位法人登记，保持民办的 36 所学校和终止办学的 9 所学校有序推进公有资源退出等规范治理工作进度。保障转公学校教师工资正常发放，有效稳定教职工队伍，全省民办义务教育逐步走上规范发展轨道。三是开展民办学校"双随机、一公开"抽查，重点从机构设立、机构审批、办学管理、机构年检、机构变更等5个方面随机抽查《云南省民办教育机构管理办法》执行落实情况。完成民办高校年检和结果运用。开展无证民办幼儿园清理整治。进一步加大对无证民办幼儿园的治理力度，巩固提升前期治理成效。

表6　云南省民办教育发展情况

年份	各级各类民办学校总数（所）	在校生总数占比（%）	民办幼儿园		民办义务教育阶段学校		民办普通高中		民办中等职业学校		民办高校	
			学校数（所）	在校生占比（%）	学校数（所）	在校生占比（%）	学校数（所）	在校生占比（%）	学校数（所）	在校生占比（%）	学校数（所）	在校生占比（%）
2020	6459	17.82	6002	53.90	210	4.33	179	15.9	47	29.22	21	30.07
2021	6564	18.53	6103	54.94	201	4.73	193	17.76	46	24.23	21	29.79
2022	6500	17.01	6067	54.78	165	3.31	202	19.67	45	17.06	21	30.88
2023	6334	16.71	5903	51.61	160	3.28	212	22.39	38	21.74	21	27.45

资料来源：《云南省2020/2021学年初全省教育事业发展统计公报》《云南省2021/2022学年初全省教育事业发展统计公报》《云南省2022/2023学年初全省教育事业发展统计公报》《云南省2023/2024学年初全省教育事业发展统计公报》。

（二）云南教育事业改革与发展中面临的问题

1.基础薄弱，各级各类教育发展不均衡

一是学前教育普惠性资源不足、城乡布局不均衡，公办在园幼儿占比距离国家标准还有差距。按照2025年学前三年毛入园率96%、普惠性幼儿园覆盖率89%、公办园在园幼儿占比55%测算，公办幼儿园学位仍有较大缺口，需增加幼儿园数量。城乡布局不均衡，公办园和部分优质民办园主要集中在市区、城镇等地，公办幼儿园占比偏低，极少数民办园贵的问题依然存在。幼儿园保教质量不高，部分幼儿园只强调知识技能学习，忽视了幼儿年龄特点及实际学习能力，忽略了保育工作，幼儿园小学化现象时有发生。二

是义务教育城乡、区域、校际、群体之间还有较大差距，"重应试，轻素质"现象没有得到根本扭转。资源配置还有差距，县级以上骨干教师数量偏少且教师配置情况城乡差异大，集团化办学等扩大优质资源覆盖的有效举措推广示范还有不足。三是普通高中资源总量不足、县域高中薄弱学校较多。到2025年，要实现高中毛入学率95%的目标，仍需不断加大普通高中建设，优化中等教育结构。县域普通高中优质生源和优秀教师流失情况还未完全解决，基础条件相对薄弱、教育质量有待提高。四是职业教育、高等教育发展质量还不高。职业教育专业同质化严重，部分高职院校扩招后，生师比、生均占地面积、生均校舍建筑面积等指标均有一定程度下降，低于国家标准。高职院校产教融合深度与广度不够，创新办法不多，协同创新平台建设水平不高。本科高校办学定位和目标还不够明晰，文旅健康服务类的专业结构布局在云南省高校中尚未形成，研究生教育规模较小，学位授权结构、高校科研能力对紧缺人才和"卡脖子"科技突破支撑不足。

2. 保障不足，教育现代化建设不够

一是教育投入虽连续多年正增长，但与其他省份比还有差距。教育投资无新增重大项目支撑，投资增长缺少支撑点。二是保障校园安全能力还不足。部分学校对安全工作各项管理制度的认识和落实不到位。部分教育部门和学校日常管理、宣传教育培训抓得不实，督促家长履行监护责任不到位。校园安全宣传教育未充分与属地、学校、学生实际情况相结合，警示教育不明显。三是体教融合推进力度不够，体育师资配备、场地建设、竞赛平台搭建等方面还有不少薄弱环节，竞技体育后备人才培养亟待加强。青少年学生体质健康工作综合施策不够，日常体育锻炼、户外活动时间不足，使用电子产品时间过长。高水平艺术团建设力度不够，学生艺术展示活动平台建设有待加强。四是教育信息化支撑能力不足。2011~2020年10年间通过"薄弱学校改造""办学条件改造""能力提升"等项目建设，为义务教育学校配备了大量多媒体设备，但仍有部分教学班级未配备多媒体教学设备，部分设备又面临淘汰，校园网覆盖率低，难以满足信息化条件下的教育教学需要。学校利用数字教育资源支持学生个性化学习的学校占比低，普遍缺乏信息化方法手段和教学工具，师生使用信息化开展教学管理、教与学积极性不高。

3. 发展缓慢，教育服务能力亟待提升

一是高校高水平科技创新平台少。全省仅有 3 个国家重点实验室，比四川少 10 个，比陕西少 20 个。国家及省部级平台对重点产业贡献度和支撑不足。二是高校创新能力瓶颈亟待突破。云南省科研领军人才少，高水平科技创新平台不多，科研体制机制不够优化，高校科技成果转化率不高，支撑经济社会发展作用不充分，原创性科研项目、成果少，承担重大科技任务的能力不足，解决"卡脖子"问题的能力不足。三是面向南亚东南亚的辐射中心作用发挥不足。中外合作办学对高校教学水平提升和管理制度创新推动作用还不足。"学在云南"的知名度不高、影响力不强。留学生教育教学质量有待提升，来滇留学生主要来自南亚东南亚国家，语言和专业基础参差不齐，培养难度较大。四是义务教育"双减""双升"面临新挑战。少数学校作业多、考试多的问题仍未完全杜绝，学校、城乡、县（市、区）之间课后服务开展还不平衡。"双减"后中小学生在校时间延长，教师工作时间相应加长、工作负担加重，学校的安全保障、基础设施维护等负担加重。部分教师高质量作业设计和课堂教育教学能力亟待提高。课后服务经费保障落实"最后一公里"还不均衡，部分学校课后服务费用"不愿收""不会收""不敢收"和收费后"不会用"的问题不同程度存在。

三 促进云南教育事业改革与发展的建议

2024 年是全面贯彻落实党的二十届二中全会精神，建设教育强国，实现云南教育高质量发展的关键之年。云南更需要借助数字技术，抓牢关键环节，敢于担当，大胆创新、奋力追赶，实现《云南省教育高质量发展三年行动计划（2023—2025 年）》的目标。

（一）开展立德树人提升行动

立德树人关系党的事业后继有人，关系国家前途命运。要坚持不懈用习近平新时代中国特色社会主义思想铸魂育人，立足全员、全过程、全方位育人，统筹党员干部、教师、思政工作力量和学生四支队伍，抓好组织机制创新、社会实践育人、"一站式"学生社区等要素，纵深推进大中小学思政课一体化，抓好张桂梅思政大讲堂及其分课堂建设，整体构建大思政格局和生态。持续抓好教育系统党的建设，稳步推动建立中小学校党组织领导的校长负责制，确保中小学校党组织把方向、管大局、做决策、抓班子、带队伍、保落实的领导作用。严格督促高校落实党委领导下的校长负责制，实施高校院系党组织政治功能提升、党支部组织生活质量提升、教师党支部书记"双带头人"、党员发展质量提升"四项行动"。做好学生心理健康教育，为中小学每校配置至少1名专兼职心理健康教育教师，完善心理健康动态和预警机制，健全早发现、早干预和转介、治疗体系等，做好家校医协同，保障心理重症学生及时纠正治疗，安排形式多样的生命教育和挫折教育，多措并举培养学生积极乐观的心理品质，推动省级"守望云心"心理服务平台建设，提高学校心理健康教育工作的针对性和实效性。深入推进体教融合和美育劳动教育，促进体育场地、设施设备、师资等共建共用，推进学校体育与竞技体育、传统体育、群众体育融会贯通，深入实施体育美育浸润行动计划。推广体育综合改革试点地区和试点校经验，创建一批体育特色学校。高质量组织好学校体育联赛。持续打造中小学劳动教育示范学校，建设好省级中小学生研学实践教育基地，充分发挥劳动教育综合育人作用。

（二）基础教育强师兴校行动

建设教育强国，基点在基础教育。从2023年到2035年，将迎来一次小学、中学、大学的学龄高峰，学前适龄儿童将持续下降，人口变化趋势对教育的影响呈现排浪式样态。要着眼人口变化趋势，加强基础教育前瞻性布局，做好云南学龄人口摸底预测，抓紧建立与常住人口变化相协调的公共服务供给机制，城乡一体推进教育资源规划和布局，按实际人口规模配置教育资源，特别是注重乡村教育的资源配置，避免造成资源错配导致教育投入"失效"。要根据人口变化趋势，稳步扩大公办幼儿园资源总量，加大城乡接合部、城区幼儿园的建设力度，继续支持办好乡镇公办中心幼儿园，鼓励人口规模2万人以上的乡镇实施"一乡两公办"或"一乡三公办"项目，大力支持城镇新增人口集中地区和城乡接合部、薄弱乡镇和农村幼儿园建设，创新幼儿园教师补充机制，补充学前教育教师缺额。义务教育方面，要持续推进县域义务教育优质均衡发展，启动县域教育资源布局优化，通过集团化办学、共同体等方式加强乡村薄弱学校发展，办好乡镇寄宿制学校和必要的乡村小规模学校及教学点，结合人口变化趋势合理扩大城镇学位供给。巩固深化控辍保学长效机制。提升"双减""双升"成效，强化学校育人主阵地作用。持续开展义务教育质量监测并加强监测结果分析运用。加快构建家校社协同育人机制，重视家庭教育。普通高中教育方面，要盘活和挖潜现有高中学校存量资源，在不新增大班额的前提下做到满员招生，利用撤并或闲置的职校资源用于举办普通高中，扩大普通高中学位资源，支持有大班额的普通高中实施扩容改造工程，基本消减大班额。建立健全与新高考相适应的资源配备机制，落实新课程方案、新课程标准，全面使用新教材，有序推进选课走班教学，不断提升高中办学质量。

（三）开展边境市县教育质量提升行动

边境市县教育基础薄弱，是云南教育改革发展短板中的短板，要通过挂联帮扶、激发内生动力等多种手段，不断提升边境市县教育发展水平。实施新高考"3+1+2"模式9个科目的送教项目，组织具有师范类专业或优质附属中学的高校开展怒江州、迪庆州和边境县定点挂联送教，1所高校定点挂联1个或多个县，按照"一校一方案""一县一计划"的思路，分县制定送教计划，鼓励选派教师长期驻校。加大资金和项目向边境地区学校的倾斜力度，进一步发挥"国门学校"在展示国家形象、促进民心相通等方面的作用。利用沪滇教育协作等项目，加大教师培养培训力度，加快提升办学能力和水平。结合边境县教师缺口情况及实际需求，遴选高校优秀在校学生到定点县乡（镇）及以下学校开展支教（实习）活动，承担教育教学、学生辅导、校内课后服务等工作。在实施好昆明市、曲靖市和玉溪市分别结对帮扶香格里拉市、维西傈僳族自治县和德钦县项目的基础上，新增帮扶泸水市、福贡县。组织省内高校对口帮扶怒江州、迪庆州新组建高职院校，推动结对学校联合办学，提高被帮扶学校管理水平和教育质量。扩大怒江州、迪庆州学生接受职业教育比例，提升学生职业技能，提高就业率。

（四）开展现代职业教育体系完善行动

职业教育直接面向生产服务一线，与经济社会连接面宽、黏合度高。与产业结合、与地方和政府政策结合、与社会结构结合、与终身教育结合，是现代职业教育的基本属性和内在逻辑。要针对云南职业学校办学条件不能满足办学需要的实际，按照"一地一案""一校一策"原则，科学制定达标工程实施方案，突破资源整合的边界，加强中职之间、中职与高职之间、高职与高职之间、职教与技教之间、省市之间的职业教育资源整合的力度，有效利用办学资源。鼓励省属高职院校采取"校地合作"办学模式，由学校与地方政府合作共建办学，充分发挥州市土地、产业园区、融资等优势，既解决高职院校办学条件不足问题，又服务于地方产业企业和经济社会发展，实现合作共赢。采取新设、合并、合作办学等措施，在现有技工学校增加职业教育办学功能。鼓励高职院校和技工学校合作开展中高职衔接办学试点，以高职院校为办学主体，以"4+2""3+2"模式与专业对口的技工院校开展中高职联合办学。对标职业本科院校设置标准，整合同类型高职资源，提升竞争能力，支持云南交通职业技术学院、云南交通运输职业学院和昆明铁道职业技术学院合并组建交通类职业本科。加快应用型本科院校转型，通过"职教高考"方式招收更多中职毕业生，实现"3+4"有效衔接，畅通人才培养通道。

（五）开展高等教育质量提升行动

建设教育强国，高等教育是龙头，是"发展的动力之源"。高校的人才培养，既要有效应对当前急需、直面大国博弈的人才挑战，又要着眼长远、培养未来满足强国建设的创新人才。要持续推进高校"双一流"建设，推进云南大学"双一流"建设和支持昆明理工大学"双一流"创建，发挥好西南联合研究生院培养高水平人才的平台作用，努力会聚顶尖人才和优秀青年人才，把博士生培养竞争力提升作为战略任务，加强与北京大学、清华大学和南开大学的深度合作。加强应用学科与行业产业、区域发展的对接联动，培育学科发展和服务社会的新增长点，促进高校服务经济社会能力提升。围绕国家急需学科、云南经济社会发展和重点产业布局学位点，对国家战略急需和服务云南产业发展的一级学科（专业类别）学位点倾斜支持，增强学位授权支撑人才培养能力。支持每所州（市）高校重点建设2~3个对接区域重点产业布局需要、特色鲜明的国内一流专业。推进教育对外交流合作，打造"留学中国·学在云南"品牌，扩大外国留学生云南省政府奖学金招生规模。完善来滇留学管理制度，开展留学教育质量评估，提高留学教育教学质量。支持高校到南亚东南亚国家举办汉语学习中心等境外办学项目，扩大云南教育在南亚东南亚国家的知名度和影响力。

（六）开展教育数字化推进行动

教育数字化是开辟教育发展新赛道和塑造教育发展新优势的重要突破口。要坚持"应用为王"走集成化道路，加快建设云南教育公共服务平台，形成全省学生、教师、学校基本数据库和数字档案，实现教育数据实时汇总、即时更新。以基础教育、职业教育、高等教育3个学段为主，汇聚教学素材、课件、网络课程、虚拟仿真系统、慕课、教学案例、数字图书、数字教材、教学工具等优质丰富的数字资源，汇聚优质数字教育资源，建设数字教育资源线上审核系统，实现数字教育资源申报、审核、上架、退出一体运行，促进数字教育资源有序生产。推动将数字教育资源及服务纳入政府购买服务指导性目录，推行政府购买数字教育资源及服务，带动社会资金共同投入支持数字资源建设，促进数字教育资源更新、迭代、优化。加大力度，开展各类培训以及完善硬件条件，不断提升基础教育教师数字素养，提升教师利用数字技术优化、创新和变革教育教学活动的意识和能力，使教师更好地适应数智时代，为中国特色社会主义事业培养合格的、有创造性的建设者和接班人。

四　2024年云南教育事业发展展望

未来一年，是云南省教育高质量发展三年行动计划取得阶段性成效的关键一年，全面加强党对教育工作的领导，更加健全党建、思政、意识形态工作责任落实体系；"五育并举"成效显著，体教深度融合发展，校园安全稳定局面持续巩固。进一步完善中小学校党组织领导的校长负责制，强化"大思政课"建设机制，建成一批"张桂梅思政大讲堂"分课堂。优先支持怒江州、迪庆州和边境县补充师资、新建改扩建学校的各项举措取得重要进展。县域义务教育优质均衡实现零的突破。初步建立基础教育集团化办学模式，全面实施县域高中对口帮扶。启动职业学校达标工程。加快推进"双一流"建设。建立常态化运行的科教协同发展机制。基本建成教育公共服务平台。

基本建成覆盖城乡、布局合理、公益普惠的学前教育公共服务体系，进一步提升教育保障能力和服务能力，不断扩大学前教育普惠性资源。进一步扩大公办幼儿园资源，逐步满足城镇新增人口集中地区和城乡接合部、薄弱乡镇和农村学前教育需求。各地广泛采用名园办民园、名园带弱园、名园办新园、名园办分园等方式新建或筹办幼儿园。保障普惠性民办幼儿园在分类定级、评估指导、教师培训和职称评审等方面与公办幼儿园具有同等地位。普通教育和特殊教育融合发展，残疾儿童、青少年教育普及水平明显提升，省、州（市）、县（市、区）特殊教育资源中心建设取得明显进展，逐步实现各级特殊教育资源中心全覆盖。

更加优化教师资源配置，逐步扩大基础教育教师人才梯队，优质师资总量持续增加，学校办学水平整体提升。中小学体育、艺术、科学、劳动、进一步配齐信息科技等紧缺学科教师，持续深化中小学教师"县管校聘"，城镇学校、优质学校教师交流轮岗取得重要进展。进一步优化"国家、省、州（市）、县、校"五级培训体系，深入实施"未来教育家培育计划"，持续深化职级校长改革，进一步增强优秀校长教师辐射引领作用。持续提升乡镇寄宿制学校和乡村小规模学校教育教学质量，推进课后服务与体育、美育、劳动教育有效衔接，持续巩固控辍保学长效机制。以优质义务教育学校和普通高中为牵头学校的基础教育集团成效明显，普通高中托管帮扶取得明显进展，基础教育优质资源持续扩大。

明显提升怒江州、迪庆州和边境县教育质量。幼儿园教师得到有效补充，保教能力明显增强。具有师范类专业或优质附属中学的高校开展怒江州、迪庆州和边境县定点挂联送教取得阶段性进展，1所高校定点挂联1个或多个县，定点县教师教育教学水平和各学科教学质量明显提高。实施大学生援边支教（实习）项目，通过体育美育浸润计划较好缓解部分学科教师不足问题。边境地区中小学及幼儿园办学条件得到有效改善，"国门学校"在展示国家形象、促进民心相通等方面的作用进一步增强。

进一步改善职业学校办学条件，增强服务产业和企业、促进就业的能力。"一地一案""一校一策"提升高职院校、中职学校（含技工院校）办学质量。持续优化中职学校布局调整，突破县级职中困境。创新举办一批新型技师学院，加大"高职院校+县级政府+县级职中"乡村振兴学院以及"高职院校+企业+县级政府+县级职中"产业学院建设，有效缓解中职学校"空、小、散、弱"问题。进一步完善普高和中职办学互通、学籍互转机制。持续推进"学历证书+若干职业技能证书"的培育模式，增加职业院校学生在升学、就业、职业发展等方面的机会。持续加强"双师型"教师队伍建设，职业院校教师与企业人员互派互聘实现较大突破。持续扩大现代学徒制人才培养规模。

持续深化"双一流"建设，全省本科教育教学整体水平接近或达到全国平均水平，完成西南联合研究生院实体化运作，中外合作办学机构建设进展明显。持续推进云南大学民族学、生态学等世界一流学科建设，持续提升昆明理工大学综合实力，持续优化国家急需学科、云南经济社会发展和重点产业布局的学位点布局。支持高校以放权赋权为重点的学分制改革试点取得明显进展。持续加强州（市）高校发展，增强服务地方经济社会发展的能力。持续扩大云南教育在南亚东南亚国家的知名度和影响力。持续深化高校毕业生就业创业工作，进一步拓展就业岗位渠道。

充分优化教育信息化建设。进一步汇聚优质数字教育资源。教学素材、课件、网络课程、虚拟仿真系统、慕课、教学案例、数字图书、数字教材、教学工具等优质丰富的数字资源大幅增加。明显提升教师数字素养，鼓励教师不断创新、将数字技术应用于教学场景；更加规范和有序建设数字校园，持续提升学校标准数字教室建设。持续加强校园信息化，保障学校公开课、校级联动、网络教育、录制优质课程资源等教学活动的能力。

参考文献

《云南省 2020/2021 学年初全省教育事业发展统计公报》，云南省教育厅网站，2021年 3 月 24 日，https：//jyt. yn. gov. cn/article/28d7a83ab4be4c3f8874d54ddb8afa7f。

《云南省 2021/2022 学年初全省教育事业发展统计公报》，云南省教育厅网站，2022年 3 月 23 日，https：//jyt. yn. gov. cn/article/ea3894f26a7f4e9eb15617726b246c61。

《云南省 2022/2023 学年初全省教育事业发展统计公报》，云南省教育厅网站，2023年 4 月 4 日，https：//jyt. yn. gov. cn/article/2147447223。

《云南省 2023/2024 学年初全省教育事业发展统计公报》，云南省教育厅网站，2024年 4 月 10 日，https：//jyt. yn. gov. cn/article/2147449725。

《中共云南省委办公厅、云南省人民政府办公厅印发〈云南省教育高质量发展三年行动计划（2023—2025 年）〉》，云南省人民政府网站，2023 年 5 月 24 日，https：//www. yn. gov. cn/zwgk/zcwj/swwj/202305/t20230524_ 259487. html？eqid = ea8386d50001241800000006646eb054。

B.8
2023年云南乡村治理推进状况报告[*]

段岩娜　高玲玲[**]

摘　要：　本文对2022~2023年云南省在乡村治理方面的推进状况进行分析，包括乡村治理的体制机制得到统筹推进、通过参与式党建实现党建引领乡村治理、紧盯乡村治理的突出问题加强顶层设计和实践探索、多元主体协同参与乡村治理、将传统乡村治理方式与现代乡村治理相融合、创新乡村治理方式、激发内生动力增强自治能力等，云南乡村治理水平得到全面提升。同时，乡村治理也面临多部门协同、"三治融合"、多元主体协同、乡村治理人才不足、乡村内生发展动力不强等困境，针对这些现状和困境，提出进一步完善多元主体协同参与乡村治理的合力、健全和完善"三治融合"的有效治理机制、加强乡村治理人才队伍建设，促进数字乡村治理、加强云南乡村治理的典型经验的推广和分类指导、探索打通内外的乡村内生发展模式。

关键词：　乡村治理　"三治融合"　多元协同　和美乡村

　　习近平总书记在党的二十大报告中提出"全面推进乡村振兴"，强调"建设宜居宜业和美乡村"。实现乡村有效治理是乡村振兴的重要内容。当前，在人口流动的社会背景下，云南农村正经历着巨大变革，乡村治理也面临着新挑战。云南在乡村治理实践中，创造了一批具有云南特色和全国影响

---

　　* 本报告是云南省社会科学院院级项目《多元主体协同参与云南乡村治理的机制与路径研究》（项目批准号：YB202303）的阶段性成果。

　**　段岩娜，云南省社会科学院社会学研究所副研究员，主要从事家庭社会学、教育社会学和城乡社区治理研究；高玲玲，云南开放大学开放教育学院副教授，主要从事乡村治理研究。

的实践模式和典型经验，初步建立健全了党委领导、政府负责、社会协同、公众参与、法治保障、科技支撑的现代乡村治理体制，各地在实践中探索了党组织领导的自治、法治、德治相结合的乡村治理体系，加快了宜居宜业和美乡村建设，着力补齐农业农村现代化短板。

一　2023年云南乡村治理推进现状

按照中共中央办公厅、国务院办公厅印发的《关于加强和改进乡村治理的指导意见》的总体要求，2023年，云南印发《云南省推广学习浙江"千万工程"经验三年行动实施方案（2023—2025年）》，旨在进一步有力有序有效推广浙江"千万工程"经验，加快城乡融合发展步伐，积极推动云南建设宜居宜业和美乡村，全面推进乡村振兴。

（一）乡村治理的体制机制得到整体考虑和统筹推进

乡村治理是一项复杂的系统工程，不仅仅是社会治理，还包括产业发展和环境治理。2020年，参照中央的做法，建立了乡村治理工作协同运行机制。省委农办做好牵头协调、省农业农村厅具体落实、省委组织部负责指导基层党建、省委宣传部负责指导乡村德治建设和文明乡风建设，省民政厅负责指导乡村自治体系建设，省司法厅负责指导乡村法治体系建设，构建了党委领导、部门分工负责、统筹推进、协调配合的工作格局。建立起省级联席会议工作机制，通过会商协调、定期调度、信息共享、宣传推介等机制，推动云南乡村治理形成合力，实现了统筹协调推进乡村治理。

（二）通过参与式党建实现党建引领乡村治理

党的全面领导是实现乡村振兴的根本遵循和有力保障。党的二十大报告指出，"抓党建促乡村振兴，推进以党建引领基层治理"。近年来，在云南乡村治理实践中，涌现出一批通过党组织建设发挥党员先锋模范作用促进乡村治理的典型案例。比如，大理白族自治州南五里桥村党支部积极探索乡村善治的有效途径，发挥党员干部、致富带头人作用，以"小基金"（设立"公益互助基金会"）、"小网格"（构建网格化服务体系），提升乡村善治水平，建设宜居宜业和美乡村。通过鼓励村内先富起来的致富带头人每年捐出年收益的 2.5%作为全村的公益互助基金，为开展村社会公益事业提供长效稳定的资金来源。基金会由专人负责，实行动态管理，用于帮助因突发重大疾病、遭受重大灾害的党员群众。村集体用公益互助基金和集体经济收入等建设了"爱心食堂"和"爱心家园"，"爱心食堂"为村内 60 岁以上老人提供一日三餐免费就餐服务。"爱心家园"即村庄公益性保障住房，有 18 套，每套约 120 平方米，供村内丧失自建住房能力的村民免费居住。村集体在落实农村低保政策的同时每年为 65 岁以上老人和 7 岁以下儿童发放 700 元的生活慰问金，消除了村民的后顾之忧，截至 2023 年 6 月，基金会共帮助村民 10 户 30 人，支出互助金 150 多万元，通过党员干部的模范带头作用构建的公益互助基金会实现了"人人参与、人人尽力、人人共享"的多方受益的互助格局，打造了党建引领乡村治理的样本。

楚雄州南华县五街镇咪黑们村，着力夯实村党总支这个战斗堡垒，充分彰显党员先锋模范作用，着力建设了一支有觉悟、懂科技、能致富的党员队伍，为乡村治理保驾护航。为营造互帮互助、共同致富的氛围，村党总支把年富力强、开拓性足、思维活跃、乐于奉献的"经济能人""致富能人"选进村党支部班子，使村总支成员均具备一定群众基础、创业经验、致富能力，有较强示范表率作用。村党总支书记经常带领党员走村入户，宣讲相关政策的同时及时了解和解决群众需求。村党总支成员还每人主动联系 3 户以上困难党员群众，结成帮扶对子，将自己所掌握的农业实用技术、致富经验无偿传授给周围党员群众，在自己先致富的基础上，带领群众共同致富，形成"一人致富，全村受益"的良好局面。

在这些治理实践中，有效的党建引领，不仅实现了党的组织和工作在基层的全覆盖，而且通过组织动员、利益协调、资源整合和服务转型激发了基层治理的协同共治能力，党组织领导的制度优势在基层不断转化为治理效能。

（三）紧盯乡村治理的突出问题和薄弱环节加强顶层设计与实践探索

近年来，云南省委、省政府紧盯制约全省乡村治理能力提升的突出问题和薄弱环节，下发了《关于加快推进社会治理现代化开创平安云南建设新局面的实施意见》《关于加强基层治理体系和治理能力现代化建设的实施意见》《关于加强特殊群体服务管理建设更高水平平安云南的工作方案》《云南省命案防控三年攻坚行动方案（2022—2024年）》《关于完善提升全省城乡网格化服务管理工作的实施意见》等指导性文件，推动省人大颁布实施《云南省矛盾纠纷多元化解条例》等地方性法律法规，为云南乡村治理能力提升提供顶层设计和政策法律支撑。截至2022年底，云南累计调处各类矛盾纠纷50万余件，有效防止矛盾风险外溢上行。针对乡村治理中存在的矛盾纠纷等突出问题，创造了"西畴模式"。

西畴县在实践中探索了"基层党组织一体主导，线上线下双线结合，多方力量共同参与"的多元化矛盾纠纷排查化解机制。构建"县、乡、村、组"四级网格化管理模式，成立以行政村为单元的村（社区）乡村振兴工作委员会73个和相对集中连片村民小组的片区乡村振兴工作委员会270个，每个片区委员会服务和管理农户200户左右、委员每人挂联农户20~25户，做到政策宣传落实到户、群众困难诉求掌握到户、矛盾纠纷排查化解到户。对群众反映的困难诉求、矛盾纠纷，按照"县、乡、村、组"四级网格依权限分级解决，有效打通了矛盾纠纷排查化解"最后一米"。实行线上线下综合办事、高效办事，线上线下"双线"结合、相互补充、填补空漏，真正实现接诉即办、分层协办。2021年至今，全县依法成功调解各类矛盾纠纷1130余件，调处成功率99.79%。对一些复杂的涉法问题，依托"一村一辅警一法律顾问"，建立"政府引导办、律师协同办、群众依法办"三方协商机制，实现依法有效处置。西畴县在长期与石漠抗争中创造了"等不是办法，干才有希望"的"西畴精神"。通过集中资源下沉基层，推进民心在基层聚集、问题在基层解决、服务在基层拓展、矛盾在基层化解，实现千村连续 10 年矛盾不出村、千村连续 10 年不发案，形成"发案少、秩序好、乡风文明、社会稳定、群众满意"的"西畴模式"。

云南在乡村治理中针对突出问题和薄弱环节制定的条例和系列行动方案，为基层探索治理模式提供了方向和遵循，各地因地制宜、大胆探索，形成了符合本地实际的治理经验，激发了村民内生动力，提升了乡村治理效能。

（四）多元共治协同参与乡村治理初步形成

在乡村治理中，不断探索党委主导、政府协同、社会参与、村民主角的多元主体协同参与乡村治理格局。充分发挥乡贤理事会、村民自治组织、农民专业合作社等村民自治力量参与乡村治理。昆明市禄劝彝族苗族自治县书西村坚持党建引领，创新"党建+"模式，通过"党建+群建、党建+各类人士、党建+民族团结、党建+社会参与"，凝聚各方力量参与乡村治理，形成了党建引领、多方参与、长效推进的少数民族聚居村落乡村治理体系。在党建+群建方面，充分发挥村妇委会、共青团等群团组织的作用，定期组织妇女委员开展"巾帼行动"，清洁村庄、化解纠纷、慰问"三留守"群众等，发动青年群众积极参与村组治理，自发主动进行政策宣传，关爱儿童成长，村党总支出资为村小学生定制校服、发放奖学金等；在党建+各类人士方面，组织调动老支书主任、老党员、致富带头人、返乡大学生等农村精英力量参与乡村建设。以支部为平台、以乡愁为纽带，各类人士对内建言献策、带头示范，积极参与入户走访、村民发动和宣传教育等，带头树立良好乡风民风，减少施策阻力。对外牵线搭桥，呼吁"老乡"反哺故里，扶老携幼，联情联谊，凝聚优势资源振兴乡村；在党建+社会参与方面，结合脱贫攻坚帮扶机制，书西村创新建立干群"院坝会议"制度，以支部为单位，组织帮扶干部、村组干部、驻村工作队员、贫困户和普通村民，每月选取某一家庭院召开"院坝会议"，干部讲成效、说政策，村民讲心声、提意见，及时解决村民的难事、急事。驻村工作队、各帮扶单位积极发挥业务优势、组织动员、资源争取、监督整改等作用，成为党组织基层治理的有效补充。

文山州上寨村以"产业富民、服务便民、生态宜居、乡风文明"为目标，在成立"三资"管理委员会的同时，自发组织建立了"三方协同基层治理、双向选择微网格、志愿服务一站结"的多元共治格局，使农村经济发展和社会治理协同推进。构建三方协同的基层治理体系：在合作社、集体经济组织带领群众发展产业的基础上，坚持"先说断后不乱"，依法依规制定村规民约，盘活村内资源、资产、资金，用利益联结的办法调动入股村民参与管理、监督，形成"村组干部+'两新'组织+村民"三方共治管理格局。

（五）将传统治理方式与现代治理相结合，推进"三治融合"

党的十九大提出的乡村振兴战略强调要健全自治、法治、德治"三治融合"的乡村治理体系，推动政府、社会组织、农民等多个主体发挥治理功能，激发乡村活力。"三治融合"关键在"融"，三者需要同时发力，充分发挥各自优势，呈现"三治融合"的"乘数效应"。楚雄州南华县咪黑们村发挥道德模范引领作用和乡风文明培育行动，加大道德宣传阵地建设力度。该村以道德建设为目标，以促进乡风文明为重点，加大公益宣传展板制作悬挂力度。采取漫画、诗歌、顺口溜等群众喜闻乐见的形式，将核心价值观、道德文化、星级文明户评选结果、身边好人、道德模范事迹等内容与自然景观有机结合起来，让一面面旧墙变成美观而又会"说话"的文化墙，引领了农村新风尚，有效提升了村民文明素养。

保山市昌宁县新寨村围绕"经济发展、文化繁荣、村庄和谐、生态文明"四项建设目标，创新"三治融合"新模式。一是坚持以自治为基，激发乡村治理活力。健全村民自治机制，引导村民知村事、议村事、评村事，实现村党总支由"为民做主"向"由民做主、与民共治"的新转型，设立村务公开栏，做好党务、政务、财务、服务等事项公开，村民主动参与乡村管理和监督，对项目实施、民生福祉等权利事项进行流程公开和全面规范，群众参与村级事务管理热情更加高涨，村级事务管理更加有序。围绕乡风、民风、家风建设，全面修订村规民约，将移风易俗、文明养殖、公共设施管护、环境卫生整治等事项纳入村规民约，强化自治功能，使村规民约真正成为维护乡村公序良俗、促进村民自治的行为。巧用民主协商，通过村"两委"商议、党员审议、民主评议等会商步骤和程序，群众真正参与到村民大事中，在道路建设、厕所革命、土地确权等每一项涉及村民利益的工作中，充分听取民意，赢得群众支持。二是坚持法治为本，实现乡村治理有序。加大与群众息息相关的法律法规的宣传教育，增强村民学法、守法、懂法、用法意识；开展法治宣传教育，引导群众理性表达诉求，充分发挥好"一村一辅警"治保人员作用，依靠群众信任、办事公道的老党员、老干部、老教师等人员优势，对村内矛盾纠纷积极上门调解、说服引导，真正做到小事不出组、大事不出村。三是坚持德治为魂，树立乡村治理新风。重典型树榜样，通过"以评立德、以德树人"的形式，深入开展典型先进评选活动，评选出环境卫生示范户、十星级文明户、健康家庭户等多种先进典型，充分发挥其在"以德治村"中的表率作用，引导村民守望相助、崇尚美德，使群众自觉成为"讲文明树新风"的传播者和践行者，通过重德育扬正气。

在这些"三治融合"的治理案例中，实现了自治为基、法治为本、德治为先，依托村民自治制度，最大程度凝聚共识，自治是弥合村庄内部分歧的最重要机制。通过基层民主形成内生型规则，以村规民约的形式固定下来，从而以这种正当性的制度实现法治。乡村事务琐碎，不是所有事务都能通过自治和法治的方式解决，还需要德治，这是乡村社会的一套价值判断体系，起到"润物细无声"的作用。

（六）创新乡村治理方式，提升治理效能

将"运用积分制等典型方式推进乡村治理体系"纳入2022年推进乡村振兴战略实绩考评和巩固拓展脱贫攻坚成果实绩考评内容之一。考评结果显示，云南省推广运用的乡村治理典型方式主要包括积分制、清单制、评比制、网格化、数字化等方式。在13715个涉农行政村中至少使用一种方式加强和改进乡村治理的村占比为98.72%，其中：设立小微权力清单、"党务

村务财务"公开目录、村级事务清单、公共服务事项清单、审批服务事项清单、负面清单等的村数占比最高，为92.1%，开展"星级文明户""红黑榜""最美家庭"等评比方式的村占比为79.13%，运用党建引领网格化治理方式的村占比为79.07%，运用数字化治理的村占比为64.79%，运用"积分制"的村占比为47.18%，运用其他方式（比如新乡贤议事会）等占比为32.18%。[①] 2024年将继续推动全省96%的行政村推广运用积分制、清单制、评比制、网格化治理、数字化治理等典型方式加强乡村治理。

大理白族自治州喜洲镇培育"治理之花"，首创"金华调解"模式。喜洲镇将民族文化和司法实践相结合，将白族语言与法律语言相结合，着力打造了"金华调解室"这一民族特色纠纷调解品牌。"金华"调解员充分发挥性别优势、语言优势、法律优势，以柔克刚、以情动人，用柔性疏导、理性引导的方式，深入村组、深入农家、深入百姓，及时为辖区群众调解婚姻、赡养、抚养、邻里等方面的纠纷，提炼出"冷却处理法""求同存异法""法理分析法"等调解实战经验，开创了少数民族地区人民调解工作的新局面。

曲靖市罗平县旧屋基彝族乡在乡村治理上积极探索，创新形成以条约式治村、标杆式带人、积分式鼓励、激励式育人、鱼水式聚人为主要内容的"五式治村法"，有效培育文明乡风，建立社会协同、公众参与、法治保障的现代乡村社会治理体系，让彝乡乡村和谐有序、民族团结，彰显出彝乡和谐文明的新面貌。其中，"条约式治村"通过制定规范让群众的行为有规可依，从需要遵守条约逐渐内化为自觉遵守。"条约式治村"让群众有规可依。一是以条约规范行为。利用条约培育规则意识、契约精神、诚信观念，在禁毒禁赌、重义守信、爱护环境等方面引导群众自我管理、自我教育、自我服务、自我提高。二是以条约转变观念。利用条约深入推进移风易俗、弘扬时代新风行动，引导群众自觉抵制腐朽落后文化的侵蚀，倡导科学健康的生活方式，遏制大操大办、人情攀比、"天价彩礼"、厚葬薄养等陈规陋习，自觉抵制封建迷信活动，深化殡葬改革工作，倡导绿色节地生态安葬方式。

---

① 云南省农业农村厅编《云南省乡村治理典型案例（二）》，2023年8月。

三是以条约化解矛盾。利用条约的自治能力健全矛盾纠纷多元化解机制，做到小事不出村、大事不出乡。四是以条约传承文化。彝乡多民族多元传统文化和民族文化底蕴是彝乡宝贵的文化资源，在开发和保护过程中，利用条约的约束能力，让文化留得住、传下去，展现出彝乡文化的生命力、传播力、影响力。现保留有曲靖市非物质文化遗产《笒笒舞》、毕摩文化经典著作《玄通大书》等一系列可研究有价值的文化资源。

（七）激发内生动力，增强自治能力

保山市腾冲市清水乡三家村是个边境村寨，在新冠疫情防控中各民族共商共管，充分发挥民族地区的群众优势，采取"党员+群众""干部+大学生"等多种方式，建立横向到边、纵向到底的联防联控机制，构筑群防群治抵御疫情的严密防线。三家村中寨村民小组充分发挥自管组、司莫拉新时代志愿服务队等自治组织的作用，切实做好重点人员追踪、外来人员健康监测、关卡入口卫生检疫等工作，做到全覆盖、无遗漏，在疫情防控期间没有发生一起外地疫情输入。

怒江州泸水市崇仁村以"一约四会"扬文明树新风，近年来，崇仁村积极推行"一约四会"（即村规民约和红白理事会、道德评议会、村民议事会和禁毒禁赌会）制度，充分发挥"一约四会"在村民自我管理、自我约束、自我监督、自我提升中的作用，"四会"由村党总支书记、村委会主任担任会长，村"两委"班子和公道正派、有威望、有经验的党员、老人、致富带头人、模范代表担任成员。村党总支充分发挥引领作用，加强对"四会"成员的管理与教育，严格执行"四议两公开"和积分制管理等制度，积极调动乡贤能人回乡发展的积极性，持续在有能力、有文化、有精神的年轻人中培养业务骨干，优化队伍结构。通过"一约四会"整治婚丧礼俗，切实推进移风易俗。通过调动村民的积极性、主动性，整治人居环境，共建美丽家园。

在乡村治理实践中，云南不断在激发内生动力上下功夫，探索符合本土实际和特色的乡村内生发展模式，提升治理效能。

二 云南乡村现代化治理的现实困境

在乡村治理体制机制的指引下，云南在乡村治理实践中探索了一系列有效的发展模式，推动乡村社会生产发展、生活改善、乡村文明进步、村容村貌焕然一新。但还存在发展不平衡、协同机制不健全等问题，还需要在实践中不断探索提升。

（一）多部门协调推进体制和长效机制尚不健全，乡村发展不均衡

乡村治理工作涉及宣传、政法、农业农村、民政、司法、公安、乡村振兴等多个部门，各部门虽然出台了一系列政策措施，但在统筹协调、指导落实等方面的作用发挥不够，部门之间信息共享、工作对接不够，造成"撒胡椒面式"的治理，影响了乡村治理的成效。

（二）自治、法治、德治在实践中出现不平衡、不充分的发展状态

一是自治主体缺失，自治水平偏低。农村精英人才向外流的现象普遍，留在村里的主要是儿童、妇女、中老年人等群体，他们参加村庄事务决策和管理的能力与积极性不足。农村服务性、公益性、互助性等社会组织（如乡贤理事会、道德评议会等）和经济合作组织（如农民合作社、家庭农场等）等内生性主体参与乡村治理的活力没有完全激发出来。这导致村民及其自治组织的自治能力弱化，自治主体性得不到充分体现。二是乡村治理法治机制不完善，法治文化氛围不浓厚。法治是乡村有效治理的坚强保障。乡村干部法治观念淡薄，学法、用法、守法的意识不强，依法解决社会矛盾纠纷的能力较差。三是道德规范约束弱化，乡村社会风气退化。家风家训、村规民约、族规祖训等非正式的道德规范对村民的行为规范具有约束作用。随着市场经济发展和移动互联网在农村的普及，乡村社会利益关系日益复杂，受个人私欲膨胀和日益功利化的负面影响，原有的乡土文化体系和价值观念受到冲击，传统的家风家训、宗法观念、乡土民风等维系的乡风文明逐渐失去对村民的约束力量。

（三）多元主体协同参与乡村治理面临协同机制不健全和协同乏力

基层政府、村"两委"、乡贤、普通村民以及其他社会力量共同构成乡村治理的参与主体。当前的乡村治理中，多元主体主要面临以下协同困境。一是乡镇政府的协调作用发挥不到位。作为行政体系的神经末梢，乡镇政府既要承接上级单位的行政任务，又要设法将各项行政指令整合到乡村，起着承上启下的协调作用。但在实际的乡村治理实践中，乡镇政府囿于各种原因协调作用发挥不够。二是村两委在发挥村民"领头雁""当家人"作用方面功能有限。当前的治理实践中，受地域实际状况、村务管理压力、上级考核指标等多重因素的影响，部分发展滞后的村"两委"或多或少地存在"领头雁"作用发挥不到位的状况。三是乡贤等乡村能人的协调带动作用发挥不突出。"乡村能人"指在村落社会中德高望重或有一定知识和能力的文化精英，比如退休老干部、老党员、退休教师、退伍军人等。这些本地能人多熟稔"地方性知识"，善于结合地方知识阐释国家话语，是重要的公共活动组织者和矛盾调解员。目前乡村发展相对滞后村庄的一个突出特点是多元主体的作用发挥不够。

（四）乡村治理人才普遍不足

一是乡村治理人才缺乏。农村大部分年轻人都外出务工，老人和孩子对乡村治理参与积极性不高，在红河县的一个村子，全村近 1300 人，约 70%的人外出务工，60 岁以下的仅剩七八十人，一位村支书说，该村"两委"干部中 40 多岁的仅一位，其他多为五六十岁。一位村民说，村里乃至乡镇上的小学师资薄弱、设施陈旧，他只能陪孩子去县城就学，加上农村就业岗位少，他是"有家不想回"。二是缺懂技术、懂市场、懂农业的实用型人才，尤其是关乎农村产业升级的农业科技、经营管理、法律服务等方面的人才队伍相当不足，制约乡村产业发展、乡村治理能力提升和乡村文化繁荣。三是"老人农业"问题突出。中国农业农村部产业政策与法规司司长张红宇在重庆举行的"中国农村经济论坛"上表示：目前中国从事农业生产的劳动力平均年龄在50岁以上，其中上海等经济发达地区务农农民年龄已接近60岁，"老人农业"现象已成为困扰中国农业发展的现实难题，这一问题在云南的一些农业大县也非常普遍。

（五）乡村内生发展动力不足，农民主体性发挥有限

在乡村治理实践中，各种外源性的力量进入乡村，作为一种自治性组织，乡村传统的治理方式和治理手段日益式微，外来力量注入乡村的过程也使农民的主体性日渐减弱，片面强调乡村发展外部因素的结构决定论难以实现乡村的可持续性发展，而单纯依赖本土因素的能动决定论又加剧了乡村社区与外界之间的裂痕，需要在两者之间寻找平衡。

三　推进乡村治理的建议

（一）进一步完善多元主体协同参与乡村治理的合力

乡村治理的核心，就是共建共治共享，增进合作，凝心聚力，让农民群众和乡村各界人士广泛参与进来，让农民群众的获得感、幸福感、安全感更加充实更有保障，让乡村社会既充满活力又和谐有序。

一是对基层政府的考核标准需要科学合理。政府在其中需要发挥"协助"和"能促"的作用。对基层政府的考核需要建立多元化的评价体系，需要将民生指标纳入考核体系，提升基层政府积极作为的意愿和能力，避免乡村治理实践中基层政府的"错位"或"缺位"。二是要营造良好的激励机制和约束机制，引导社会力量参与乡村治理。通过引导社会组织、新乡贤、社会资本等社会主体力量与资本合理有序进入乡村，联动乡村内部活力。三是增强村民主体能动性。在乡村振兴中，需要通过"利益共同体"来培育村民的公共精神，激活村民参与公共事务的意识和能力。充分发挥村规民约和"红白理事会""道德评议会""村民议事厅"等村民自治组织的作用，做到民事民议、民事民管、民事民治。

（二）健全和完善"三治融合"的有效治理机制

一是以自治为核心，激发群众活力。建立乡村自治组织工作事项准入机制，明确依法履行职能事项和协助政府工作事项，从而为乡村自治组织提供自治空间。通过政府购买服务的方式，积极培育扶持公益类、互助类、服务类社会组织，对社会组织提供场地、资金、政策等方面的支持。搭建基层群众参与重大决策、公共事务的平台，为老百姓反映利益诉求、了解党和国家政策方针、民主协商构筑开放空间。发展壮大群防群治力量，充分发挥村民委员会、群防群治力量、群团组织在民间纠纷调解、治安维护协助、社情民意通达等方面的作用。二是以法治为保障，维护社会秩序。健全和完善乡村治理领域的地方性法规、规章，为基层群众自治提供规范指南。整合凝聚法治力量下乡，通过形式多样、群众易于接受的宣传方式，让基层群众懂法、学法、用法。完善基层法律公共服务体系，把矛盾化解、法律援助等职能延伸到乡村，引导基层群众用法治思维和法治方式解决问题，化解矛盾。三是以德治为基础，弘扬社会价值。通过完善村规民约、家规家训，建立道德积分机制和道德红黑榜，形成多样化的基层德治制度体系，提高基层德治含量，以道德约束、核心价值引领、公序良俗、社会贤达，敦化民风社风，弘扬正气，引领风尚，形成见贤思齐、向善向美的价值取向，让道德规范内化于心、外化于行，成为基层群众的行为准则。

（三）加强乡村治理人才队伍建设，促进数字乡村治理

落实2022年12月中央农村工作会议关于"有序引导大学毕业生到乡、能人回乡、农民工返乡、企业家入乡"的精神，放宽准入条件、扩大开放，激发市场活力和社会创造力，为核心要素返乡入乡提供更为畅通便捷的路径。首先需要促进乡村人口的稳定。聚合各类人才资源，引导农村致富能手、外出务工经商人员、高校毕业生、退役军人等在乡村治理中发挥积极作用。振兴乡村需要新型农民的加入。现代农业和农村新兴产业的

发展，急需一大批受过良好教育、掌握种养知识、懂市场、会经营的新型农业和农村产业的经营管理人才以及乡村医生、乡村教师、乡村农技员等专业技术人才。政府要采取必要的政策措施引导优秀的人才下乡创业，带领传统农民转型。其次，需要培育建立一批有社会资本、城市人才和技术参与的专业合作社。加大力度扶持有技能和经营能力的返乡下乡人员创办家庭农场、领办农民合作社，创立农产品加工、营销企业，通过把农民组织起来实现规模化经营。

（四）加强云南乡村治理的典型经验的推广和分类指导

2019 年以来，根据中共中央办公厅、国务院办公厅印发的《关于加强和改进乡村治理的指导意见》，云南省在加强基层党组织建设，深化村民自治实践，加强乡风文明建设等方面涌现出了一大批好做法、好经验，云南省农业农村厅推出了《全国乡村治理示范村镇典型经验（云南篇）》，各地需要根据典型经验，结合自身实际，充分考虑本地自然条件、经济水平和历史文化传统，探索符合本地实际的乡村治理方法和模式，切实解决乡村治理的难点、痛点和堵点，走云南特色的乡村善治之路，建设充满活力、和谐有序的宜居宜业和美乡村。

（五）探索打通内外的乡村内生发展模式

在乡村治理实践中，单一力量主导的发展路径很难符合当前乡村发展的实际，也难以满足人民日益增长的美好生活需要，这迫使我们探寻更契合乡村现代化道路的选择。很多乡村虽面临着内生发展的困境，但其丰富的地方资源却又为内生发展实践提供了广阔空间。需要探索一种新的内生发展模式，这种模式更加重视乡村社区的内部资源和本土文化，强调将乡村文明、民主协商、社区自治、增力赋能、完全发展等理念引入乡村社区，推进村民主体发展和集体行动，搭建内外融合共生的可持续化发展道路，这有助于解决中国乡村深层次的发展动能问题。新的发展模式探索强调在整合乡村社区内部资源的基础之上，根据乡村社区发展的实际需要链接整合外部资源，构建上下联动、内外共生的乡村发展路径，实现乡村内生力量与外生力量的有机平衡，进而完成从"地方理想"到"超地方行动"的乡村发展实践转变。

参考文献

农业农村部农村合作经济指导司、云南省农业农村厅编《全国乡村治理示范村镇典型经验（云南篇）》，云南美术出版社，2020。

沈费伟、刘祖云：《发达国家乡村治理的典型模式与经验借鉴》，《农业经济问题》2016年第9期。

文军、陈雪婧：《国家介入与地方行动：乡村内生发展的张力及其化解》，《南京农业大学学报》（社会科学版）2024年第1期。

李建伟、王伟进：《推进乡村治理体系和治理能力现代化》，《学习时报》2024年3月11日。

赵晓峰、包智俊：《中国式现代化视域下乡村治理的内在逻辑与实践路径——浙江"千万工程"的启示与思考》，《西北工业大学学报》（社会科学版）2024年第2期。

B.9
2023年云南分级诊疗体系建设与发展报告[*]

张宏文　汪碧云[**]

摘　要： 分级诊疗是科学配置医疗资源、引导合理就医行为的重要机制，是深化医改的重要内容。本报告聚焦自"十四五"以来云南省分级诊疗体系建设，根据省卫健委、省医保局等部门提供的数据资料，发现云南省分级诊疗体系正不断完善，具体体现在相关政策体系不断健全、紧密型县域医共体建设成效明显、基层医疗卫生服务能力持续增强、全科医生队伍不断壮大、家庭医生签约服务以重点人群为主稳步推进、差异化医保报销制度对推动分级诊疗发挥了一定作用。但分析认为，云南省分级诊疗体系建设仍面临不少问题和挑战，如紧密型县域医共体在统筹谋划、配套政策集成、信息化建设等方面仍有不足，基层医疗卫生机构服务提升困难重重，全科医生队伍建设力度不足，家庭医生队伍基础相对薄弱，医保待遇差异化支付政策和支付方式改革对诊疗分级的作用仍未充分发挥。因此，结合云南省情和医疗卫生事业发展的基础，提出加快分级诊疗体系建设需加强紧密型县域医共体顶层设计、增强基层医疗机构"硬件"和"软件"建设、保障全科医生首诊权和转诊权、加强社区（村）层面的"三医联动"并加大家庭医生签约服务的宣传力度、建立医疗机构间利益共享机制等对策建议。

---

* 本报告写作得到了云南省卫生健康委员会医政医管局、基层处、规划处、科教处、区域医疗中心专班等处室的大力协助，特此表示感谢！

** 张宏文，云南省社会科学院副研究员，主要研究领域为儿童保护与发展、健康社会学、性别社会学等；汪碧云，云南省社会科学院研究实习员，主要从事健康医疗领域研究、社会网络和在线社区研究等。

关键词： 分级诊疗体系　紧密型县域医共体　基层医疗卫生服务能力　全科医生　差异化医保报销制度

　　分级诊疗是科学配置医疗资源、引导合理就医行为的重要机制，是深化医改的重要内容，也是解决长期以来存在的"看病难""看病贵"等民生问题的一项事关医疗服务体系建设、医疗服务模式优化和就医秩序合理化的基础性、长远性和系统性制度。2015年，我国开始探索构建分级诊疗制度。习近平总书记对此十分重视，曾在2017年和2021年连续指出，要深化医药卫生体制改革，努力在健全分级诊疗制度等方面取得突破。

　　自"十三五"以来，我国在分级诊疗制度体系建设和完善方面取得阶段性进展。推动优质医疗资源扩容和区域均衡布局，规范医联体建设、推广远程医疗服务，增强县乡医院的综合服务能力，以及发挥中医药独特优势和作用，支持中医院牵头组建城市医疗集团和县域医共体。提升基层医疗服务能力、推动双向转诊和上下联动、创新服务模式以形成急慢分治的诊疗格局。党的二十大报告继续指出要"深化医药卫生体制改革，促进医保、医疗、医药协同发展和治理。促进优质医疗资源扩容和区域均衡布局，坚持预防为主，加强重大慢性病健康管理，提高基层防病治病和健康管理能力"。完善分级诊疗体系作为医改的主要目标之一，在"十四五"期间更加凸显其重要作用。本报告将聚焦自"十四五"以来云南省分级诊疗体系建设的现状，重点分析其面临的问题及原因，进而有针对性地提出加快分级诊疗体系建设的对策建议，以供省委、省政府及相关部门决策参考。

一　云南省分级诊疗体系建设现状

　　自"十三五"以来，云南省努力构建符合边疆、多民族省情的分级诊疗制度，在政策支撑、基层培力、体系构建上持续发力，不断优化政策环境，不断增强基层服务能力，不断完善服务体系，进一步明确各级各类医疗机构诊疗服务功能定位，大幅提升了县（区）级医院和基层医疗机构的医疗服务能力。自 2016 年、2017 年分两批先后在云南省 16 个州市进行试点以来，2018 年 80% 的县实行分级诊疗，到 2019 年，分级诊疗在云南省全面实行。进入"十四五"，云南省医改继续向纵深发展，分级诊疗体系也在不断完善。

（一）分级诊疗体系建设的政策体系不断完善

2015 年国务院办公厅发布《关于推进分级诊疗制度建设的指导意见》提出：要逐步形成"基层首诊、双向转诊、急慢分治、上下联动"的分级诊疗模式，以形成合理的就医格局。2020 年 6 月 1 日起实施的《中华人民共和国基本医疗卫生与健康促进法》第三十条第一款规定，国家推进基本医疗服务实行分级诊疗制度。进一步强调了首诊负责制、转诊审核责任制，鼓励非急诊患者首先到基层医疗卫生服务机构就诊，逐步建立起基层首诊、科学转诊并与基本医疗保险制度相衔接的机制。

根据国家的相关文件精神，云南省先后制定了一系列关于构建和完善分级诊疗体系的政策文件，仅 2016 年就先后发布了《云南省人民政府办公厅关于建立完善分级诊疗制度的实施意见》《云南省卫生计生委办公室关于转发国家卫生计生委办公厅国家中医药管理局办公室做好高血压、糖尿病分级诊疗试点工作文件的通知》《云南省卫生计生委关于建立完善医疗机构基层首诊、双向转诊工作的通知》《云南省分级诊疗考核评价实施方案》等一系列文件，推进医疗卫生资源合理配置，促进基本医疗卫生服务均等化，逐步形成科学有序的就医格局。到 2020 年，基本实现"'小病不出村、常见病不出乡、大病不出县、急危重症和疑难杂症不出省、康复回基层'的目标"。根据这些文件精神，慢性病将作为分级诊疗的切入点，高血压和糖尿病作为先行病种率先实行分级诊疗。同时，通过建立三级医院对县级医院的对口帮扶机制，提升县级医院的医疗服务能力。"通过考核评价的有效实施，构建布局合理、规模适当、层级优化、职责明晰、功能完善、富有效率的医疗卫生服务体系，逐步形成基层首诊、双向转诊、急慢分治、上下联动的符合云南实际的分级诊疗制度"①。2017年7月，印发《云南省人民政府办公厅关于推进医疗联合体建设和发展的实施意见》，提出在县域内重点探索以县级医院为龙头、乡镇卫生院（社区卫生服务中心）为枢纽、村卫生室（社区卫生服务站）为基础的县乡村一体化管理医共体，与现有乡村一体化管理相衔接。到2018年底，所有县（市、区）建立了医共体，并基本覆盖到行政区域内所有乡镇卫生院和政府举办的社区卫生服务中心。《云南省"十四五"卫生健康事业发展规划》的"持续深化医药卫生体制改革"中提出要通过"落实各级各类医疗机构功能定位""加快推进基层首诊和双向转诊，提高县域内基层医疗卫生机构医保资金占比"等措施来加快推进分级诊疗体系建设，并提出"到2022年，云南省不低于90%的县（市、区）建成紧密型县域医共体。到2025年，云南省各县（市、区）县域内就诊率保持在90%以上，县域内基层医疗卫生机构门急诊占比达65%以上"。《云南省"十四五"医疗卫生服务体系规划》中提出，到2025年"基层普遍具备首诊分诊和健康'守门人'能力"，并提出要"优化云南省医疗卫生资源布局，省级和州市级分区域统筹规划、均衡布局，提高跨区域服务和保障能力；县级及基层医疗卫生资源按照常住人口规模和服务半径合理布局"。

2022年8月，云南省人民政府办公厅印发《云南省深化医药卫生体制改革2022年重点工作任务》，其中第一项重点任务即"构建有序的就医和诊疗新格局"，下面又细分为五个重点任务，即"发挥国家区域医疗中心、省级高水平医院的辐射带动作用""增强州市级医院服务能力""全面推进紧密型县域医共体建设""夯实基层医疗卫生'网底'""持续推进分级诊疗和优化就医秩序"。这五个重点任务都是围绕完善分级诊疗体系而分层级进行重点突出的，说明完善分级诊疗体系依然是云南省深化医改的首要任务。

① 王祎然：《云南省县域综合医改大事记》，《中国卫生》2019年第11期。

（二）紧密型县域医共体建设取得积极成效

紧密型县域医共体是管理统一、服务同质、责任共担、利益共享的县域医疗服务体系。作为医联体组织模式之一，紧密型县域医共体建设对于推动落实分级诊疗制度，推动医疗卫生工作中心下移、医疗卫生资源下沉、改善县乡村三级医疗卫生服务有重要意义。

1. 紧密型县域医共体相关政策体系进一步完善

2009年3月，新一轮医改方案正式出台，明确提出要逐步建立分级诊疗和双向转诊制度。2015年9月，国务院办公厅发布《关于推进分级诊疗制度建设的指导意见》（国办发〔2015〕70号），提出要探索建立医疗联合体等多种分工协作模式。2016年12月，国家卫生计生委印发《关于开展医疗联合体建设试点工作的指导意见》（国卫医发〔2016〕75号），指出以医联体为载体推进分级诊疗。2017年4月，国务院办公厅发布了《关于推进医疗联合体建设和发展的指导意见》（国办发〔2017〕32号），明确了医联体建设包括在城市主要组建医疗集团、在县域主要组建医疗共同体、跨区域专科联盟、在边远贫困地区发展远程医疗协作网四种组织模式。2017年7月，云南省人民政府印发《云南省人民政府办公厅关于推进医疗联合体建设和发展的实施意见》（云政办发〔2017〕81号），为云南省医联体建设和发展指明了方向。随着医联体建设的深入，进一步完善县域医疗卫生服务体系，2019年5月，国家卫生健康委、国家中医药局发布《关于推进紧密型县域医疗卫生共同体建设的通知》（国卫基层函〔2019〕121号）；同年8月，《关于印发紧密型县域医疗卫生共同体建设试点省和试点县名单的通知》（国卫办基层函〔2019〕708号）发布，全国775个县被确定为县域紧密型医共体建设试点，云南省42个县（市、区）被列为国家试点县。随后，云南省级层面先后印发了《关于做好紧密型县域医共体建设试点工作的通知》《关于全面推进紧密型县域医共体建设的实施意见》等一系列文件，为全省推进紧密型县域医共体建设提供了政策支持。

2. 紧密型县域医共体建设成效明显

自2019年启动紧密型县域医共体试点工作以来，截至2023年6月30日，全省126个县（市、区）启动了医共体建设工作，其中88个县（市、区）同步推进医保资金打包付费改革，15个州（市）全面推开建设改革工作，① 医共体责任共担、利益共享机制初步构建。云南省紧密型县域医共体建设综合评估全国排名第6位。② 紧密型县域医共体建设取得了积极成效。

具体来看，一是县域卫生医疗服务能力得到提升。目前，全省125家县医院达到国家基本标准，其中65家达到推荐标准；92所县级中医医院达到国家县级中医医院医疗服务能力基本标准，达到推荐标准的有20所。③ 全省101家县级医院入选国家首批"千县工程"，数量居全国第2位。④ 2023年5月，国家卫生健康委通报了2021~2022年度县医院医疗服务能力评估情况，云南省位列县医院医疗服务能力基本标准符合情况第一。⑤ 云南省试点县（市、区）牵头医院出院患者三四级手术比例为29.52%，每万人口全科医生数为2.43人。⑥ 二是有序就医格局正逐步形成。2021年，试点县（市、区）县域内基层医疗卫生机构门急诊人次占比达到59.86%，县域内

① 《我省不断健全完善医疗卫生服务体系——优质又便捷 群众有"医"靠》，云南省人民政府官网，2023年9月25日，https://www.yn.gov.cn/ywdt/bmdt/202309/t20230925_286427.html。
② 《云南卫生健康事业，这些年的历史性进步》，云南网，2023年8月21日，https://m.yunnan.cn/system/2023/08/21/032722268.shtml。
③ 《国家卫生健康委工作专刊刊发〈云南省全方位推动卫生"补短板"有力夯实各族人民群众健康根基〉》，云南卫生健康委员会网站，2024年3月21日，http://ynswsjkw.yn.gov.cn/html/2024/gongzuodongtai_0321/20598.html。
④ 《"云南这十年"系列新闻发布会·卫生健康专场发布会》，云南省网上新闻发布厅，2022年9月9日，https://www.yn.gov.cn/ynxwfbt/html/2022/zuixinfabu_0908/4946.html。
⑤ 《国家卫生健康委办公厅通报2021—2022年度县医院医疗服务能力评估情况 云南省位列县医院医疗服务能力基本标准符合情况第一》，云南省卫生健康委员会官网，2023年5月16日，http://ynswsjkw.yn.gov.cn/html/2023/meitibaodao_0516/17072.html。
⑥ 《"云南这十年"系列新闻发布会·卫生健康专场发布会》，云南省网上新闻发布厅，2022年9月9日，https://www.yn.gov.cn/ynxwfbt/html/2022/zuixinfabu_0908/4946.html。

基层医疗卫生机构中医药门急诊占比为 18.39%。[①] 三是基层医疗卫生资源利用更加有效。据《2022 年云南省卫生资源与医疗服务统计数据》显示，2021 年一级医院医师日均负担诊疗人次为 6.9，2022 年为 7.0，增加了 0.1 人次。此外，2021 年基层医疗卫生机构床位使用率为 46.85%，2022 年为 48.43%，使用率提高了 1.58 个百分点。四是县域内医保基金得到有效使用。2021 年云南省试点县（市、区）医保基金县域内支出率为 62.73%，有 24 个县（市、区）县域内基层医疗卫生机构医保基金占比较 2020 年增加，反映出试点地区群众更多地利用了县乡医疗卫生资源和服务，看病就医更加便利，费用进一步降低。[②]

（三）基层医疗卫生服务能力持续增强

基层医疗卫生服务能力，反映了乡镇卫生院、社区卫生服务中心以及村卫生室、社区卫生服务站等基层医疗卫生服务机构向就医患者提供基本医疗服务和基本公共卫生服务的水平。云南省作为曾经贫困程度较深的省份，要巩固拓展脱贫攻坚成果、大力发展乡村振兴，满足基层群众的医疗卫生需要，必须提升基层医疗卫生机构的服务能力。

1. 基层医疗卫生服务相关政策不断优化

2009 年 3 月 17 日，《中共中央　国务院关于深化医药卫生体制改革的意见》（中发〔2009〕6 号）公布，标志着新一轮医改拉开序幕，其中提到"以农村为重点"的方针、"建立覆盖城乡居民的基本医疗卫生制度"的总体目标，体现了对基层医疗建设的重视。党的十八大以来，整个医改工作始终坚持以人民为中心的发展思想，始终遵循"保基本、强基层、建机制"的基本原则。尤其是 2015 年 9 月，《关于推进分级诊疗制度建设的指导意

---

① 《我省不断健全完善医疗卫生服务体系——优质又便捷　群众有"医"靠》，云南省人民政府官网，2023 年 9 月 25 日，https：//www.yn.gov.cn/ywdt/bmdt/202309/t20230925_286 427.html。

② 《云南省改革试点经验复制推广新闻发布会》，云南省网上新闻发布厅，2022 年 9 月 29 日，https：//www.yn.gov.cn/ynxwfbt/html/2022/fbh_zhibo_0928/1698.html。

见》（国办发〔2015〕70号）发布后，分级诊疗制度工作正式启动，提高基层医疗服务能力作为其中的重点工作，得到有效推进。此外，为进一步统筹基层医疗资源、提升基层医疗服务能力，《关于全面推进社区医院建设工作的通知》（国卫基层发〔2020〕12号）、《关于进一步深化改革促进乡村医疗卫生体系健康发展的意见》等政策文件相继出台。2023年8月17日，中共云南省委办公厅、云南省人民政府办公厅印发《云南省卫生健康事业高质量发展三年行动计划（2023—2025年）》，其中将"实施'强基层'工程，筑牢基层网底"和"实施'管慢病'工程，降低健康风险"纳入重点工程。

2. 基层医疗卫生服务能力不断提高①

一是基层医疗卫生机构数量和质量均有提升。从数量上看，据《2022年云南省卫生资源与医疗服务统计数据》显示，截至2022年，全省有1368个乡镇卫生院，村卫生室13572个，"实现每个乡镇至少有1所政府办的乡镇卫生院、每个行政村至少有1所达标的村卫生室"②。此外，有社区卫生服务中心211个、社区卫生服务站450个。2020~2022年云南省基层医疗卫生机构数量分别为24592个、24869个、25512个，数量逐年上升，且2022年增幅（2.4%）比2021年增幅（1.2%）翻了一倍。基层医疗卫生机构床位数也在逐年上涨，2020~2022年分别为61932张、62247张、65322张。从质量上看，据国家卫生健康委工作专刊2024年刊发的《云南省全方位推动卫生"补短板"有力夯实各族人民群众健康根基》一文，云南省乡镇卫生院（社区卫生服务中心）服务能力国家标准达标率已达90.6%。

二是基层医疗卫生服务人员队伍的素质能力明显提升。从队伍规模和结构来看，根据《2022年云南省卫生资源与医疗服务统计数据》，近几年云南

---

① 除个别标注引用的数据外，本报告中未标注的数据均来自《2022年云南省卫生资源与医疗服务统计数据》及云南省卫生健康委员会基层处提供的资料。

② 《我省不断健全完善医疗卫生服务体系——优质又便捷　群众有"医"靠》，云南省人民政府官网，2023年9月25日，https：//www.yn.gov.cn/ywdt/bmdt/202309/t20230925_286427.html。

省全科医生数量逐年上升，从 2020 年的 8490 人，增长至 2022 年的 11386 人。2020~2022 年，村卫生室人员中执业（助理）医师数量呈上升趋势，分别为 7575 人、8622 人、9782 人，反映出推动乡村医生执业（助理）医师转化成效显著。从学历来看，云南 92.2% 的乡村医生学历达到中专以上，77.7% 的乡镇卫生院专技人员学历达到大专以上。[①]

三是基层医疗卫生机构服务能力有所提升。根据《2022 年云南省卫生资源与医疗服务统计数据》，2020~2022 年，基层医疗机构的总诊疗人次逐年上升，分别为 15000.81 万人次、15461.83 万人次、16766.5 万人次；入院人数也逐年增加，分别为 161.84 万人、163.66 万人、176.54 万人。值得注意的是，三级医院的总诊疗人次却有所减少，2021 年为 5540.28 万人次，2022 年仅为 5519.9 万人次。2022 年，省内所有医疗卫生机构的总诊疗人次的同比增长率（5.4%）和入院人数的同比增长率（2%）均小于基层医疗机构（分别为 8.4% 和 8%）。此外，基层医疗卫生机构门急诊人次占总诊疗人次的 54.3%，较上年增加 1.65 个百分点。其中乡镇卫生院门急诊人次同比增长 12.08%，入院患者同比增加 7.37%。此外，在慢病管理和危重症患者早期医疗服务救治能力方面，自 2018 年在全国创新开展基层慢病中心和心脑血管救治站建设以来，截至 2022 年，全省在乡镇卫生院（社区卫生服务中心）建设慢病管理中心 1483 个，在全国率先实现乡镇慢病管理中心全覆盖；全省在乡镇卫生院建设心脑血管救治站 708 个，实现 51.7% 的乡镇卫生院建成心脑血管救治站。[②] 据国家卫生健康委工作专刊 2024 年刊发的《云南省全方位推动卫生"补短板"有力夯实各族人民群众健康根基》一文，当前全省心脑血管救治站累计救治患者 9.2 万人次，慢性病过早死亡率从 2018 年的 18.7% 下降至 2022 年的 15.4%，基层救治能力提升显著。

---

① 《国家卫生健康委工作专刊刊发：〈云南省全方位推动卫生"补短板"有力夯实各族人民群众健康根基〉》，云南卫生健康委员会网站，2024 年 3 月 21 日，http://ynswsjkw.yn.gov.cn/html/2024/gongzuodongtai_ 0321/20598.html。

② 杨猛、左超、陈鑫龙：《全力推进卫生健康事业高质量发展 更好满足人民群众美好生活需要》，《云南日报》2023 年 8 月 19 日，第 1 版。

（四）全科医生队伍不断壮大

全科医生是主要在基层承担常见病多发病诊疗和转诊、预防保健、康复管理等一体化服务的复合型临床医学人才，为个人和家庭提供连续性、综合性和个性化的医疗卫生服务，是居民健康和控制医疗费用支出的"守门人"，是基层医疗卫生服务的关键环节。分级诊疗中的基层首诊制能否实现很大程度上取决于基层医疗卫生服务机构中是否有足够的、合格的全科医生，是否能够建立起以全科医生为核心的服务团队，为社区居民提供以预防为主、防治结合为特征的基本医疗卫生服务。数量充足、质量合格的全科医生队伍对于形成基层首诊、双向转诊、各级医疗机构各司其职、分工协作的医疗卫生服务体系，有效防控重大疾病，提高人民健康水平和合理控制医疗费用具有十分重要的作用。

1. 全科医生制度的政策体系持续完善

早在 2011 年，国家层面就出台了《国务院关于建立全科医生制度的指导意见》（国发〔2011〕23 号），翻开了我国全科医生制度建设的崭新一页。2018 年印发《国务院办公厅关于改革完善全科医生培养与使用激励机制的意见》，明确了全科医生培养到 2020 年和 2030 年的工作目标。2020 年 6 月 1 日起施行的《中华人民共和国基本医疗卫生与健康促进法》明确了全科医生在基本医疗卫生服务中的角色定位，即"主要提供常见病、多发病的诊疗和转诊、预防、保健、康复，慢性病管理、健康管理等服务"，以及国家对全科医生培养使用的职责。全科医生的培养使用以及开展医疗服务有了更加明确的法治保障。随着人类疾病谱已经从急性传染性疾病转变为以慢性病为主，医疗卫生工作的重心也开始从"以治病为中心"转向"以健康为中心"，全科医生作为人民群众的健康"守门人"的作用愈加重要，在分级诊疗体系中的地位也愈加突出。

根据国家政策精神和要求，云南省于 2013 年印发《云南省人民政府关于建立全科医生制度的实施意见》，明确全科医生制度发展目标、全科医生培养模式、执业方式、激励机制和保障措施。2018年8月印发《云南省人民政府办公厅关于改革完善全科医生培养与使用激励机制的实施意见》（云政办发〔2018〕59号），不仅明确了云南省全科医生培养到2020年和2030年的工作目标，还从全面加强全科医生培养、建立健全全科医学服务体系、强化落实全科医生使用激励机制、加大政策保障等方面提出了若干重点改革措施。2022年5月，省卫健委印发《关于建立保护关心爱护医务人员长效机制的实施意见》（云卫人发〔2022〕4号）中，明确提出"基层医疗卫生机构可在设定奖励性绩效工资项目时，单列'全科医生津贴'项目，并结合艰苦边远、工作任务和服务年限等因素，对全科医生按照一定标准予以补贴"。2023年8月，由云南省委办公厅和云南省政府办公厅印发的《云南省卫生健康事业高质量发展三年行动计划（2023—2025年）》中，再次强调要"强化全科医生转岗培训，扩大全科医生队伍"。可见全科医生作为基层医疗卫生人才队伍建设重点得到了持续的、全方位的政策支持，也是多年深化医改重点任务之一。

2. 云南省全科医生队伍建设进展较快

经过多年努力，云南省的全科医生数量大幅增长，注册为全科医生的总人数从2018年的1233人增加到2020年的8490人、2021年的9250人和2022年的11386人。其中注册为全科医学专业医师数和乡村全科执业助理医师数也分别增加到2021年的6755人、2495人和2022年的8626人、2760人。每万人全科医生数量2018年仅为0.26人，2020年达到2.01人，2021年为1.97人，2022年增加到2.43人[①]。

针对农村医疗卫生人才更为匮乏的状况，近年来通过人员培养培训和统筹使用县域卫生人员来加强农村基层医疗卫生人才队伍建设、合理配置乡村卫生人力资源。在《云南省健康扶贫行动计划（2016—2020年）》《云南省健康脱贫攻坚行动实施方案》《云南省解决贫困人口基本医疗有保障突出问题工作实施方案》中均突出了以全科医生为重点的基层卫生人才培养的

---

① 云南省卫健委：《2023年云南省卫生健康统计资料》。

问题。提出加强人才综合培养。通过规范化培训、全科医生培训、助理全科医生培训、转岗培训、定向免费培养等多种途径，加大贫困地区卫生人才培养力度；通过开展全科医生规范化培训、助理全科医生培训、转岗培训，及加大农村订单定向免费医学生培养力度等来加强农村基层卫生人员队伍建设；通过县聘县管乡用和全科医生特岗计划、县乡医共体内调剂或柔性流动、县内调动等方式，解决乡镇卫生院无合格医生问题。2018~2023年，招录农村订单定向医学生免费培养3584人，全科专业住院医师规范化培训4905人、助理全科医生培训3649人、全科医生转岗培训2233人。[①] 其中，助理全科医生培训是现阶段农村基层全科医生培养的重要补充。云南省自2016年启动实施助理全科医生培训工作以来，截至2023年9月累计招收培训助理全科医生4871人，目前已完成培训且结业考核合格2320人，充实到基层医疗卫生机构。[②]

（五）家庭医生签约服务以重点人群为主稳步推进

家庭医生主要是指在基层医疗卫生机构（城市社区卫生服务中心、站和乡镇卫生院、村卫生室）的基层医生，尤其是经过全科培训后注册为全科医生的，与辖区居民签订协议，并为其提供服务的医疗卫生人员。家庭医生签约服务是以家庭医生为核心，以家庭医生服务团队为支撑，通过签约的方式，促使临床家庭（全科）医生（团队）"与签约家庭建立起一种长期、稳定的服务关系，以便对签约家庭的健康进行全过程的维护，为签约家庭和个人提供安全、方便、有效、连续、经济的医疗服务和公共卫生服务"[③]。家庭医生签约服务是基层服务模式从被动到主动的转变，在落实医改政策、引导群众有序就医、促进基层首诊和分级诊疗，为人民群众提供综合、连续、协同的医疗卫生服务中具有十分重要

---

① 数据来源于省卫健委科教处。
② 数据来源于省卫健委科教处。
③ 赵靓：《端州区城西养老服务志愿者介入模式研究》，《广东职业技术教育与研究》2019年第1期。

的作用。

1. 家庭医生签约服务的政策持续完善

从国家层面来看，推进家庭医生签约服务始于 2016 年。2016 年 6 月，国务院医改办联合原国家卫生计生委、国家发展改革委等 7 部委印发了《关于推进家庭医生签约服务的指导意见》，明确了家庭医生签约服务的发展思路和要求。2020 年 6 月 1 日起施行的《中华人民共和国基本医疗卫生与健康促进法》第 31 条规定了国家推进家庭医生签约服务的职责，明确了服务的方式和内容，即"建立家庭医生服务团队，与居民签订协议，根据居民健康状况和医疗需求提供基本医疗卫生服务"。家庭医生签约服务作为一项基本医疗卫生服务在法律中被确定下来，自此有了坚实的法治保障。2022 年 3 月，国家卫生健康委下发了《关于推进家庭医生签约服务高质量发展的指导意见》（国卫基层发〔2022〕10 号），对家庭医生签约服务工作提出新要求、新思路。

根据国家政策精神和要求，云南省于 2016 年 12 月印发了《关于推进家庭医生签约服务的实施方案》，对总体要求、工作内容、保障措施和监督管理等四个方面进行了明确界定。为调动基层医疗卫生人员参与家庭医生签约服务的积极性，推进以全科医生为核心的家庭医生签约服务，2019 年 7 月，云南省人力资源社会保障厅、省财政厅和省卫健委转发的《国家人力资源社会保障部　财政部　国家卫生计生委关于完善基层医疗卫生机构绩效工资政策保障家庭医生签约服务工作的通知》文件中明确，在核定基层医疗卫生机构绩效工资总量时，家庭医生签约服务的数量和质量、健康管理效果等需要作为合理确定绩效工资总量并实施动态调整机制的增量因素需要被综合考虑；家庭医生签约服务费主要用于家庭医生团队提供服务的报酬。为促进家庭医生签约服务在新时代更有作为，2022 年 12 月《云南省推进家庭医生签约服务高质量发展若干措施》印发，进一步明确了发展思路和目标，同时，在扩大签约服务供给、丰富签约服务内涵、提高履约服务质量和完善激励保障政策方面制定了多项细化措施。

此外，家庭医生签约服务在医改、健康扶贫行动、老年人医疗健康服务、智慧医疗中发挥着重要作用，在相关政策文件中被不断强调。例如，2020 年制定的《云南省深化医药卫生体制改革领导小组关于印发云南省推广福建省和三明市经验　持续深化医药卫生体制改革 20 条措施》（云医改发〔2020〕1 号）强调了家庭医生签约服务作为落实医改政策重要抓手和夯实基层医疗卫生"网底"重要组件的作用；再如，2017 年制定的《健康扶贫 30 条》和 2019 年出台的《云南省健康脱贫攻坚行动实施方案》中均把农村建档立卡贫困人口作为家庭医生签约服务重点人群，优先签约服务；又如，《云南省老年人权益保障条例》《中共云南省委　省人民政府关于新时代加强老龄工作的实施意见》均强调要为老年人提供家庭医生签约服务，逐步提高老年人家庭医生签约服务覆盖率；2019 年，省人民政府办公厅印发的《关于促进"互联网+医疗健康"发展的实施意见》（云政办发〔2019〕45 号）提出，全面推行家庭医生电子化签约，2021 年印发的《云南省互联网医院管理办法（试行）》也明确了互联网医院可以提供家庭医生签约服务。

2. 云南省家庭医生签约服务稳步推进

在相关政策的指引下，2016 年以来，云南省在团队组建、筹资、激励、考核等新机制方面进行了积极探索，先后出台了多项签约服务配套政策，有力保障了签约服务各项工作的推进，截至 2022 年底，云南省已签约居民1807.83 万人，签约率 38.29%；脱贫人口、高血压、糖尿病、严重精神障碍和肺结核四种慢性病患者和老年人、儿童、孕产妇以及残疾人等重点人群签约率约 79.86%[1]。签约慢病患者规范管理率明显提升，签约服务效益逐步显现。"目前，云南省社区卫生服务中心、社区卫生服务站、乡镇卫生院和村卫生室等都能提供家庭医生签约服务。家庭医生服务是以团队的方式提供，在每个基层机构，都有团队的信息、名单、联系方式，现在可以提供一至三年多样化的签约周期"[2]。

---

① 数据由云南省卫健委基层处提供。
② 李翕坚：《破解就医"三长一短"痛点》，云南省卫生健康委员会官网，2023 年 7 月 17 日，http://ynswsjkw.yn.gov.cn/html/2023/guancheluoshi_0717/17611.html。

云南省各地以签约履约为抓手，以加强健康管理为目标，积极推行家庭医生签约服务，遵循公益性、自愿签约、循序渐进的原则，切实推进家庭医生签约服务。如曲靖市通过实行"2313"即"两结合、三落实、一推动、三满意"，结合基本公共卫生服务项目、医联体建设，落实签约经费政策、签约服务团队、双向转诊，逐步推动分级诊疗机制建立，实现签约服务群众满意、医务人员满意、政府满意的工作法，推进家庭医生签约服务。玉溪市江川区通过统筹区、乡、村三级医疗资源，围绕4类重大慢性病的防治和干预，不断加强家庭医生签约团队建设、压实团队责任、创新团队服务模式。江川区家庭医生签约服务团队扩大招收范围，加入了区级、乡镇级的临床医生，形成区、乡、村三级一体化共管网络。截至2023年8月，全区共组建家庭医生签约服务团队165个，每个团队平均3人，2023年与需签订服务人群签约97294人，常住人口签约率达38.92%，做到应签尽签，较2022年签约覆盖率36.79%提高了2.13个百分点。① 江川区医共体总医院、区中医院临床医生加入家庭医生签约团队，与6家乡（镇）分院、64个村卫生室（社区卫生服务中心）建立对口的帮扶机制，同时每个乡镇均设有1名区级专家作为家庭签约团队大组长，负责为组内服务对象提供进一步慢性病管理治疗意见，让签约对象在家就能享受二级医疗机构专家服务。②

（六）差异化医保报销制度对诊疗分级有一定作用

医疗保险制度是调节医疗服务行为、引导医疗资源配置的重要手段。通过经济手段，实现引导民众有序就医，同时控制不合理医疗费用的双重目的，在构建分级诊疗体系中具有举足轻重的作用。现阶段医保通过差异化报销制度和改革支付方式来引导形成科学合理的就医秩序。

1. 运用医保杠杆调控来促进诊疗分级的政策体系不断健全

自2015年国务院办公厅正式发文《关于推进分级诊疗制度建设的指导

---

① 省推进爱国卫生"7个专项行动"领导小组办公室：《玉溪市江川区强化家庭医生"团队式"服务 做好慢性病管理》，云南省卫生健康委员会官网，2023年8月11日，http：//ynswsjkw. yn. gov. cn/html/2023/agwsgzdt_ 0811/17794. html。

② 同上。

意见》，明确提出"不同级别医疗机构实行医保差异化支付政策"的举措以来，一系列配套措施陆续出台。为更好地保障参保人员权益、规范医疗服务行为、控制医疗费用不合理增长，充分发挥医保在医改中的基础性作用，2017年6月，国务院办公厅印发的《国务院办公厅关于进一步深化基本医疗保险支付方式改革的指导意见》（国办发〔2017〕55号）提出，"要针对不同医疗服务特点，推进医保支付方式分类改革"，"对基层医疗服务，可按人头付费，积极探索将按人头付费与慢性病管理相结合等"。2022年3月，国家卫生健康委联合财政部、人力资源社会保障部、医保局、中医药管理局和疾病预防控制局发布的《关于推进家庭医生签约服务高质量发展的指导意见》（国卫基层发〔2022〕10号）强调要发挥基本医保引导作用。在医疗服务价格动态调整中，优先考虑体现分级诊疗、技术劳务价值高的医疗服务项目，促进就近就医，推进基层医疗卫生机构门诊就医按人头付费，引导群众主动在基层就诊，促进签约居民更多利用基层医疗卫生服务。

根据国家相关政策的精神和要求，云南省也相继制定出台了关于差异化医保报销政策和支付方式改革的文件。根据《云南省政府办公厅关于推进基本医疗保险支付方式改革的实施意见》（云政办发〔2017〕98号），基层医疗卫生机构成为各地开展医疗保险门诊统筹按人头付费的主要依托，有条件的地区，基层医疗卫生机构或家庭医生团队可以获得签约居民按人头的门诊基金，若将患者向上级医院转诊，则转诊费由基层医疗卫生机构或家庭医生团队支付。探索对纵向合作的医疗联合体等分工协作模式实行医保总额付费，合理引导双向转诊。2019年4月，印发的《关于开展县域内城乡居民医疗保障资金按人头打包付费试点工作的指导意见》，要求在各州市积极探索开展按人头打包付费试点，着力建立总额预算管理下"人头包干、结余留用、超支自负"的激励与责任机制，引导医疗资源合理配置和患者有序就医。

2.云南省医保政策助推分级诊疗体系构建

截至目前，云南省运用医保杠杆调控作用、支持构建分级诊疗体系主要体现在以下三个方面。

第一，医保待遇差异化支付政策。主要表现为住院起付标准差异化和报销比例差异化。从住院起付标准来看，职工医保和居民医保执行相同的标准，即一级及以下医疗机构不高于300元，二级医疗机构不高于600元，三级医疗机构不高于1200元，基层医疗机构与省会城市三级医疗机构的起付线差距已达4倍。从住院报销比例来看，职工医保总体支付比例为80%左右，按照低级别医疗机构高于高级别医疗机构，退休人员高于在职职工的原则，引导参保患者到基层医疗机构就医。居民医保的住院报销比例，一级医疗机构不超过90%，二级医疗机构不超过80%，三级医疗机构不超过65%。一级医疗机构与三级医疗机构的报销比例差距达25%。

第二，双向转诊的激励机制。云南省各州市制定了双向转诊的鼓励措施，即从上级医疗机构转往下级医疗机构进行治疗的参保患者无须再支付起付标准。从下级医疗机构规范转往上级医疗机构时，参保人只需补足上下级医疗机构起付标准差额。对不符合转诊转院规范发生的住院费用，适当降低基本医保支付比例，但支付比例不低于50%。

第三，支付方式的改革探索。医保总额控制下按人头打包付费自2019年启动，试点从42个增加到2022年底的73个。[①] 按人头打包付费是将区域内城乡居民的基本医保、大病保险、医疗救助、兜底保障、家庭医生签约服务费等资金统一打包给医疗联合体（医疗共同体）牵头医院，由牵头医院以组建医疗联合体（医疗共同体）等方式负责城乡居民的医疗卫生服务和医疗保障，提高医疗机构自我管理的积极性，激发医疗机构规范行为、控制成本、合理收治和转诊患者的内生动力，进而在控制医疗费用不合理上涨的同时，促进诊疗分级。

截至2022年底，云南省15个统筹地区开展DRG付费工作，2个统筹地区开展DIP付费工作。昆明地区2021年实现了DRG权重统一。DRG权重是根据不同疾病的疑难复杂程度来赋值，DRG权重统一的意义在于从临床

---

① 数据由云南省医保局提供。

实际出发，推动医疗机构尤其是三级医疗机构优先选择疑难复杂程度高的疾病患者作为诊疗对象，从而调整诊疗格局，引导分级诊疗。

通过上述措施，一方面激励参保患者主动实施基层首诊、双向转诊，尽可能留在基层就诊，另一方面更好地规范医疗服务，解决长期存在的看病贵、看病难问题的同时，提高医保资金的使用效率，确保基金运行安全。

从近两年的医保住院费用支付在不同等级医疗机构的结果来看，医保杠杆调控作用有所显现。2022 年，职工医保住院费用政策范围内基金支付89.2%（三级 88.1%，二级 92.4%，一级及以下 91.3%），同比减少 1.3%（三级 1.5%、二级 0.03%、一级及以下 3.1%）。二级、一级及以下医疗机构分别高于三级医疗机构 4.3%、3.2%。2022 年，居民医保住院费用政策范围内基金支付 72%（三级 66.6%，二级 75.3%，一级及以下 78.8%），同比减少 1.1%（三级 0.2%、二级 1.2%、一级及以下 1.1%）。二级、一级及以下医疗机构比三级医疗机构支付比例分别高 8.7%、12.2%。[①] 这说明，无论是职工医保还是居民医保，政策范围内基金支付比例三级医疗机构都是最低的。职工医保的二级医疗机构支付比例最高，居民医保的一级医疗机构支付比例最高。

二 云南省分级诊疗体系建设存在的问题及原因

（一）紧密型县域医共体在统筹谋划、配套政策集成、信息化建设等方面仍有不足

1. 紧密型医共体建设统筹谋划仍显不足

一是部分地区部门对医共体建设认识不充分，没有形成合力，主导改革

---

① 《2022 年云南省医疗保障事业发展统计公报》，云南省医疗保障局官网，https：//ylbz. yn. gov. cn/uploadfile/ynyb/file/20230908/1694181081414923. pdf。

的动力不足，还存在"重形式、轻内涵"，回避体制机制等深层次问题，缺乏主动作为推动改革的精神。二是医共体成员机构利益诉求不同，紧密型目标有差距。紧密型医共体人财物仍由单位成员自己管理的情况还较普遍，距离真正形成"责任共同体、管理共同体、服务共同体、利益共同体"紧密型目标还有一定差距。

2. 配套政策的系统集成还任重道远

部分涉及国家事权的政策制约改革突破。医疗卫生机构等级评审、基本医保药物目录制定等超出了地方事权，县级部门和各级医疗卫生机构作为政策的执行者和改革的推进者"试错"成本高。此外，人事编制、财政、医疗服务价格调整等改革配套政策缺乏协同性，严重影响了改革推进。

3. 数字化信息化的支撑作用尚未有效发挥

一是缺乏统筹规划和建设标准。全国医共体信息化建设缺乏统一规划和应用技术统一规划，试点县自己投入、自行探索、自建系统，数据交互接口不统一，横向纵向不能互联互通，形成信息孤岛，造成大量重复投入和浪费。二是数字资源共享难以实现。由于医共体建设推进不平衡，数字化信息化建设和应用水平也参差不齐，没有发挥出"大数据"技术优势，在一定程度上影响了医共体诊疗水平和服务效率，给未来更高层级统一整合数字资源，实现医疗数据共享和业务协同留下了问题和困难。

（二）基层医疗卫生机构服务提升面临困难

1. 基层医疗服务机构布局优化调整不及时

随着经济社会发展，易地扶贫搬迁、劳务输出等因素叠加，乡村人口数量、结构、分布发生较大变化。面对县域内医疗卫生资源配置发展中的新问题，基层医疗卫生结构布局的调整优化不够及时。基层医疗机构还在走"小而全"的粗放式发展老路，简单按行政区划分配资源，没有充分考虑人口、交通等发展变化，以及区域医疗资源布局情况。

2.基层医疗服务机构服务能力不强，与群众对医疗卫生健康需求还有差距

整体来看，云南省乡镇卫生院和社区卫生服务中心等基层医疗服务机构的基础设施、设备装备现代化水平不高，诊疗服务能力有限，部分基层医疗机构服务功能科室设置不健全，外科、口腔、心理、康复等方面的服务能力不足，难以满足群众对医疗卫生健康服务的需要。

3.基层医疗卫生机构人才"引不进、留不住"依然存在，人才队伍不稳、结构不优

一方面，基层医疗卫生人员的工作负荷大，而且在乡镇卫生院部分岗位存在兼职的情况，部分人员除了繁重的医疗服务工作外，还要承担部分行政工作。同时，基层医疗卫生人员的收入水平却相对较低，虽然云南在全国率先以省为单位对乡村医生养老保险做出制度性安排并给予财政保障①，起到了"暖人心"的作用，但吸引人才的作用有限。另一方面，基层医疗卫生机构发展空间小，平台较低，工作条件相对艰苦，培训和提升机会相对较少，难以满足高层次人才职业规划和发展需求。同时，基层医疗卫生机构缺编、空编和使用大量临聘人员的矛盾突出。

（三）全科医生队伍建设力度不足，分级诊疗体系的基础薄弱

1.云南省全科医生数量仍然不足，每万人全科医生数量水平较低

云南省每万人全科医生数量不仅低于全国平均水平，也低于西部地区平均水平。2022年云南省全科医生人数从2021年的9250人增加到11386人；每万人全科医生数也从2021年的1.97人增加到2.43人，增加了0.46人，但仍然低于全国平均水平（3.28人）和西部平均水平（2.69人）。②《云南省"十四五"医疗卫生服务体系建设规划》中提出，到2025年，每万人全科医生数要达到3.1人。要实现这个目标，还需要加大全科医生队伍建设力度。

---

① 陈鑫龙：《做好医疗保障 守护人民健康——全省卫生健康事业发展综述》，《云南日报》
　2023年8月18日，第1版。
② 云南省卫健委：《2023年云南省卫生健康统计资料》。

2. 全科医生的首诊权、转诊权未能有效落实，导致分级诊疗基础薄弱

全科医生以基层医疗卫生机构为平台为居民提供基本医疗卫生服务，是城乡居民健康和医疗费用的"守门人"。分级诊疗体系建立健全的关键在于全科医生的基层首诊权能够得到保障。目前没有约束就诊对象选取基层医疗卫生机构为首诊机构的措施，加之"病人选医生"，导致居民是否选择基层医疗卫生机构和全科医生作为首诊医生，全凭个人意愿。而在目前优质医疗资源依然集中在三甲医院的情况下，"全科医生往往演变为签约居民在二级、三级医院就诊后的配药医生"[①]。

全科医生的转诊权即"全科医生对于不属于基本医疗卫生服务范围或超出基层医疗卫生服务机构功能定位的签约对象，通过签发转诊单方式将其转诊至适宜上级医疗机构的执业权利"[②]。全科医生的转诊权也是影响居民对服务质量评价进而影响居民对基层医疗卫生服务能力信任度的重要因素。现行的家庭医生签约服务政策明确，签约医生可为签约对象提供优先转诊服务，但在优质医疗资源集中的三甲医院预留号源和床位的措施，在门诊一号难求、住院病床紧张的情况下很难实现。在迄今为止出台的相关文件中，全科医生的转诊权即将符合转诊标准的服务对象转诊至适宜上级医疗机构的权利也未提及。

（四）家庭医生队伍基础相对薄弱，签约率稳定提升有难度

1. 家庭医生团队基础薄弱，签约服务尚不能满足健康需求

自开展家庭医生签约服务以来，云南省家庭医生是以基层医疗卫生机构医务人员为主，在城市中主要是社区卫生服务中心（站），在农村主要是乡镇卫生院和村卫生室医生组建服务团队，以基层医疗卫生机构为平台开展签约服务。截至 2022 年底，社区卫生服务中心（站）、乡镇卫生院、村卫生

---

① 李学成：《分级诊疗背景下全科医生执业制度的权利体系构建》，《河南教育学院学报（哲学社会科学版）》2022 年第 3 期。

② 李学成：《分级诊疗背景下全科医生执业制度的权利体系构建》，《河南教育学院学报（哲学社会科学版）》2022 年第 3 期。

室共有 15628 个，参与签约服务的 7.22 万名医务人员中，取得执业（助理）医师资格的仅达 37.05%；在社区卫生服务中心（站）、乡镇卫生院共有全科医生 9604 人，平均每个基层医疗卫生机构仅有 0.61 名全科医生。[①] 以全科医生为核心的家庭医生服务体系还不完善，家庭医生团队服务能力水平参差不齐，与人民群众多层次、多样化的健康管理需求还有差距。

2. 居民对签约服务热情不高，签约率持续提高有难度

从家庭医生服务签约率来看，2017 年云南省居民签约率达 43.34%[②]，而 2022 年底的云南省常住人口签约率为 38.92%[③]。这固然与签约服务在 2019 年从之前的单纯注重签约率转向更加注重履约率有关，但也说明签约服务的覆盖面不大。2022 年以前签约服务为一年一签，签约率要维持稳定并逐步提高取决于服务的吸引力和居民对签约服务的感受认可程度。近年来的签约率维持在一个相对较低的水平，说明签约服务对群众吸引力不强，群众对签约服务的感受和认可度均不高，导致缺乏对签约的积极性。另外，有研究[④]显示对家庭医生签约服务的认识不足也是导致签约率不高的重要因素。要完成《云南省推进家庭医生签约服务高质量发展若干措施》提出的"从 2022 年开始，各地在现有服务水平基础上，全人群和重点人群签约服务覆盖率每年提升 1~3 个百分点，到 2035 年签约服务覆盖率达到 75% 以上，重点人群签约服务覆盖率达到 85% 以上，签约群众满意度不低于 85%"的一系列目标难度较大。

（五）医保待遇差异化支付政策和支付方式改革对诊疗分级的作用未能有效发挥

云南省医保待遇差异化支付政策和双向转诊的激励机制已实行多年，基

---

① 云南省卫健委提供《2023 年云南省卫生健康统计资料》。
② 《云南省卫计委主任李玛琳：奋力推进健康云南建设》，云南省卫生健康委官网，2018 年 1 月 15 日，http://ynswsjkw.yn.gov.cn/html/2018/meitibaodao_0115/5280.html。
③ 资料来源：云南省卫健委基层处。
④ 姚银銮、周亮亮、熊季霞、葛玉芳：《我国家庭医生签约服务现状的系统评价》，《中国卫生事业管理》2019 年第 3 期。

层一级医疗机构与省会城市三级医疗机构的起付线差距最大已达4倍，报销比例差距达25%。按照理性经济人理论，绝大多数人都应该选择在基层医疗机构就医，避免花更多钱。而事实上，除了农村地区因医疗资源少、没有选择而不得不以村卫生室、乡镇卫生院为首诊医疗机构外，城市尤其是像昆明这样医疗资源富集的城市，大医院人满为患、小医院门可罗雀的现象依然普遍存在。

多元复合式医保支付方式改革包括DRG、DIP以及按人头打包付费的试点工作也开展了数年，以县域内就诊率为核心的考核指标体系以及一定比例医保基金要拨付到乡镇等规定的执行都是为了减少县域外就医、促进县域内医疗共同体成本核算并主动规范诊疗行为，进而实现"大病不出省、一般的病在市县解决、头疼脑热在乡镇村里解决"的分级诊疗目标。

但由于长期以来医疗资源的不合理配置、基层医疗卫生服务能力较弱（包括人才、诊疗仪器、药品等）、人们长期形成的不管大病小病都往大医院跑的就医习惯以及在医联体、医共体构建过程中尚未形成利益联结机制，各级医疗机构更多考虑自身利益，而不是医联体、医共体的整体利益，甚至还出现大医院对下级医疗机构医疗资源（患者）和优秀人才的虹吸现象，导致基层医疗卫生服务人才匮乏、就医者稀少，诊疗分级的目标愈加难以实现。

三　进一步完善云南省分级诊疗体系的对策建议

云南作为边疆、多民族省份，"欠发达和后发展仍然是云南的基本省情"[1]，与发达省区相比较而言，云南省卫生健康事业发展的基础较为薄弱、历史欠账太多，在深化医改、完善分级诊疗体系方面需要付出更多的努力。2023年8月，云南省委书记王宁在全省卫生健康大会上从促进优质医疗资

---

[1] 杨猛、左超、陈鑫龙：《全力推进卫生健康事业高质量发展　更好满足人民群众美好生活需要》，《云南日报》2023年8月19日，第1版。

源扩容和均衡布局、提高各级医疗机构尤其是基层医疗卫生机构服务能力的角度对分级诊疗体系建设提出了更加具体的要求，为加快分级诊疗体系建设指明了方向，即"建设'家门口'的好医院，着力打造医疗高地、专科高地，力争大病不出省""大力推进'千县工程''百县工程'，一般的病在市县解决""兜牢基层医疗服务网底，充分发挥综合健康管理服务功能，头疼脑热在乡镇村里解决，让群众就近就便看好病"[①]。结合云南省情和医疗卫生事业发展的基础，现就加快分级诊疗体系建设提出以下建议。

（一）加强顶层设计、完善政策体系、加快标准制定，推动紧密型县域医共体更加有效发挥作用

一是加强顶层设计，把紧密型医共体建设列为"一把手"工程。明确责任主体，由党委、政府主要领导亲自挂帅，选优配强牵头医院院长。此外，加强交流培训，省级层面分级强化对政府分管领导、医共体管委会负责人、牵头医院负责人、医共体管委会成员等的培训，提升改革创新能力。

二是完善政策体系，为加快推进紧密型医共体建设提供制度保障。首先，积极争取国家政策支持，建议向国家卫健部门反映，统筹考虑医共体资源配置特点，适时修改评审评价办法。其次，健全完善省内政策体系，省级有关部门牵头梳理医保对不同级别医疗卫生机构药品目录、医疗服务目录与紧密型医共体改革导向冲突的问题清单、事权清单。

三是加快制定标准，统筹推动医疗卫生机构信息化建设。加强县域医共体信息化建设的统筹规划，尽快厘清全省统一的医疗机构信息化建设框架、模式及标准，并制定出台相关方案，规范全省医疗信息化数字化建设，安排专项资金，以信息化建设推动医共体改革。省级层面加强对已建成的医共体信息平台应用推广，牵头对数据管理和数据安全进行梳理，着手构建全省统一的个人健康数据平台，强化数据信息管理和应用。

---

① 杨猛、左超、陈鑫龙：《全力推进卫生健康事业高质量发展　更好满足人民群众美好生活需要》，《云南日报》2023 年 8 月 19 日，第 1 版。

（二）加强基层医疗机构"硬件"和"软件"建设，着力提升其服务能力

一是进一步优化基层医疗卫生机构布局，推动差异化发展。根据区域经济社会发展水平、常住人口数量、服务区域面积、服务提供能力以及健康医疗服务需求等，对基层医疗卫生机构进行差异化功能定位，同时针对不同类别机构进行差异化考核和管理。并引导基层医疗卫生机构根据其功能定位增强口腔科、眼科、康复科、中医科等薄弱和特色科室的建设，充分发挥中医在康复中的作用，补齐基层医疗机构在康复服务上的短板，使基层医疗卫生机构功能布局更加均衡合理，最大限度统筹发挥好基层医疗卫生资源作用。

二是认真落实《云南省卫生健康事业高质量发展三年行动计划（2023—2025 年）》"强基层、管慢病"工程，深入推进"优质服务基层行"活动，全面提升基层服务能力，有序改善基层医疗卫生机构设施设备条件。可考虑加大对适用基层的智能诊疗技术和设备的应用，推动远程医疗协作网络更加充分发挥作用。同时用好社会力量，引导其对于基层医疗卫生服务的短板有针对性地提供帮助和支持。

三是加强基层医疗卫生人才队伍建设。首先，进一步完善基层人才晋升和保障机制。持续调整、科学完善对基层专业技术人员职称评聘的评价标准、条件和依据，以更加科学合理的职称评价机制和标准，给予基层人才更大的成长和晋升空间。此外，落实好基层医疗卫生机构绩效工资政策。其次，以卫生健康事业高质量发展三年行动计划"强人才"工程实施为抓手，开展乡村卫生人员报考执业（助理）医师资格考试考前培训，加速乡村医生向执业（助理）医师转化。落实好乡村医生补助政策，保障乡村医生合理收入和各项待遇，稳定乡村医生队伍。加强基层医疗卫生人员适宜技术培训，提高医疗卫生人员高血压、糖尿病、高血脂、慢阻肺等慢性病诊疗服务能力。最后，根据区域内医疗服务需求，定期或不定期动态调整基层卫生服务机构编制数量，盘活用好存量编制。

（三）加强全科医生队伍建设，保障全科医生首诊权和转诊权

一是加强全科医生队伍建设。立足省情、围绕需求，按照全科医学人才培养的特点，进一步加大全科医生培养力度，不断弥补基层医疗卫生服务机构合格全科医生的缺口。首先，深化高等医学院校全科医学教学改革，加强全科医学学科建设，将全体医学生纳入全科医学教育的范畴，扩大高等院校全科医学生招生范围，尤其是要加大农村定向免费培养、助理全科医生培训力度，为农村地区培养更多的全科医生和助理全科医生，尤其要加大培养中医和民族医类的全科和助理全科医生力度，让传统中医药和民族医药知识更好发挥作用。其次，强化全科医学毕业后教育和继续教育，扩大全科专业住院医师招生规模，强化全科专业住院医师规范化培训，提高人才培养质量。充分利用互联网技术，实现全科医生远程继续教育全覆盖。最后，拓宽全科医生转岗培训范围，鼓励二级及以上医院有关专科医师参加全科医生转岗培训，培训合格的增加全科专业执业范围。

二是保障全科医生的首诊权和转诊权。只有实现了全科医生的基层首诊权，分级诊疗才有了基础。现阶段可以高血压、糖尿病等慢性病以及重度精神障碍患者管理作为切入点，探索全科医生首诊责任制，从医疗卫生资源整体（人才、诊疗设备、药品）的合理配置以及基本医保制度改革的协同配合方面予以保障。同时，只有将转诊权真正赋予全科医生，才能实现基层医疗卫生服务与上级（包括二级和三级）医疗服务的有机联结，这既是分级诊疗体系内在连续性和科学性的重要体现，也是为人民群众提供连续的、协同的健康卫生服务的题中之义。因此，预约转诊平台、绿色转诊通道以及鼓励规范转诊的诊查费减免等保障全科医生转诊权的制度性保障机制建设应得到进一步加强。

（四）加强社区（村）层面的"三医联动"，加大家庭医生签约服务的宣传力度

加强社区（村）层面的"三医联动"是从医疗、医保和医药三个领域

协同发力，以提升家庭医生签约服务质量、增加签约吸引力。首先，应加大对家庭医生签约服务的财政补偿力度，改善社区卫生服务的就诊环境。其次，应不断完善家庭医生服务流程、规范和标准，提升家庭医生签约服务的专业性和规范性；加强对履约情况和服务质量的监测考核，提升签约居民对服务的满意度。再次，要进一步完善医保相关政策，加大签约参保人员享受优惠的幅度。最后，在现阶段家庭医生提供常见、多发病的识别、初步诊治或者发现病情后的就医引导、转诊服务和基本公共卫生服务的基础上，按照机构有能力、群众有需求的原则丰富服务内容，紧紧围绕疾病谱改变，特别是当前慢性病多发高发这个最大的健康威胁，推动服务内容、服务方式向全方位全周期系统连续服务的拓展延伸，更好地贴近居民的多样化医疗卫生服务需求。

加大家庭医生签约服务的宣传力度也是提高签约率的一个重要手段。基层卫生服务机构定期召开健康宣传讲座，将健康教育与签约服务宣传充分融合，在增强居民健康意识的同时，使居民更加了解家庭医生签约服务的目的、意义及对个人和家庭的益处。让受益较多的签约居民现身说法，增强签约服务的认可度；同时，充分利用新闻媒体或微信、微博、短视频等方式宣传家庭式签约服务的典型案例，增强居民对家庭医生的信任程度，从而推动家庭医生签约服务的签约率逐步提高，不断夯实分级诊疗的基础。

（五）建立医疗机构间利益共享机制，发挥医保差异化支付政策和多元复合式支付方式助推诊疗分级的作用

目前，云南省和全国一样，差异化医保支付政策和多元复合型支付方式改革对于分级诊疗体系的建设并未发挥出预期的杠杆作用。究其原因，除了民众就医行为的主观性、基层医疗卫生服务能力不足以外，市场环境下各级医疗机构之间的利益之争也是一大阻碍因素。虽然实行了多元复合型支付方式，包括 DRG、DIP、总额控制下的按人头打包付费等，但公立医院补偿不到位、补偿机制不完善、现有的医院评价指标（包括平均住院日指标和药占比指标等）与医保支付和财政补助的密切联系等因素，导致

"大部分公立医院的人员工资、运行经费等支出需要靠业务收入弥补，因此必须诊治更多的病人，才能维持正常运转"①。基层医疗卫生服务机构与三级医院之间"双向转诊"难以实现的一个重要阻碍因素表现为：一方面，本应病源充足的基层医疗卫生服务机构尤其是城市社区卫生服务机构在医疗资源富集的城市地区因"病人选医生"而门可罗雀，病源不足加剧资金短缺，除非是患者病情大大超出了机构能力范围并可能因拖延而加重，否则很难主动将患者转向大医院。另一方面，大医院为了获得更多业务收入，在住院病床不饱和的情形下，也不愿把手术后、处于康复期的患者下转至基层医疗机构。因此，各级医疗机构间利益共享机制的建设就十分重要，各类医联体、医共体、医疗集团等，虽然名称不同、内涵也不尽相同，但内部利益联结和利益共享应是建设目标之一。因为只有将这些医联体、医共体、医疗集团等建设成为资源共享、风险共担的利益共同体，才能通过资源整合提高基层医疗机构卫生服务能力，如此可以减少各机构之间的利益纷争，从医疗服务供给侧主动推进诊疗分级。在这种情况下，选择基层作为首诊机构就相当于有了高水平的医院做支撑，且选择基层就医或通过基层转诊上级医院又有差异化医保支付政策带来的经济利益，民众自然就会逐渐转变原有的就医习惯，分级诊疗体系也才能够建立起来。

参考文献

古茁欢、吴瑞君、孙斌栋：《分级诊疗能否促进空间平等？——基于上海市公共医疗服务可达性的情景分析》，《人文地理》2022年第5期。

诸萍：《分级诊疗体系建设的现状及对策研究——基于嘉兴市的实证研究》，《江南论坛》2021年第7期。

潘昌健、杨晶：《分级诊疗政策实施对中国老年人健康不平等影响研究》，《社会保障研究》2022年第1期。

张慧林、成昌慧、马效恩：《分级诊疗制度的现状分析及对策思考》，《中国医院管

---

① 李新标：《实施分级诊疗制度的难点及对策》，《卫生经济研究》2017年第5期。

理》2015年第11期。

李欣、陈璟、莫秀梅：《分级诊疗制度在昆明市三级医院推广中存在的问题及改进措施》，《科技与创新》2019年第19期。

陈志航、蔡娟：《国外医疗卫生服务体系分析与思考》，《中国医院》2023年第4期。

陈曦：《我国分级诊疗制度现状分析和对策建议》，《就业与保障》2021年第20期。

张雪、杨柠溪：《英美分级诊疗实践及对我国的启示》，《医学与哲学（A）》2015年第7期。

严莉、彭琰：《云南省分级诊疗制度建立的影响因素及对策研究》，《中国初级卫生保健》2017年第11期。

郑俊萍、陶群山：《日本分级诊疗制度实践对我国的启示》，《哈尔滨学院学报》2023年第8期。

专题报告

B.10
2023年云南妇女发展报告

孙大江　王　薇*

摘　要： 云南省委、省政府始终把推进妇女发展规划实施作为促进妇女全面发展、维护妇女合法权益、实现性别平等的重要途径，将其纳入全省经济社会发展全局统筹推进。本报告以《云南妇女发展规划（2021—2030年）》统计监测数据为基础，梳理总结云南省妇女儿童工作委员会部分重点成员单位出台的政策举措，从健康、教育、就业、社会保障、参政议政、权益保护等方面总结云南省在促进男女平等、推动妇女事业发展方面取得的成效，分析云南妇女发展面临的主要问题、存在的困难和短板，并进一步就贯彻男女平等基本国策，依法保障妇女权益，落实妇女发展规划的目标要求提出政策建议。全省各级政府不断完善保障妇女权益的法规政策，强化政府责任，有力推动了全省妇女事业取得了长足进步与发展。云南省妇幼保健服务能力持续提升；九年义务教育的性别差异基本消除；专

---

* 孙大江，云南省社会科学院历史与文献研究所副研究员，主要从事妇女发展研究；王薇，云南省妇女儿童工作委员会办公室副主任，中级社会工作师，主要研究方向为妇女、儿童的公共政策及社会环境。

业技术人员中的女性比例大幅提升；女职工劳动权益保障进一步加强；妇女社会保障水平稳步提高；《云南省反家庭暴力条例》《关于加强人身安全保护令制度贯彻实施的意见》正式印发施行，妇女生存和发展环境不断优化，尊重妇女的社会氛围进一步形成。云南省妇女发展和性别平等仍然面临诸多新的问题与挑战：妇女参与决策管理的水平有待提高；妇女高质量就业不足；两性收入差距依然存在；妇女发展的城乡、区域差距仍然较大，边疆民族地区妇女卫生保健仍处于较低水平，城乡之间、地区之间妇女受教育水平发展不平衡。报告提出了进一步构建支持妇女全面发展的社会环境，提高妇女高质量的经济参与水平，建设高素质妇女干部队伍等一系列具有针对性的对策建议。

关键词： 妇女权益　性别平等　妇女干部

　　云南省委、省政府认真贯彻落实习近平总书记关于妇女和妇女工作、家庭家教家风建设系列重要论述精神，全面贯彻男女平等基本国策，不断优化妇女保护、生存与发展环境，全力加快云南妇女事业发展。2022年5月，云南省人民政府发布《云南妇女发展规划（2021—2030年）》（以下简称《规划》）。《规划》强调了贯彻落实男女平等基本国策，不断完善促进男女平等和妇女全面发展的制度机制，营造更加平等、包容、可持续的发展环境，保障妇女平等依法行使民主权利、平等参与经济社会发展、平等享有改革发展成果的基本原则。本报告以"云南妇女发展规划2021—2030年定量监测指标"为基础，结合云南省妇女儿童工作委员会重要成员单位推动妇女在健康、就业、教育、社会保障、参政议政等方面的发展与进步的政策举措，以及妇女发展的社会环境改善状况，在总结上一个十年妇女发展规划实施成就的基础上，分析了新一轮妇女发展规划中妇女发展七大领域取得的成绩，以及相应的政策措施支持背景，提出了妇女发展面临的主要问题和挑战，并进一步就加强政策支持力度，创造更有利于推动妇女全面发展和性别平等的政策环境和社会环境提出政策建议。

云南省委、省政府始终把提高妇女地位、维护妇女权益纳入全省经济社会发展全局统筹推进，全省各级政府认真履行职责，强化组织协调，健全工作机制，贯彻落实男女平等基本国策，积极推动妇女全面发展，依法保障妇女权益，大力改善妇女保护、生存与发展的社会环境，2011 年至 2020 年，云南妇女事业发展迈上了新台阶。广大妇女进一步实现平等发展、全面发展。妇女广泛参与经济社会发展，妇女的经济参与能力明显提升，就业人员中的女性比例每年均超过 45%。2020 年女性就业人员比例达到46.1%，① 创历史新高；妇女健康水平大幅提升；男女受教育水平的差距大幅缩小；妇女更加广泛参与决策和管理，省人大代表和政协委员中的女性比例分别达到 29.22% 和 31.23%，省级党委、政府领导班子中实现了 100%配备妇女干部；妇女的社会保障水平稳步提升。妇女事业发展的社会环境得到更大改善。比如广泛开展宣传动员，积极推动男女平等的理念进党校、进机关、进农村、进社区，将男女平等基本国策和妇女发展规划纳入各级干部培训计划。各新闻媒体广泛宣传男女平等基本国策，及时报道先进典型和热点难点问题，努力营造全社会关心支持妇女事业的良好氛围。

一　云南妇女发展现状

2023 年云南经济与人口主要指标监测结果显示，云南省女性人口约为 2271 万，占人口总数的 48.6%。2021～2023 年，妇女发展在健康、教育、参政议政、就业、社会保障等方面取得了可喜的进展，妇女发展的社会环境进一步优化。

---

① 本报告数据来源于云南省妇女发展规划定量监测指标。以下不作专门注释。

（一）妇幼保健服务能力持续提升，妇女健康水平和身体素质普遍提高

云南省高度重视发展妇幼保健事业，将保障妇女儿童健康纳入全省国民经济和社会发展总体规划，不断完善妇幼保健的政策体系，建立覆盖城乡三级妇幼健康服务网络，保障了妇女享有卫生保健公共服务，提升了云南省妇女健康水平，缩小了城乡妇女卫生保健服务可及性的差距。云南省高位推动妇幼健康事业发展，紧紧围绕保障母婴安全核心任务，不断完善保障妇女健康的制度机制。

云南省全面推行妊娠风险分级管理和高危孕产妇专案管理，全面推广住院分娩，大大缩小了住院分娩率的城乡差距。全省深入开展省、州、县三级危重孕产妇和危重新生儿救治中心建设，有序开展县级危重孕产妇救治中心达标评审及复核工作，2023年，云南省把危重孕产妇和新生儿救治放在全方位保障群众健康重要位置，16个州市实现危重孕产妇和新生儿救治中心全覆盖，县级危重孕产妇和新生儿救治中心达标率分别为100%、96.9%。孕产妇健康管理率稳步提高，有效保障了母婴安全，也为提升云南省人均预期寿命带来了积极影响。

各级卫生健康系统在"母乳喂养周""预防出生缺陷日"等关键时点大力开展政策宣传，举办健康云南妇幼健康促进行动宣传周、妇幼健康技能大赛、基层卫生健康技能大赛、健康科普短视频征集等活动，营造关爱妇女儿童健康、母婴和家庭友好的社会氛围。

云南省完善相关政策配套，印发《云南省宫颈癌和乳腺癌筛查工作实施方案（2022—2025年）》《云南省促进妇幼健康领域中医药工作实施方案（2021—2025年）》等系列重要工作方案，制定《云南省省州县级危重孕产妇和危重新生儿救治中心评审细则》，大力推进健康县城建设，普及群众健身文化，提高全民营养健康素养，建设慢性病预防支持型环境，为增强人民生活幸福感提供坚实的保障。

1.妇女生殖健康水平不断提高

2023年，云南省婚前医学检查率为94.33%，比上年提高1.07个百分点，

其中城市为 94.79%，农村为 94.04%，分别比上年提高 1.19 和 0.96 个百分点；孕产妇系统管理率达到 92.1%，比上年提高 0.82 个百分点；孕产妇贫血患病率 11.66%，比上年增长 0.61 个百分点；宫颈癌、乳腺癌人群筛查率分别为 69.31%、55.32%，比上年分别提高 7.98、11.87 个百分点（见表1）。

表1 云南妇女生殖健康有关指标情况

单位：%

年份	婚前医学检查率	孕产妇系统管理率	孕产妇贫血患病率	宫颈癌人群筛查率	乳腺癌人群筛查率
2021	91.77	91.07	11.46	33.73	25.66
2022	93.26	91.28	11.05	61.33	43.45
2023	94.33	92.1	11.66	69.31	55.32

资料来源：云南省妇女儿童工作委员会办公室提供。

2. 妇女"两癌"筛查全面覆盖

云南省卫健委先后印发了《云南省妇女常见病筛查试点工作方案》《云南省 2018 年妇女常见病筛查项目实施方案》《农村妇女"两癌"检查项目实施方案》等一系列政策文件，进一步规范开展妇女常见病筛查工作。自 2017 年开始，从做年度工作预算入手，合理调整云南省妇幼健康经费，科学测算，逐年加大中央和省级资金对农村妇女"两癌"筛查项目和妇女常见病筛查项目的投入。云南省总工会与省卫健委联合印发《云南省女职工"两癌"筛查三年行动计划》，有效推动"两癌"筛查被纳入各用人单位女职工年度体检项目。2022 年共组织 6608 名新就业形态、家政服务、护工护理、环卫工适龄女职工参加免费"两癌"筛查，其中，重点保障人群 6232 人，困难女职工 376 人，共投入经费 139.6 万元。

（二）妇女受教育水平明显提高

云南省坚持优先发展教育，持续实施教育惠民政策，缩小城乡教育差距，积极推进教育公平等一系列政策。云南省妇女受教育状况不断改善，受教育水平普遍提高。特别是云南省重视职业教育质量和水平的提高，相继制定了《云南省人民政府贯彻落实国务院关于加快发展现代职业教育决定的实施意见》《云南省现代职业教育体系建设规划》《云南省人民政府办公厅关于深化产教融合的实施意见》《云南省人民政府关于推行终身职业技能培训制度的实施意见》等一系列关于职业教育发展的政策。云南省已经在全省的6个区域布局发展13个职教园区。女性在基础教育、高中教育、高等教育、职业教育和继续教育等方面均享有了与男性平等的受教育权利，两性受教育水平更加趋于平衡。

1. 九年义务教育的性别差异基本消除

云南省九年义务教育基本消除了性别差异。云南省政府在促进义务教育发展方面采取了四项措施。一是推动县域内义务教育均衡发展。以县级为主，均衡配置县级行政区域内校长教师资源和教育装备资源，大力提升边疆、民族、农村及薄弱地区义务教育质量。建立和完善县、乡两级政府履行均衡发展义务教育职责的督导、评估、检查和问责制度。二是加快实施"全面改薄"工作，加快推进义务教育学校标准化建设。努力保障学生就近入学，保障教学点基本办学需求，按照标准配置教学点教室、课桌椅、教学仪器设备、图书资料、运动场地和音体美器材，配备安全饮水设施、厨房设备，配置卫生厕所。标准化建设寄宿制学校，加快改扩建新建学生宿舍、食堂。推进城乡义务教育一体化发展，实现常住人口基本公共教育服务全覆盖。三是实施城市低保家庭和农村家庭经济困难寄宿学生生活费补助政策，实施连片特困地区乡村教师生活补助，重点推动"三区"（边远贫困地区、边疆民族地区和革命老区）人才支持计划教师专项计划。四是落实《云南省少数民族教育促进条例》，加大投入力度，优先保障民族地区学校办学条件改善，提高寄宿制民族学校贫困学生生活补助标准。迪庆、怒江等地实施14年免费教育。

这些政策措施的实施大大增加了农村女童、民族地区女童以及偏远贫困地区女童受教育的机会。2022年，全省小学学龄儿童净入学率性别差为0.06%，比上年升高0.03个百分点；初中学龄儿童净入学率性别差为0.09%，比上年降低1.91个百分点；九年义务教育巩固率为97.39%，比上年提高 0.23 个百分点，其中，男生 96.93%，女生 97.36%，已达到 2030 年云南省和国家设定目标。

2. 女性接受普通高中和职业教育水平稳步提升

经过大力普及高中阶段教育，加大对贫困地区和民族地区的扶持力度，实行家庭经济困难学生资助政策，女性接受高中阶段教育的机会显著增加。云南省教育厅等九部门联合印发《云南省"十四五"县域普通高中发展提升行动计划实施方案》，进一步加强县域普通高中建设。针对县中面临的现实困境，调整优化普通高中招生录取政策，实施"五个一批"帮扶举措，稳定县中生源及优秀师资，提升整体办学水平。2022 年，云南省普通高中在校生中女生所占比例为 52.69%，比上年降低 1.93 个百分点；高中阶段毛入学率为 91.99%，其中，女生高中阶段毛入学率为 94.11%，比上年提高 0.77 个百分点。

逐步建立健全的职业教育体系，增加了妇女接受职业教育的机会。云南省通过扩大职业教育招生规模，推进职业教育园区建设，对中等职业教育学校学生免除学费，依托各级各类职业学校开展职业培训、技术推广和扶贫开发等面向社会的成人继续教育。云南省委办公厅、云南省政府办公厅联合印发《关于推动现代职业教育高质量发展的实施意见》，确定了到 2035 年基本建成职教强省的目标，以及"优化职业学校和专业结构布局，深化产教融合、校企合作，建设本科层次职业学校 2~4 所，建好 17 个州（市）级职教园区，建设省级高水平高职院校，保障女性接受职业教育的水平逐步提高"的愿景。筹备建设省级职教园区，开展高职"双高"建设和中职"双优"遴选，遴选出 5 所省级高水平高职学校、15 个高水平专业群，以及 22 所优质中职学校和23 个优质专业，为区域经济社会和产业发展提供人才支持。2022 年，中等职业教育在校生中女生所占比例为 38.78%，比上年提高 0.28 个百分点；高等职业本、专科在校生女生占比 52.26%，比上年降低 0.16 个百分点。

（三）妇女创业就业情况稳定，劳动权益得到更好保障

云南省认真贯彻实施《中华人民共和国劳动法》《中华人民共和国就业

促进法》《中华人民共和国劳动合同法》《中华人民共和国农村土地承包法》等法律法规，全面保障妇女的经济权益和平等就业权利，落实男女同工同酬，开展各类职业技能培训，鼓励妇女创业，增强女性就业竞争力，推动妇女实现更加充分的就业。更充分地参与国家经济建设。云南省认真落实国家颁布的《女职工劳动保护特别规定》的用人单位对女职工在怀孕、生育、哺乳期间的劳动权益和工资待遇的各项要求，推动用人单位贯彻落实法律法规，维护女职工合法权益和特殊利益。各项劳动保护工作深入推进，为女职工参与经济社会发展创造了条件。

1. 妇女就业人数总体稳定向好

2021年、2022年，就业人员中的女性比例分别为46.1%和44.6%。就业人员中的女性比例稳定在44%以上。2022年，云南省城镇单位就业人员中女性的所占比例为43.51%，比上年提高0.45个百分点；国有企业从业人员中女性占比为38.51%，比上年降低0.09个百分点；城镇登记失业人员有32.49万人，比上年增加2.49万人，其中女性失业人员为14.92万人，比上年增加1.76万人。

云南省采取多部门协作，多项措施并举，积极做好促进妇女就业和再就业工作，加强妇女就业服务，扩展妇女就业领域，多渠道开发就业岗位，促进妇女充分就业，形成了以税费减免、创业担保贷款、社保补贴、职业介绍和职业培训补贴等为主要内容的就业政策体系。主要采取了以下三个方面的措施。

一是加大力度稳定妇女就业，服务妇女创业。云南省人社厅面向有创业意愿的妇女开展培训，提供支持咨询、项目推荐、开业指导、后续支持等"一条龙"创业服务。进一步提高创业担保贷款额度，妇女个人创业担保贷款额度最高可达20万元，合伙创业最高贷款额度可达110万元，小微企业最高贷款额度可达300万元，同时适当放宽贷款借款人条件，推动创业担保贷款线上申报模式，简化审批流程，提供财政贴息，压缩办理时间。云南省各级妇联系统组织广泛开展"乡村振兴巾帼行动""创业创新巾帼行动""科技创新巾帼行动"等系列巾帼活动，助力妇女就业创业。2012~2022年的十年间，各级妇联组织累计发放小额贷款225亿余元，支持逾一百万名女性自主创业；1900 多个巾帼脱贫示范基地、女大学生创新实践基地等"妇"字号培训基地成功建立；低收入妇女和妇女骨干获得培训的人次达到 793 万。累计培养巾帼乡土人才、巾帼创新创业基地带头人、致富女能手等巾帼"领头雁"213.35 万人。

云南省利用依托全省各级公共就业服务平台，开展内容丰富的职业就业培训，支持发展家庭服务业和养老服务业让更多妇女参与到社会生产当中来，对有培训意愿的妇女组织定向定岗培训，帮助其实现技能就业。对有创业愿望的人员，及时提供免费创业培训，提供"贷免扶补"、创业担保贷款扶持，给予"一对一"的创业导师帮扶等免费创业服务。实施用人单位吸纳就业困难人员社会保险补贴政策，鼓励企业吸纳妇女就业。实施就业困难人员灵活就业社会保险补贴政策措施，促进妇女实现就业。

二是针对女大学生就业难问题，实施一系列有效措施。云南省人社厅、云南省教育厅、云南省妇联多部门联动合作，开展"云岭大学生就业护航行动""女大学生创业导师行动""就业援助暖心活动"等多个促进女大学生就业的服务专项活动。鼓励高校女毕业生到基层、中小微企业和新经济领域就业，高校毕业生在乡镇、村企业就业，符合条件的，给予个人 5000 元的一次性基层就业奖补。推广女大学生创业导师制，开展女大学生创新创业大赛，为未就业的女高校毕业生提供"1311"就业服务，即：免费提供 1 次职业指导、3 次岗位推荐、1 次职业培训和 1 次就业见习机会。鼓励支持高校毕业生返乡创业做电商，给予最高 3 万元创业补贴。面向在校大学生提供免费创业培训、发放创业补贴，将创业扶持范围由毕业 3 年向后延伸至毕业 5 年内大学生。

三是实施就业困难妇女的帮扶措施。开展职业介绍、职业指导和职业技能培训等就业援助服务，加大岗位开发、就业创业推介、援企稳岗、助企纾困、社保补贴等力度，帮助更多女性劳动者到不同领域实现就业。加大失业女性就业帮扶力度，畅通失业登记服务渠道，统筹推进失业登记业务和失业保险金申领、就业困难人员认定、就业政策享受等业务"一条龙"服务，强化就业指导，拓宽就业渠道，积极帮助失业女性劳动者实现就业。

针对农村低收入妇女群体，主要是乡村大龄妇女劳动力、残疾家庭妇女劳动力和有重病家庭妇女劳动力，开发一批乡村公共服务岗位促进稳定就业，符合条件安置在乡村公益性岗位上的人员可按规定享受乡村公益性岗位补贴。截至2023年6月底，全省人社部门共开发乡村公益性岗位18.13万个，为促进农村就业困难妇女就业搭建服务平台和提供服务保障。

2. 女职工劳动权益保障进一步加强

云南省高度重视从制度上保障女职工的各项劳动权益，坚持把解决就业性别歧视作为推动妇女实现更高质量和更充分就业的重要内容，建立规范招聘行为促进妇女就业联合约谈指导小组，加强监管执法，依法实施失信惩戒，切实保障妇女平等就业权利。2015年制定出台了《关于国有企业招聘应届高校毕业生信息公开的意见》，2019年省人社厅等九部门联合印发《关于进一步规范招聘行为促进妇女就业的通知》等文件，明确要求用人单位发布的招用人员简章或招聘广告，不得包含歧视性内容；明确要求国有企业招聘应届高校毕业生要实行公开招聘，切实做到信息公开、过程公开、结果公开。

2023年，执行了《女职工劳动保护特别规定》的企业比重达98.39%，比上年提高0.74个百分点。县级以上工会开展职工子女托管服务的比重达到了59.55%，比上年提高8.27个百分点。新生育政策实施后，妇女在孕期、生育期和哺乳期均受到国家规定的特殊劳动保护。云南省各级工会女职工组织依法表达和维护女职工的合法权益和特殊利益。

3. 专业技术人员中的女性比例大幅提升

云南省重视加强对妇女的职业技能培训，通过逐步提高各类职业技能培训中妇女的占比，不断提升妇女就业技能水平，大力培育创新型、知识型、技能型女劳动者，稳步提高女性就业质量。各行各业涌现了大量有技能的女性从业者。在公有经济中，女性专业技术人才队伍建设取得了可喜的成绩。公有经济初级专业技术人员中女性比例2021年达到62.59%，比2020年的53.41%提高了9.18个百分点，公有经济中级专业技术人员中女性比例从2020年的52.89%增加到2021年的57.33%，提高了4.44个百分点，公有经济高级专业技术人员中女性比例从2020年的40.97%增加到2021年的41.99%，提高了1.02个百分点。

农村地区涌现了一批创新型、知识型、技能型的女性劳动者。2021年，全省农村实用技术人才中妇女占比为30.65%，比2020年的24.11%提高了6.54个百分点。2022年，云南省农业农村厅、云南省妇联联合印发《关于开展2022年乡村振兴巾帼建功培育行动的通知》，要求按照高素质农民培育的总体要求，加快培养有文化、懂技术、善经营、会管理的高素质女农民，为全面实施乡村振兴战略，加快推进云南农业农村现代化提供妇女人才支撑。重点培养农业生产经营妇女人才，以种植业、养殖业、农产品加工业为重点，围绕主导产业和特色产业的发展需求和农民的意愿，选育乡村产业带头人、"女能人"开展培育；重点培养农村二、三产业发展妇女人才，面向从事乡村旅游、休闲农业、文化体验、健康养老、电子商务、手工业等新产业新业态的特色产业发展女带头人，开展生产技术、品牌打造、电商营销、金融信贷、加工物流等方面的培育；重点培养农村返乡入乡创业妇女人才，面向返乡入乡女企业家、女大学生、女农民工等，开展有针对性的就业技能和创业培训，让妇女成为乡村振兴的中坚力量。2022年，高素质农民培育人员中女性比例大幅提升到34.14%，比2021年的26.79%提高了7.35个百分点。

（四）妇女社会保障水平稳步提高

云南省积极推进生育保障制度建设，保障妇女生育权益。相继颁布实施劳动保险条例、公费医疗以及女工产假等政策规定，生育女性享有产假及生育津贴、生育补助和医疗服务费用报销等待遇。

云南省逐步建立健全职工基本医疗保险制度和城乡居民基本医疗保险制度。2016年以来整合城乡居民医疗保险，增强制度的公平性，完善城乡医疗救助和补充医疗保险制度，使更多妇女享有更公平的医疗保障，城乡妇女基本医疗保险制度实现全覆盖。云南省逐步建立健全职工基本医疗保险制度和城乡居民基本医疗保险制度。

云南省基本医疗保险、基本养老保险、生育保险、失业保险、工伤保险等五大类社会保险中参保女性人数逐年稳步提高（见图1、图2）。

基本医疗保险 ---------- 基本养老保险

（万人）

2184.25　2185.39　2251.40　2306.86　2224.49

1366.37　1437.67　1520.63　1599.42　1637.54

2018　2019　2020　2021　2022　（年份）

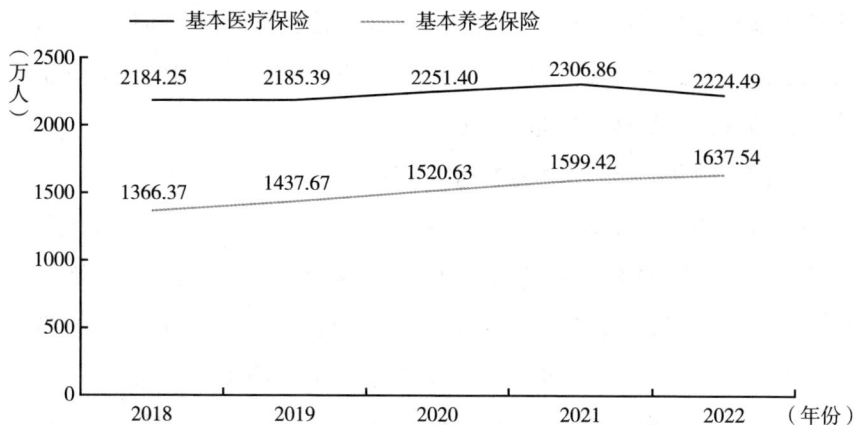

图1　2018~2022年云南省医疗、养老保险女性参保人数

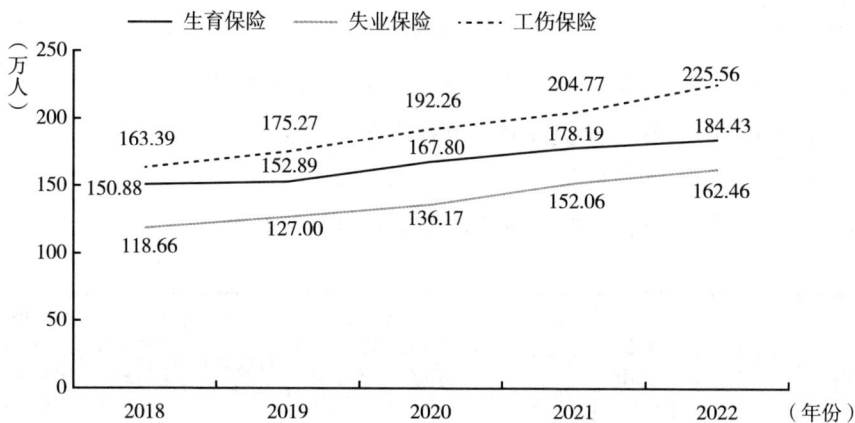

生育保险　　失业保险　　---- 工伤保险

（万人）

163.39　175.27　192.26　204.77　225.56

150.88　152.89　167.80　178.19　184.43

118.66　127.00　136.17　152.06　162.46

2018　2019　2020　2021　2022　（年份）

图2　2018~2022年云南省生育、失业、工伤保险女性参保人数

（五）妇女参政议政情况保持平稳，妇女参与企业经营管理的比重略有下降

云南省制定有利于妇女参政的政策措施，积极推动妇女参与国家和社会事务管理，重视发挥妇女在民主政治建设中的作用。在推进国家治理体系和治理能力现代化的进程中，妇女参与决策和管理的渠道不断拓展，参与水平进一步提高。党的十九大报告指出，要统筹做好培养选拔女干部、少数民族干部和党外干部工作。2015年，中央召开培养选拔年轻干部和女干部、少

数民族干部、党外干部工作座谈会,要求各级党委把年轻干部和女干部、少数民族干部、党外干部培养选拔工作,放到整个领导班子和干部队伍建设中来谋划,纳入党建目标责任制来推进。

1. 云南省妇女干部的比例基本保持稳定

2022 年公务员中女性占比为 33.49%,比上年提高 0.61 个百分点;少数民族干部中女性比重为 36.42%,比上年提高 5.55 个百分点;省级女干部占比为 10.64%,与上年持平;地(厅)级、县(处)级、科级女干部占比分别为 16.2%、21.45%、28.07%,比上年分别提高 1.05、0.49、1.02 个百分点;正职的厅级干部中女性比例为 12.14%,较上年下降 2.54 个百分点;县(处)级和科级干部中女性比例分别为 21.45% 和 28.07%,比上年分别提高 0.49 个、1.02 个百分点;事业单位五级及以上管理人员中女性比例为 20.8%,比上年提高 0.6 个百分点;事业单位六级及以下管理人员中女性占比为 43.4%,比上年提高 0.3 个百分点(见表 2)。

表 2 云南女干部在同级同类中的占比情况

单位:%

年份	全省公务员中女性占比	少数民族干部中女性占比	省级女干部占比	地(厅)级女干部占比	县(处)级女干部占比	科级女干部占比	事业单位五级及以上管理人员中女性占比	事业单位六级及以下管理人员中女性占比
2021	32.88	30.87	10.64	15.15	20.96	27.05	20.2	43.1
2022	33.49	36.42	10.64	16.2	21.45	28.07	20.8	43.4

2. 党委政府及工作部门领导班子女干部配备率提升明显

2022 年,云南省州(市)党委领导班子女干部配备率为 100%,县级党委领导班子女干部配备率为 96.12%。云南省省级、州(市)党委工作部门领导班子女干部配备率分别为 64.29%、73.26%,分别比上年提高 7.05、12.83 个百分点。

云南省州(市)政府领导班子女干部配备率为 100%,比上年提高 25

个百分点；县级政府领导班子女干部配备率为93.8%，比上年提高2.33个百分点。云南省级、州（市）政府工作部门领导班子女干部配备率分别为60%、60.61%。

3. 人大代表、政协委员中女性占比有升有降

2022年，云南省级人大代表中女性占比为28.79%，比上年下降0.43个百分点；州（市）级人大代表中女性占比为35.73%，比上年提高2.56个百分点；县级人大代表中女性占比为35.57%，与上年持平；云南省级人大常委会委员中女性占比为18.06%，比上年下降0.99个百分点，州（市）级该比例为20.76%，比上年提高1.61个百分点，县级该比例为27.2%，与上年持平（见表3）。云南省级政协委员中女性占比为31.34%，与上年持平，州（市）级、县级该比例分别为37.22%、39.56%，比上年分别提高了2.16、3.55个百分点；云南省级政协常委中女性占比为28.95%，比上年下降2.3个百分点，州（市）级、县级该比例分别为32.41%、38.2%，比上年分别提高3.11、5.06个百分点（见表4）。

表3 云南省各级人大代表中的女性占比情况

单位：%

年份	省级人大代表中女性占比	省级人大常委会委员中女性占比	州（市）级人大代表中女性占比	州（市）级人大常委会委员中女性占比	县级人大代表中女性占比	县级人大常委会委员中女性占比
2021	29.22	19.05	33.17	19.15	35.57	27.2
2022	28.79	18.06	35.73	20.76	35.57	27.2

表4 云南省各级政协委员中的女性占比情况

单位：%

年份	省级政协委员中女性占比	省级政协常委中女性占比	州（市）级政协委员中女性占比	州（市）级政协常委中女性占比	县级政协委员中女性占比	县级政协常委中女性占比
2021	31.34	31.25	35.06	29.3	36.01	33.14
2022	31.34	28.95	37.22	32.41	39.56	38.2

4. 女性参与企业经营管理的比例略有下降

2022 年，云南省企业董事会、企业监事会中女职工比重分别为 36.6%、45.55%，比上年分别下降 1.43、0.21 个百分点。企业职工代表大会中女性比例为 41.07%，比上年提高 3.53 个百分点；女职工组织覆盖率 95.5%，比上年下降 0.26 个百分点。

5. 女性积极参与基层民主管理

2022 年，云南省村委会、居委会成员中女性比例分别为 34%、50.08%，比上年分别下降 1.47、1.79 个百分点，但高于国家和云南省 2030 年 30% 和 50% 以上目标值。社会组织从业人员、负责人中女性比例分别为 30.3%、19.05%，比上年分别提高 3.11、3.75 个百分点。

（六）妇女权益保障更加有力

云南省全面贯彻落实《中华人民共和国宪法》确立的男女平等原则，坚持男女平等基本国策、保障妇女合法权益，切实加强对妇女权益保护工作的统筹、协调、督促和指导，逐步建立起保障妇女权益的社会化维权工作机制。一些法院设立了妇女维权法庭，专门受理涉及妇女权益保护的民事案件。在审理妇女维权案件时，法院通常邀请妇联等部门的人民陪审员直接参与相关案件的审理工作。云南省积极开展执法和司法人员的性别意识培训，发挥司法人员在保障妇女权利方面的作用。云南省还重视提高女性司法人员的数量和比例，2022 年全省女法官和女检察官分别占法官和检察官总数的 39.77% 和 48.35%。

云南省常态化开展保障妇女合法权益的法律援助和法制宣传活动。政府有关部门专门下发通知，强调对妇女权益受到侵害案件的控告、申诉和检举，法律援助机构、律师事务所、公证机构和基层法律服务机构不得推诿和无故拖延；对经济困难的妇女当事人酌情减免法律服务费用，贫困妇女的维权因此得到了实际帮助。2022 年，全省共有妇女救助（庇护）机构 92 个，妇女获得法律援助和司法救助人数分别为 9147 人和 1536 人，有效地维护了妇女的合法权益。此外，开设妇女维权热线、成立法律咨询中心等，积极为妇女提供法律援助和法律服务。妇女权益保障法、劳动法、人口与计划生育法和农村土地承包法等与妇女权益密切相关的法律一直是云南省普法重点宣传内容。

云南省妇联联合公检法司等部门，推动在全省各地建立妇女儿童"一站式"关爱服务中心108个，未成年被害人"一站式"办案区69个，引入律师、心理咨询师、婚姻家庭咨询师、社工等社会力量，为家庭暴力受害人提供纠纷调解、心理疏导、法律援助、取证与保护、关爱帮扶等服务。截至2023年，累计为妇女提供维权服务2.1万余件，受理和处置涉妇女权益案（事）件2400件，救助妇女1万余人，发出"督促监护令"近800份。

反对针对妇女的暴力，云南省采取切实措施解决该问题。2021年《云南省反家庭暴力条例》《关于加强人身安全保护令制度贯彻实施的意见》正式印发施行，2022年签发针对女性的人身安全保护令157份，进一步提升了广大群众依法维权的意识和能力，为反家庭暴力工作提供了坚强有力的法治保障。省妇儿工委办制定出台"云南省反家庭暴力工作会商机制"，强化反家暴联动协作，更好地维护家庭成员的合法权益，营造良好的反家庭暴力法治环境。开展婚姻家庭纠纷排查化解工作，举办"11·25"反家庭暴力日宣传，累计开展宣传活动16.6万余场。

（七）妇女生存和发展环境不断优化

妇女生存和发展的自然环境持续改善，社会环境不断优化进步，文化与传媒领域的性别平等意识逐步提升，以男女平等为核心的社会主义先进性别文化越来越深入人心，成为全社会共享的文明新风尚。

2022年，云南省县级及以上城市集中式生活饮用水水源水质达标率98.08%，比上年提高7.7个百分点；农村自来水和卫生厕所普及率分别为72.8%和65.38%，分别比上年提高6.1、4.94个百分点；城市建成区绿化覆盖率、城市污水集中处理率分别为42.76%、98.81%，分别比上年提高0.98、1.94个百分点；城市生活垃圾无害化处理率为97.95%，比上年降低2.03个百分点。

二 云南省妇女发展存在的问题

（一）妇女参与决策管理的比例整体提升缓慢

云南省妇女的地位随着我国综合国力和社会文明程度的不断增强而显著提高。尤其近年来，各级党委对女性参政问题都予以高度重视，妇女发展规划和女干部培养选拔任用工作规划等得到较好落实，一大批优秀女性走上领导岗位，女性从政的总体水平与过去相比有了显著提高。但是，自然人口基本相等的男女在政治资源的占有上仍存在巨大差距，妇女参与国家和社会事务决策管理整体水平偏低。主要表现为以下两方面。一是女性参政议政的广度、深度不够。女性从政人数和比例虽然略呈上升趋势，但从政女性的人数总体仍然偏低，使女性从政缺乏厚实的基础。数量偏低导致女性从政缺乏广泛的社会基础，缺乏可持续发展的根基，体现不出女性从政的群体优势，相当一部分女干部在工作实践中往往感到缺乏来自群体的支持、保护和帮助，有一种孤军作战之感。二是从政女性普遍居于辅助地位。尤其中高级女干部、正职女干部和年轻女干部比例更为偏低，女干部任职情况呈宝塔型，越往上比例就越少，与女性参与经济和社会发展的程度不相适应。一个不争的事实是女性领导普遍存在四多四少，即：副职多，正职少；基层多、中高层少；党群岗位多，经济岗位少；低职多，高职少。具体体现在以下五个方面。

1. 各级人大代表和人大常委会委员中妇女比例相对妇女人口而言偏低

新规划中省人大代表中的女性比例到 2030 年的目标值实现大于 30%，比上一轮规划提高了 5 个百分点。除此之外，新规划对各级人大代表和人大常委会委员中的女性比例并没有设定定量目标值，只是要求逐步提高。2021 年和 2022 年，省人大代表中的女性比例分别为 29.22% 和 28.79%，均没有达到超过 30% 的目标值，而且 2022 年女性比例略微下降。2023 年云南有 2271 万妇女人口，占总人口的48.6%，① 各级人大代表中的妇女比例均低于36%，省、州（市）、县级人大代表中的妇女比例分别为28.79、35.73、35.57%。各级人大常委会委员中的妇女比例均没有达到30%，省、州（市）、县级人大常委会委员中的妇女比例分别为18.06%、20.76%、27.2%（见表5）。

表5 2020~2022年各级人大代表中妇女所占比例（对比2020年监测结果）

单位：%

项目	2020年	2021年	2022年	2030年目标值
省人大代表中妇女比例	29.22	29.22	28.79	>30
省人大常委会委员中妇女比例	19.05	19.05	18.06	逐步提高
州（市）人大代表中妇女比例	33.17	33.17	35.73	逐步提高
州（市）人大常委会委员中妇女比例	19.15	19.15	20.76	逐步提高
县级人大代表中妇女比例	31.11	35.57	35.57	逐步提高
县级人大常委会委员中妇女比例	24.77	27.2	27.2	逐步提高

2. 各级党委政府领导班子中配备正职女干部的比例偏低

云南省委、省政府一贯重视培养选拔女干部。20世纪90年代以来，历次党代会报告都明确要求重视培养选拔女干部。党的十九大报告强调，要统筹做好培养选拔女干部，持续加大培养力度，不断提高女干部比例。州（市）、县级党委、政府领导班子中的女性比例均超过90%。但是，妇女在各级领导班子中担任正职的比例偏低，影响了妇女充分参与社会主义民主政治建设。2022年，云南省州（市）、县级党委领导班子配备正职女干部的比例分别为6.25%和5.43%。同年，州（市）、县级政府领导班子配备正职女干部的比例分别为6.25%和11.63%。值得注意的是，州（市）级政府领导班子配备正职女干部的比例相比2020年出现大幅下滑，县级政府领导班子配备正职女干部的比例也相比2020年下降了1.97个百分点。（见表6）。

① 《云南省2023年国民经济和社会发展统计公报》，2024年3月29日，https：//www.yn.gov.cn/sjfb/tjgb/202403/t20240329_297393.html。

表6 2020~2022年各级党委、政府领导中配备正职女干部的班子比例

单位：%

项目	2020年	2021年	2022年	2030年目标值
州(市)党委领导班子配备正职女干部的比例	0	6.25	6.25	比例适当
县级党委领导班子配备正职女干部的比例	4.72	6.25	5.43	比例适当
州(市)级政府领导班子中配备正职女干部的班子比例	18.75	6.25	6.25	逐步提高
县级政府领导班子中配备正职女干部的班子比例	13.6	8.8	11.63	逐步提高

3. 各级政府工作部门领导班子配备正职女干部的比例增长缓慢

正职领导岗位上女性比例偏低是女性参与决策程度低的重要体现。2022年，云南省省级政府工作部门领导班子中有正职女干部的班子比例为13.33%。2021~2022年，州（市）级政府工作部门领导班子配有正职女干部的班子比例分别为14.47%和15.07%，相比2020年的15.56%，分别下降了1.09个百分点和0.49个百分点。总体而言，正职领导岗位上女性比例增长缓慢（见表7）。

表7 2020~2022年各级政府领导班子中配备正职女干部的班子比例

单位：%

项目	2020年	2021年	2022年	2030年目标值
省级政府工作部门领导班子配备正职女干部的班子比例	6.67	11.11	13.33	有一定数量
州(市)级政府工作部门领导班子配备正职女干部的班子比例	15.56	14.47	15.07	有一定数量

4. 各级正职女干部比例偏低

2021~2022年，云南省厅级正职干部中的女性比例为14.68%和12.14%，有下降的趋势。同期，县（处）级正职干部中的女性比例分别为17.58%和18.58%，科级正职干部中的女性比例分别为21.33%和22.3%。

5. 村（社区）委员会主任中女性比例较低

村（社区）委员会主任中的女性比例普遍较低。2021～2022年，社区居委会主任中的女性比例分别为28.27%和28.84%，均未达到规划目标；村委会主任中的女性比例分别为11.24%和10.8%，有下降的趋势（见表8）。

表8　2020～2022年村（社区）委员会主任中女性比例

单位：%

项目	2020年	2021年	2022年	2030年目标值
村委会主任中的女性比例	11.24	11.24	10.8	逐步提高
社区居委会主任中的女性比例	—	28.27	28.84	>40

云南省妇女参与决策管理的水平普遍偏低的主要原因有以下四个方面。

一是妇女干部自身综合素质有待提高。女领导干部工作能力和水平还远不能适应新形势新任务的需要。有一部分女同志安于现状，不能正确处理好家庭与事业的关系，参政意识不强，少数人怕吃苦，不愿下基层工作，因此实践锻炼机会少，接触面不宽，工作经历单一，实践经验欠缺。有些女干部知识面比较窄，宏观的分析概括能力不够强。特别是遇到那些需要发挥创造力、需要打破常规的新思路、希望有一些想象、抓一些亮点和创新的问题的时候，魄力不足、工作中缩手缩脚，不敢开拓和创新。

二是家庭角色的障碍。传统的家庭分工抑制了女干部的从政热情。几千年"男主外、女主内"的角色分工，形成了女性的传统角色——贤妻良母，使社会对女性家庭角色的期望大于对社会角色的期望。从政女性必须肩负事业与家庭双重担子，她们既要为事业倾注全力，又要为家庭尽职尽责。在单位是领导，要胜任岗位职责，在家是家庭主妇，要做"贤妻良母"。工作问题、家庭问题及生育问题形成巨大的精神压力，造成相当部分女干部从政热情不高，竞争意识淡薄，也抑制了女性从政水平的发挥。

三是传统性别观念制约。虽然男女平等已经成为当今社会的共识，但几千年传统文化的深厚积淀，使"男尊女卑""男主外、女主内""男人决策、女人配合"的思想仍然相当有市场。受此影响，大众对妇女的角色定位仍是"贤妻良母""贤内助"，并且大部分妇女自身对此也表示认同。很多男人认为女性只要在家做家务、带孩子，相夫教子就好，不愿意女人参与过多社会公共事务，更不愿意女人在政治上强过男人。少数有能力、想干事的妇女也不敢参与竞争，担心参与公共事务管理会被人家评头论足，怕被人说成不顾家、爱出风头。特别是在农村地区，男人仍然是农村家庭经济的主要承担者，在公共领域具有决定权，处于支配地位；而妇女往往被束缚在家庭内，极大地影响了她们参与社会活动。这种状况使女性对自身能力认识不够、自信心不足、参政热情低。大部分农村妇女出嫁从夫的思想仍然存在，觉得很多事情都应该由男人来做主。在参与选举的过程中，也习惯与丈夫保持一致意见，甚至是由丈夫代为投票。

四是对培养女性干部的重要性认识不足。有些地区和部门对培养妇女决策管理水平和领导能力、推动妇女参与决策管理的政策落实不到位。有些地区和部门在执行《规划》的过程中，不是把《规划》提出的比例作为保证女干部基本比例的底线，而是作为上线，达不到《规划》所提要求，也没有问责机制加以惩戒。

（二）妇女高质量就业有待加强

云南省委、省政府积极践行转变经济发展方式，不断优化产业结构，加快科技进步和创新，发展战略性新兴产业，大力发展第三产业，特别是信息技术等新兴服务业，助力就业规模持续扩大。云南省脱贫攻坚取得决定性成就，农村生产生活条件显著改善，城乡区域发展的协调性增强。云南省充分发挥资源比较优势，推动产业由中低端向高端迈进。产业结构调整取得新进展，工业现代化和城镇化水平明显提高，现代服务业和战略性新兴产业迅速发展，高质量发展优势不断形成。2020年，云南省与全国同步全面建成小康社会，实现了云南经济社会的历史性跨越。2023年，全省人均地区生产总值64107元，全省城镇化率52.92%，全省居民人均可支配收入28421元，全省城镇新增就业人数 53.98 万人。① 经济发展为促进妇女更加全面参与经济建设和社会发展、更加平等分享经济发展的成果奠定了坚实的物质基础。妇女的就业途径更趋多元化，职业的性别结构更趋平衡，女性劳动者的素质稳步提高，两性收入差距逐步缩小。但是，稳定妇女就业、提高妇女就业质量仍然面临挑战。主要体现在以下三个方面。

1. 女性非正规就业和不就业比例偏高

女性非正规就业者包括没有明确雇佣关系的劳动者，以及自主经营劳动者。女性非正规就业者大多数是家政服务人员、小餐馆或小宾馆服务员、临时用工人员、家庭式的小规模经营者等。女性非正规就业特别容易导致女性就业不足和失业，以及影响女性劳动权益不能充分得到保障。第 3 期云南妇女社会地位调查数据显示，女性就业者中没有签订劳动合同的比例为 30%，而男性就业者中没有签订劳动合同的比例为 28.9%。女性就业者中有31.1%的人是自主经营人员，而男性中这一比例为 29.2%。非正规就业是影响女性就业质量提高的一个主要因素，主要表现如下。一是非正规就业对女性从业者而言存在工作时间不固定，工作流动性大、工资待遇低等问题。二是基本没有社会保障，产假、四期保护等《中华人民共和国劳动法》中针对女性的保障难以落实。三是就业不稳定。女性非正规就业人员在劳动力市场的竞争力不强，工作具有同质性，可替代性。加之就业的行业具有不规律性和不稳定性，极容易导致女性失业。

2. 女性高质量的经济参与机会较少

拥有初级和正高级专业技术职称的女性劳动力的比例大幅增长，使女性劳动力的整体素质上了一个台阶。但是，高质量的经济参与中的性别差距仍然存在，女性获得高质量经济参与的机会比男性少。第 3 期云南妇女社会地位调查数据显示，女性担任单位一把手的比例小，单位就业受访者中女性担任单位一把手的比例只有 18.7%；女性担任雇主或合伙人的比例小，就业

---

① 《云南省 2023 年国民经济和社会发展统计公报》，2024 年 3 月 29 日，https：//www. yn.
  gov. cn/sjfb/tjgb/202403/t20240329_ 297393. html。

者身份为雇主或合伙人中女性比例为41.6%；机关事业单位中担任行政职务的女性比例小，机关事业单位中，担任行政职务的女性占比为32%；企业高层管理人员中女性比例小，女性占比为37.3%；女性拥有高级专业技术职称的比例小，高级职称中的女性占比为27.9%。

3.劳动收入性别差距仍然存在

根据第3期云南妇女社会地位调查数据分析，女性的平均收入占男性收入的69.9%。分城乡来看，城镇女性收入是城镇男性的65.6%，农村女性收入是农村男性的70.8%。收入的性别差距依然继续存在。随着男性和女性受教育水平的差距迅速缩小，男性和女性在人力资本方面逐步平衡，但是性别收入差距并没有像预期那样随之大幅缩小，究其原因，职业岗位的性别隔离和劳动力市场的性别歧视是深层次的影响因素。女性在科学技术、信息技术、公共管理中明显落后于男性，女性进入管理层和高级技术岗位的人数低于男性，职业岗位的性别隔离依然十分显著，持续影响女性的就业和收入。女性在职场上依然面临严峻的挑战和遭遇不平等待遇。女大学生就业不充分的问题日益突出。用人单位职业性别化的观念依然严重，常常在职业上对不同性别的学生进行分流、定位，女大学生的就业往往集中于文教、卫生、服务等行业。有些用人单位过多强调女生的身高、长相等条件。女性在生育期间的工资和福利以及她们因产假带来的工作不便必须由用人单位承担，使许多用人单位减少或排斥对女性职工的聘用。

（三）妇女发展城乡、区域差距仍然存在

改革开放40年来，我们进入了新的历史时期，社会主要矛盾发生了根本性的变化，但妇女发展仍然存在不平衡不充分的突出问题。主要表现为妇女发展的城乡差距，偏远山区、边境少数民族聚居地区与发达地区的区域差距，经济收入水平不同的差距，以及妇女群体间的差距，比如老年妇女、残障妇女、单亲母亲、家暴受害妇女、少数民族妇女、贫困和低收入妇女等。

妇女健康方面，云南省孕产妇死亡率和婴儿死亡率经过多年快速下降，已经逐渐进入一个平台期，进一步降低的难度加大。近几年，由于全面实施

两孩政策等因素，高龄高危孕产妇比例大幅增长，因此带来的生育风险陡增，对原本薄弱的农村和边境地区妇幼健康服务能力提出了巨大的挑战，危重孕产妇、新生儿救治任务进一步加重，工作稍有松懈，孕产妇死亡率和婴儿死亡率就会出现反弹风险。基层医院高级人才短缺，技术力量薄弱，处理疑难杂症的能力有限，不敢接收高危病人，导致孕产妇大量集聚城市医院，增加了城市医院的压力。大多数乡镇卫生院和村卫生室不仅标准化建设达标率低，妇幼医疗设备更是不足，且老化严重，导致乡镇卫生院难以开展诊疗服务。从服务供给看，妇幼健康服务资源总量不足、质量不高、结构不合理、分布不均匀、信息化水平低下等问题仍然十分明显。每千人拥有的产、儿科医师数量离全国平均水平还有较大差距，县级产科儿科危急重症抢救能力严重不足。城乡和地区之间妇幼健康指标差距依然明显，改善边远地区和农村地区妇女儿童健康状况仍然是未来影响妇女健康的重点和难点。

云南集"边疆、山区、民族、贫困"为一体的特点，使妇女健康问题非常突出。相对于全国来说又是艾滋病高流行地区，妇女健康指标虽纵向比取得了很大成绩，但横向比还处于全国较落后水平，部分边疆少数民族地区妇女的宫颈癌和乳腺癌检出率均高于全国平均水平。

妇女教育方面，全省在入学率方面的发展趋势是女孩的入学率进展比男孩要快，特别是高等教育，女孩高等教育入学率已经超过了男孩。但是各个地区之间的差异仍然存在。边境地区女性受教育状况有明显的年龄、地区、城乡、民族差异。城乡之间、地区之间妇女受教育水平发展不平衡，特别是在高等教育入学机会上，农村女性的选择机会明显少于城市女性。这些差距严重制约着云南省妇女教育地位整体水平的提高。特别是农村少数民族女性，她们的受教育状况整体差于男性，而且农村差于城市，少数民族差于汉族，因此农村少数民族女性的受教育状况面临多重劣势。边境地区义务教育的资源配置不平衡的现象依然存在。比如，边境地区中小学教师尤其是中青年教师流失现象严重，优质师资过度向县城学校倾斜，云南省中小学校园网络普及程度总体偏低，边境地区又低于云南省的平均水平。

妇女就业方面，云南边疆民族地区长期以来社会经济发展程度较低，虽然在 2020 年已经摆脱深度贫困，但由于起点低、底子薄，交通、水利、能源、信息、教育、医疗等基础设施薄弱，经济结构单一，这些因素仍然制约着这些地区的少数民族妇女的增收、就业和经济发展。云南省边境地区的女性劳动力文化和技能水平普遍偏低，大部分女性劳动力只接受过 9 年义务教育。随着对技能需求的不断提高，以信息技术为核心的新经济业态的出现，尤其是对职业技术工人和一线操作工人的需求不断提高，女性劳动力技能缺口日益明显。

（四）性别统计和监测评估制度化不够完善

云南省已初步建立了妇女发展规划监测评估指标体系，定期开展妇女社会地位专题调查，云南省统计局建立了妇女发展规划监测指标统计制度，每年统计发布妇女发展规划各项监测指标数据，为省委、省政府制定促进妇女发展和性别平等政策措施提供了有力支撑。但是，推动解决新时代妇女发展面临的新挑战、新问题，尤其是妇女发展不平衡不充分的突出问题，迫切需要更为系统和完善的分性别统计数据的支撑，更精准地为妇女服务。目前统计部门分性别统计的内容和指标仅仅局限于妇女发展规划里设定的指标内容，规划里涉及的统计指标体系没有细化。而且部分指标与经济社会发展不相适应。随着全省经济社会的不断发展，现有的妇女发展规划的指标体系还不能全面反映新形势下妇女社会地位状况，需不断随着时间进程加以完善。例如，部分考核性指标已经达到 100%，或者接近 100%，在这种情况下，再将这些指标纳入评价体系已没有实际意义。

统计部门没有建立全面反映妇女社会地位的监测评估统计制度，没有建立反映妇女社会地位状况数据的年度发布制度，主要依靠妇联和统计部门联合组织实施的十年一次的妇女社会地位抽样调查，调查因间隔时间过长，所设立的指标变化较大，可比性和时效性差，不能及时反映云南省妇女社会地位变化状况，也不利于党委、政府根据妇女社会地位变化情况进行科学决策，导致了云南省关于妇女社会地位的研究，表现出定性研究多、定量研究少、用单个指标说明的多、用综合评价体系说明的少的特点。

政府分性别的统计数据的主要来源是十年一次的人口普查。我国开展的历次人口普查都有分性别指标，在人口年龄、教育、婚姻、就业、迁移等方面均有性别分类。但是，平常年度的人口统计中却没有完整的分性别统计数据。而且各个部门分性别统计数据没有规范化，有些部门分性别统计数据较为全面，有些部门分性别统计数据则很缺乏。性别统计的内容和指标虽然逐年增多，但尚未覆盖经济社会的各个方面，如女性经济资源分享、针对妇女的暴力等内容。

此外，妇女社会地位的涵盖面非常宽，包括健康、教育、经济、社会保障、政治和社会参与、婚姻家庭、生活方式、法律权益和认知以及性别观念与态度等诸多方面，要确定具有代表性和可操作性的指标体系难度较大，数据的定期获取需要各部门的大力支持。而目前相关领域和部门都还没有建立针对妇女社会地位监测评估的日常分性别统计制度，关于妇女社会地位的统计数据获取十分困难。

三 进一步促进妇女全面、平等发展的对策建议

云南省在促进性别平等和妇女发展领域取得重大进展，成就有目共睹。同时，由于受经济和社会发展水平等因素的制约和限制，特别是在经济结构调整和社会主义市场经济体制建立与完善的过程中，中国促进性别平等和妇女发展方面面临许多新情况和新问题：女性群体的社会分层日益复杂，妇女生存、发展和权益保障的需求呈现多样性；不同地区、不同阶层、不同群体妇女发展的不平衡现象比较明显；历史文化中残存的男女不平等的陈规陋习尚未完全消除，侵犯妇女权益的现象在一些地区仍然不同程度地存在。

在全面建设云南高质量发展的新的历史时期，为进一步贯彻男女平等的基本国策，依法保障妇女权益，落实妇女发展纲要的目标要求，促进妇女在政治、经济、文化、社会和家庭生活等方面享有与男子平等的权利，云南省需要更加有力地推动以下几个方面的工作。

（一）大力宣传男女平等的基本国策，构建支持妇女全面发展的良好社会环境

《中华人民共和国宪法》明确了男女平等的基本国策，《中华人民共和国妇女权益保障法》对实现和保护妇女权益作出了进一步的规定，《中国妇女发展纲要（2021—2023年）》明确提出了妇女全面发展、妇女参政的具体发展目标。这些为提高妇女的社会经济地位、参政水平奠定了法律政策基础。然而，这些法律政策的实施需要政府、社会各界给予特别的关注、重视和保护。云南省各级组织、各级干部需要增强对目前存在的事实上的男女不平等的认识，比如女性在就业、招工、招干、提干等方面事实上受到不同程度的歧视；增强各级组织、各级干部推动落实国家性别平等各项法律政策的责任感；增强各级组织、各级干部促进妇女发展和性别平等，推动社会全面进步的使命感，形成全社会关心、尊重和支持妇女事业发展的良好的社会环境。

推动男女平等基本国策宣传教育进一步纳入国民教育体系、干部培训规划和媒体舆论传播，通过多种渠道让全社会深入了解党和国家推进妇女事业的原则立场、法规政策和行动举措，展示我国妇女事业发展取得的辉煌成就，推动新闻媒体加大宣传男女平等基本国策力度，不断提高全社会对男女平等的认识。推动各级各类学校开展形式多样的性别平等教育，比如校园社团活动、社会实践活动、专题培训等。

加大职场性别平等的宣传力度，帮助用人单位消除职业性别化的观念，把男女平等的国策落实到就业市场。同时树立优秀的职业女性形象，在各行各业中倡导男女平等的先进文化观念。

（二）加强妇女劳动者的权益和社会保障，实现妇女充分平等就业

强化人力资源市场监管。监督人力资源服务机构建立健全信息发布审查和投诉处理机制，切实履行招聘信息发布审核义务，及时纠正发布含有性别歧视内容招聘信息的行为，确保发布的信息真实、合法、有效。对用

人单位、人力资源服务机构发布含有性别歧视内容招聘信息的，依法实施失信惩戒。将用人单位、人力资源服务机构因发布含有性别歧视内容的招聘信息接受行政处罚等情况纳入人力资源市场诚信记录。健全完善联合约谈机制，畅通权益维护诉求机制，及时受理就业性别歧视相关举报投诉。根据举报投诉，对涉嫌就业性别歧视的用人单位开展联合约谈，采取谈话、对话、函询等方式，开展调查和调解，督促限期纠正就业性别歧视行为，及时化解劳动者和用人单位间的矛盾纠纷。加强法律政策宣传，提高妇女维权意识，支持妇女用法律武器保护自身劳动就业权益。建立健全女性生育社会补偿的生育保险制度，逐步将在非公有制部门、非正规部门就业的妇女、农村务农妇女和家庭妇女纳入保险的范围，提高不同就业形态女性享有社会保障的程度。

（三）加大培养选拔女干部的力度，建设高素质妇女干部队伍

女性参政议政，已成为衡量一个国家和地区文明进步水平的重要标志。做好培养选拔女干部工作，是落实男女平等的基本国策、推动经济社会发展的必然要求，是发展社会主义民主政治的有效途径，是加强干部队伍建设的现实需要，对于充分调动广大妇女投身改革开放和现代化建设的积极性、主动性、创造性，更好地推进中国特色社会主义现代化事业，具有十分重要的意义。

加大对女干部的培训和实践锻炼力度，全面增强妇女干部的综合素质，把女干部的培训工作纳入干部教育培训整体规划之中，针对女性干部在高层次决策职位所占比例较低、正职人数少的现象，开设妇女领导能力建设培训班。进一步完善妇女干部使用机制，把培养选拔女干部工作作为领导班子建设和干部队伍建设的一项重要工作来抓，使女干部培养选拔工作切实做到有规划、有措施。重视基层妇女干部后备队伍建设，后备女干部的培养不仅要面向党政机关，群众团体，而且要面向更广泛的妇女群体，比如以妇女为主导的农村经济合作组织，以妇女为主导的企业联盟，以及妇女自己的组织如妇女之家等，以保障妇女干部来源的广泛性，并根据各级各类妇女干部的特点，进行分级分类培训，不断增强基层妇女干部的专业能力。

（四）加强分性别统计和监测工作制度化建设

妇女发展规划监测统计需要进一步完善，需要更加制度化、规范化和科学化。应重点做好三个方面的工作。一是完善妇女统计监测指标体系。依据国家统计局《性别统计监测方案（试行）》，结合云南省实际，省统计局密切与省妇儿工委办公室沟通合作，对部门认可具备可收集、可提供、可使用、可发布的性别统计指标及时纳入《云南省部门综合统计报表制度》，推动将性别统计纳入各部门统计工作之中，建立部门分性别统计的指标增设、常规采集、分析评估和报送工作制度。加强性别统计监测工作培训，增强政府相关部门和统计人员的性别意识。二是发挥统计职能。以新一轮规划纲要监测工作为契机，发挥统计部门在妇女发展指标统计监测工作中的牵头作用，与省妇儿工委办公室通过重点工作联合破解、联合发文、联开会议、联合调研等形式，积极推进性别统计监测制度的建立和省市性别统计监测信息平台建设。三是定期开展妇女发展状况的统计分析和资料编印工作。建立多部门协调联动机制，在做好妇女发展状况统计监测、分析研究的基础上，每年编印妇女儿童发展状况资料，为各级政府妇儿工委办公室推进性别统计工作和补齐妇女发展短板弱项提供决策参考。

（五）加大力度支持山区、边疆民族地区、农村地区妇女创业就业

加大对山区、边疆民族地区、农村地区妇女创业支持力度，在职业介绍、创业培训、技能培训等方面给予政策支持。把培育、壮大巾帼科技示范基地作为农村妇女创业增收的有效途径，充分发挥示范基地、家政服务业协会的辐射带动作用，支持和引导建立以妇女为主导的专业经济合作组织、产业基地，并将其打造为就业安置基地、妇女创业示范基地、技能培训基地，帮助带动农村妇女发展特色农业、乡村旅游等新兴产业，帮助更多妇女在家门口创业就业，实现赚钱、顾家两不误。积极开展面向农村妇女骨干、基层妇联干部和返乡下乡创业女大学生、女农民工等群体的多层次技能培训，提高边境民族地区和农村地区妇女适应生产力发展和市场竞争的能力。健全完

善终身职业技能培训制度，深入实施针对边境民族地区和农村妇女职业技能提升行动方案，提高女性劳动者的岗位技能和业务素质。制定实施既适合妇女就业，又有利于在新兴战略产业布局中提升妇女竞争力的新技能培训计划，如养老、托育、家政等生活服务业从业培训，如对女企业家的领导能力培训，以及开展适合妇女的数字经济下智慧农业、旅游业、康养产业等新业态新商业模式的从业培训。加强对妇女劳动者的职业培训补贴政策，如对妇女领办的中小微企业提供职工的上岗培训和在岗培训，给予职业培训补贴；对妇女主导的农民合作经济组织吸纳妇女就业，给予以工代训培训补贴等。加强对就业困难重点妇女群体的技能提升培训和创业培训，如针对年龄在40岁以上的农村和民族地区低收入妇女，制定实施能满足她们就业需求的培训计划。

参考文献

刘亚玫、张永英等：《论习近平总书记关于新时代妇女发展和妇女工作重要论述的科学内涵》，《妇女研究论丛》2018年第5期。

刘爱玉：《脆弱就业女性化与收入性别差距》，《北京大学学报》（哲学社会科学版）2020年第3期。

杨晶主编《云南妇女儿童发展报告（2020-2021）》，云南人民出版社，2021。

B.11
2023年云南儿童发展报告[*]

张宏文　王　薇[**]

摘　要： 本报告分析了2021~2022年云南省儿童在健康、安全、教育、福利、家庭、环境和法律保护等7个主要领域的发展现状，总结了云南省儿童发展取得的成效，包括健康水平稳步提升、安全保障水平进一步提高、教育事业进步显著、普惠性儿童福利供给不断扩大、家庭立德树人作用不断得到重视和加强、儿童友好理念与实践不断优化，儿童成长的社会环境以及儿童法律保障体系不断健全。但同时也面临着新老问题交织的挑战，儿童近视问题和心理健康问题突出、儿童死亡率城乡不平衡、学前教育和高中教育及中等职业教育的城乡或地区的不平衡问题、青少年心理健康服务体系不完善、农村基本医疗和公共卫生基础薄弱、儿童遭受意外和暴力伤害的监测报告系统存在较大缺陷、适度普惠型儿童福利体系不健全等问题。针对存在的问题和挑战，本报告提出了有针对性的政策建议，包括坚持系统思维，加强协同，促进儿童健康水平不断提高；提高资源配置合理程度，促进儿童事业均衡发展；完善儿童伤害的监测报告系统，不断织密儿童安全保护网以及压实各级政府和职能部门主体职责，不断完善城乡社区儿童福利服务和保护体系。

关键词： 儿童发展　身心健康　儿童保护体系建设

* 本报告的调研、写作得到了云南省妇女儿童工作委员会、省卫生健康委员会、省民政厅等相关部门的大力支持，特此致谢！本报告所涉及的数据，除特别注明外，均来源于云南儿童发展规划（2021~2030年）监测数据。

** 张宏文，云南省社会科学院副研究员，主要研究领域为儿童保护与发展、健康社会学、性别社会学等；王薇，云南省妇女儿童工作委员会办公室副主任，中级社会工作师，主要研究方向为妇女、儿童的公共政策及社会环境。

儿童是国家的未来、民族的希望，是实现第一个百年奋斗目标的经历者、见证者，更是实现第二个百年奋斗目标、建设社会主义现代化强国的生力军。儿童发展水平代表着一个国家文明的高度。习近平总书记强调要坚守为党育人、为国育才初心使命，用心用情促进儿童健康成长、全面发展。党的十八大以来，以习近平同志为核心的党中央把培养好儿童作为一项战略性、基础性工作，将"保障妇女儿童合法权益"连续写入党的十八大、十九大、二十大报告。2023年是党的二十大召开后第一年，是第四轮儿童发展纲要规划执行的第三年，在以人民为中心的发展思想指导下，云南省通过执行《云南儿童发展规划（2021—2030年）》，推动全省儿童在健康、安全、教育、福利、家庭、环境、法律保护等七个领域取得全面发展，但也面临着因各种因素导致的儿童身心健康问题、发展不平衡以及儿童保护与发展制度不完善等问题，亟待加强协同，促进儿童健康水平不断提高；提高资源配置合理程度，促进儿童事业均衡发展；完善儿童伤害的监测报告系统，不断织密儿童安全保护网；压实各级政府和职能部门主体职责，不断完善城乡社区儿童福利服务和保护体系，实现儿童事业的高质量发展。

一　云南儿童发展现状

（一）儿童健康水平稳步提升

2022年以来，云南省卫生健康系统贯彻落实2021～2030年云南妇女、儿童发展规划实施方案，儿童健康水平稳步提升。通过提升妇幼保健机构服务能力、健全妇幼健康服务网络、加大人才培养使用、发挥中医药医疗保健作用等方式，全面加强妇幼健康服务体系建设，促进儿童享有高质量均等化服务保障。深入开展母婴安全行动计划、健康儿童行动提升计划，以着力消除影响妇女儿童健康重大疾病的母婴传播为目标，推进消除艾滋病、梅毒和乙肝母婴传播工作进程。连年开展基层产科医师、出生缺陷防治人才、新生儿医师培训，提高基层人员服务能力和水平。把"提高优生优育服务水平"

作为妇幼健康工作应对三孩政策的重要内容，持续优化服务资源配置，综合防治出生缺陷，努力提高新生儿生存质量，全力保障孕产妇和儿童生命健康。有序开展县级危重新生儿救治中心达标评审和复核。2021年已通过州市级验收的县级危重新生儿救治中心118个，占比91.47%。[①]

1.儿童死亡率持续下降

新生儿死亡率、婴儿死亡率、5岁以下儿童死亡率到2030年的省级目标分别是控制在2‰、3.5‰和5‰以内。2022年，新生儿死亡率为2.03‰，比上年降低0.13个千分点；婴儿死亡率为3.54‰，比上年下降0.39个千分点；5岁以下儿童死亡率为5.62‰，比上年下降0.55个千分点。三个指标均接近云南省2030年目标，优于全国目前的平均水平，并超过了国家2030年目标要求。

2.儿童保健水平不断提高

2022年，云南持续优化妇幼健康服务资源配置，全省妇幼保健机构建设达标率为96.58%，比上年提高3.43个百分点；孕前优生健康检查目标人群覆盖率90.78%，比上年提高5.19个百分点；产前筛查率98.62%，比上年下降0.04个百分点，基本保持稳定，较上一规划周期显著改善；推动建立和完善出生缺陷综合防治体系，努力提高新生儿生存质量，全力保障儿童生命健康。

3.儿童疫苗接种率高且持续稳定

2022年，全省国家免疫规划的包括卡介苗、脊灰疫苗、百白破疫苗、含麻疹类疫苗、乙肝疫苗、甲肝疫苗、乙脑疫苗、A群流脑疫苗、A+C群流脑疫苗等在内的10种疫苗接种率均保持在99%以上，已经达到2030年保持在90%以上的目标要求。

4.儿童健康状况持续改善

2022年，全省5岁以下儿童贫血患病率为3.99%，较上年降低0.58个

---

① 《这份民生成绩单与你息息相关！云南省2021年10件民生实事圆满完成》，澎湃新闻，2022年1月24日，http://thepaper.cn/newsDetail_forward_16436667。

百分点；5岁以下儿童生长迟缓率为1.36%，较上年升高0.07个百分点，两项指标均已达到了2030年国家和云南省小于5%的目标；儿童超重增长率为1.34%，比上年降低0.27个百分点；肥胖增长率为0.62%，比上年提高0.04个百分点，基本可控；按《国家学生体质健康标准》达到优良的中小学生比例为97.97%，比上年提高0.44个百分点，远超国家和云南省2030年大于60%的终期目标。

（二）儿童安全保障水平进一步提高

为进一步保障儿童安全健康成长，预防和控制儿童伤害，《云南儿童发展规划（2021—2030年）》较上一轮十年儿童发展规划增设"儿童与安全"领域，提出了"减少儿童伤害所致死亡和残疾、排查消除溺水隐患、提高对学生欺凌的综合治理能力"等新目标。

1.儿童溺水死亡及交通事故伤亡情况好转

2021年、2022年，全省儿童溺水死亡率分别为10万分之6.04和10万分之6.35，较2020年显著降低。2022年，在省委、省政府高位推动下，全省各级党委、政府高度重视，各有关部门密切配合，各级各类学校主动担当作为，采取了一系列有效措施，织密扎牢学生安全保护网，构建起家庭、学校、社会联防联动联控的防溺水防交通事故工作格局，全省中小学生溺亡和交通事故伤亡人数大幅下降。2023年，省政府办公厅印发《关于开展2023年预防学生溺水和交通事故专项行动的通知》，持续开展专项行动，进一步巩固前期工作成果。

2.儿童用品质量安全保障进一步加强

2022年，儿童用品质量监督抽查不合格率4.61%，比上年降低0.74个百分点。省市场监管局着力开展儿童用品质量安全守护行动、儿童食品安全监管专项行动。印发《关于开展2022年儿童和学生用品安全守护行动的通知》《云南省乳制品质量安全三年提升行动方案》等，聚焦关系儿童生命健康安全的儿童玩具、婴幼儿配方乳粉、学生文具用品、近视眼镜、大型游乐设施等领域，加大监管执法力度，全力保障云南省儿童用品质量安全。

3. 校园欺凌防控进一步加强

《云南省学校安全条例（修订草案）》被列入 2023 年度省政府拟预备审查的地方性法规。省教育厅组织编写发放《校园欺凌预防与应对手册》《中小学生安全百科》（居家空间、校园生活、公共场所、户外出行、心理健康）等 30 万册校园安全教育类图书，将《校园欺凌预防与应对手册》作为各级教育主管部门、各中小学老师、学生以及家长应对校园欺凌现象的参考指导用书，并组织开展"防欺凌、反暴力"征文大赛活动等，强化中小学生的法治教育和安全教育。

（三）儿童教育事业进步显著

2022 年以来，云南省进一步健全完善学前教育发展机制，实施学前教育行动计划，提升学前教育普及普惠水平。着力推进义务教育优质均衡，深入推进"双减"，保障随迁子女入学平等接受教育，提高残疾少年儿童义务教育普及水平。加快教育强省建设，到 2026 年，力争全省教育整体发展水平达到西部先进水平。

2022 年以来，省人民政府办公厅先后印发《云南省"十四五"教育事业发展规划》《云南省义务教育控辍保学工作管理规定（试行）》《云南省义务教育优质均衡发展实施方案》《云南省"十四五"特殊教育发展提升行动方案》《云南省"十四五"学前教育发展提升行动计划实施方案》《云南省"十四五"县域普通高中发展提升行动计划实施方案》《云南省教育厅办公室关于印发云南妇女儿童发展规划教育领域任务实施方案的通知》等文件，进一步明确任务落实责任，切实保障妇女儿童受教育权利，推动妇女儿童事业发展。

1. 学前教育普及普惠水平进一步提高

实施《云南省"十四五"学前教育发展提升行动方案》，开展学前教育普及普惠县创建，切实把普惠性幼儿园建设纳入城乡公共管理和公共服务设施统一规划，多渠道扩大普惠性学前教育资源，补齐农村、边境民族地区和城市学前教育短板，进一步提升学前教育普及普惠水平，科学布局幼儿园，学前教育稳步发展。2023年，在继续支持乡村幼儿园建设的同时，加大县城、城乡接合部、城区幼儿园的建设力度，新增214所幼儿园[①]，提高学前教育普及普惠水平。全省学前教育毛入园率为93.16%，比2022年提高0.7个百分点，超过2030年国家目标要求；普惠性幼儿园覆盖率92.48%，比上年提高3.96个百分点；幼儿园数达到13804个，比上年减少115个。[②] 在园幼儿人数168.02万人，比上年减少12.81万人，下降7.8%。[③] 各项目标任务均顺利完成。

2. 义务教育普及水平全面巩固

2022年，全省九年义务教育巩固率为97.39%，比上年提高0.23个百分点，其中男生98.02%，女生98.66%，比上年分别提高1.27和1.3个百分点；小学学龄儿童净入学率为99.9%，其中，男生99.93%，女生99.87%，比上年分别提高0.08、0.12、0.03个百分点；初中学龄儿童净入学率为94.67%，其中，男生94.58%，女生94.77%，分别比上年提高1.53、1.53、1.52个百分点。

3. 高中阶段教育普及率逐年提升

2022年，全省高中阶段毛入学率91.99%，比上年提高0.75个百分点，其中男生为90.07%，比上年提高0.73个百分点，女生为94.11%，比上年提高0.77个百分点。中等职业教育学生数逐年减少。中等职业教育在校学生数64.44万人，比上年减少7.69万人，其中女生24.99万人，比上年减少2.78万人。

4. 残疾儿童受教育权益得到进一步保障

出台《云南省"十四五"特殊教育发展提升行动方案》，安排特殊教育专项资金1890万元，改善特殊教育学校办学条件，推进特殊教育拓展融合，推动特殊教育学校由义务教育阶段向学前教育和高中阶段教育两端延伸发展。2022年，全省特殊教育学校数为84所，比上年增加1所；义务教育阶

---

① 资料来源：《云南省2023/2024学年初全省教育事业发展统计公报》。
② 年度新建增设幼儿园214所，其中公办增设140所，民办增设74所；年度减少停用幼儿园329所，总数减少115所。
③ 资料来源：《云南省2023/2024学年初全省教育事业发展统计公报》。

段特殊教育在校学生数为 4.6 万人，比上年减少 0.13 万人，其中，女生 1.85 万人，比上年减少 0.04 万人。

（四）普惠性儿童福利供给不断扩大

完善儿童福利保障和救助制度体系，巩固提高儿童参加城乡居民基本医疗保险覆盖率，稳步扩大公益性、普惠性婴幼儿照护服务供给，儿童福利事业持续改善。

1. 儿童福利机构不断健全，基层儿童工作队伍不断壮大

2022 年，省民政厅对全省的儿童福利机构进行了清理整顿，清理后剩下 25 个，比上年减少 27 个；未成年人救助保护机构数 38 个，比上年增加 3 个；社区服务中心（站）数 15362 个，比上年增加 192 个；城乡社区儿童之家数量为 16695 个，比上年增加 1203 个。基层组织中持有证书的专业社会工作者人数 13458 人，比上年增加 5050 人；儿童督导员人数 1851 人，比上年增加 106 人；儿童主任人数 15612 人，比上年增加 192 人。基层儿童工作人员（儿童督导员、儿童主任）开展定期随访、政策宣传、资源链接等儿童关爱服务工作。2023 年，开展首届"云岭最美儿童主任""云岭最美儿童督导员"选树宣传活动，集中评选出 20 名"最美儿童主任"，10 名"云岭最美儿童督导员"，[①] 发挥典型示范引领作用。

2. 残疾儿童康复救助制度不断完善，康复服务覆盖率持续提升

2022 年，云南省切实贯彻落实残疾儿童康复救助制度，进一步完善配套政策，加强经办服务，提升服务效能。一是制定印发了《云南省残疾儿童康复救助定点服务机构协议管理实施细则（试行）》，为定点服务机构的规范管理提供了统一的政策依据。二是指导基层结合当地实际适时调整救助制度内容，纠正执行偏差，完善资金结算管理办法，优化结算流程，充分尊重残疾儿童的基本需求和康复救助意愿，为残疾儿童异地康复提供便利。目

---

① 《云南省民政厅举办新闻发布会》，云南省民政厅网站，2023 年 12 月 26 日，https://ynmz.yn.gov.cn/cms/xinwenfabu/9169.html。

前全省129个县（市、区）均实施居住证残疾儿童康复救助和支持残疾儿童异地康复。

2022年，开展残疾儿童康复的残疾人康复服务机构数359个；有康复需求的残疾儿童人数（0～17岁）达到19194人，比上年增加2886人；残疾儿童康复服务率为99.68%，比上年提高0.68个百分点。残疾儿童接受康复救助的人数有7088人，比上年增加569人。

3. 特困儿童保障标准持续提高，孤儿助学工程扩大范围

2022年和2023年，云南省持续加强孤儿和事实无人抚养儿童基本生活保障、持续开展孤儿和事实无人抚养儿童助学工作。2022、2023年连续两次提标，截至2023年12月，全省散居孤儿、艾滋病病毒感染儿童和事实无人抚养儿童保障标准为每人每月1340元、集中养育儿童保障标准为每人每月2000元，超过全国平均水平，切实保障了2.54万名孤儿和事实无人抚养儿童基本生活。[①]

从2019年起，民政部门启动实施"福彩圆梦·孤儿助学工程"项目，对年满18周岁在普通全日制本科、专科、高等职业学校、中等职业学校就读及攻读硕士学位的孤儿给予每人每学年1万元资助。2021年，逐步将孤儿助学工程拓展到事实无人抚养儿童，对符合条件的事实无人抚养儿童一次性资助0.2万元。截至2023年12月，全省共资助孤儿和事实无人抚养儿童1479人[②]。

4. 农村留守儿童关爱保护力度进一步加大，服务质量进一步提高

2023年，开展三轮留守儿童走访关爱行动和信息精准化排查工作，排查出的29万余名留守儿童信息全部录入信息系统，帮助1.17万名留守儿童与父母"亲情连线"[③]。儿童主任与儿童督导员以留守儿童为主要服务对象，

---

① 《云南省民政厅举办新闻发布会》，云南省民政厅网站，2023年12月26日，https://ynmz. yn. gov. cn/cms/xinwenfabu/9169. html。

② 《云南省民政厅举办新闻发布会》，云南省民政厅网站，2023年12月26日，https://ynmz. yn. gov. cn/cms/xinwenfabu/9169. html。

③ 《云南省民政厅举办新闻发布会》，云南省民政厅网站，2023年12月26日，https://ynmz. yn. gov. cn/cms/xinwenfabu/9169. html。

开展定期随访、信息录入、建立台账、政策宣传、资源链接等关爱服务工作。持续开展"合力监护　相伴成长""冬日暖阳　牵手护童""情暖新春　共护未来""人在外，爱回家"等留守儿童关爱专项行动，以及留守儿童关爱保护"政策宣讲进村居"等活动，把党和政府的关怀送到留守儿童身边。"童伴妈妈""沐童计划"等一批具有社会影响力的留守儿童关爱服务项目落地实施，不断提高社会力量对留守儿童关爱服务工作的参与程度。

5.稳步提升儿童医保待遇水平，切实减轻家庭负担

2022年，全省儿童参加城乡居民基本医疗保险人数为973万人，比上年减少15.74万人。做好新生儿"落地即参保"工作，按照全省统一的新生儿参保规定，通过统一部署的新生儿参保缴费系统模块，实现经办服务窗口"现场办"、线上方式"自助办"、定点医疗机构"直接办"。保障持出生医学证明参保直接结算，实现参保缴费及时高效，待遇及时兑现。

积极做好国家谈判药保障，努力做到"买得到、可结算、能报销"。如治疗脊髓性肌萎缩症的罕见病用药诺西那生钠注射液通过谈判由70万元/针下降到3.3万元/针，享受待遇的患者多为儿童。同时，将儿童中枢神经系统生殖细胞瘤、头颈胸部肿瘤等12个病种纳入恶性肿瘤救治管理病种范围，切实减轻大病患儿家庭医疗费用负担。

6.大力推进托育服务体系建设，以项目推动营造良好社会氛围

多部门联合印发《云南省托育机构登记和备案办法实施细则》，进一步规范托育机构的管理。截至2021年底，全省共通过备案托育机构170家，且在16个州（市）合理分布。发布《云南省"十四五"托育发展规划》，将学前教育及普惠托育纳入全省惠民实事中，建立托育服务专项经费财政分担机制，截至2022年底，全省托位已突破10万个，较2021年增加了4.5万个，增长71.69%；每千人口拥有3岁以下的婴幼儿托位数由2021年底的1.3个增长至2.34个；县级以上工会开展职工子女托管服务比例达到51.28%，与上年持平。省总工会推动用人单位为职工提供职工子女假期托管服务。全省各级工会共开办257个托管班，托管职工子女9899人，工会经费投入435万元，其中，省总工会投入100万元，主办100个"会暖春

芽"云南工会爱心托管班。

同时，持续推进"云南爱心妈妈"建设项目步伐，精准施策，主动作为，在条件适合的机关事业单位、国企、外企、民企和工业园区建设母婴室，在办公大厦和写字楼等增建爱心驿站和爱心妈妈屋或母婴设施。营造全社会关爱孕育、关爱妈妈、关爱婴幼儿的氛围。

（五）家庭立德树人的作用不断得到重视和加强

儿童的成长是一项系统工程，是全社会的事业。《中华人民共和国家庭教育促进法》（以下简称《家庭教育促进法》）的颁布实施，提出了要统筹家庭、学校、政府和社会各方力量，构建协同育人格局，这标志着儿童教育从强调学校教育时代进入全域教育时代，需要构建学校与家庭、学校与社会的协同育人机制，家庭、学校、社会要密切联系、各司其职，共同努力，培养德智体美劳全面发展的社会主义建设者和接班人。

1. 多措并举，推进《家庭教育促进法》贯彻实施

省妇儿工委制定出台"云南省家庭教育促进工作会商机制"，推动相关部门联合联动，形成家庭教育工作合力。出台《云南省关于指导推进家庭教育的五年规划（2021—2025 年）》，深入学习宣传阐释《家庭教育促进法》，完成云南省家庭教育立法可行性调研，推动《云南省家庭教育促进条例》列入第十四届省人大立法规划。

2. 多部门协同，推动家庭教育指导服务覆盖面进一步扩大

全省各地依托乡镇（街道）未成年人保护工作站和村（社区）儿童之家，积极开展相关家庭教育活动，提升监护人的监护水平和能力，确保未成年人家庭监护得到有效落实。各级妇联组织与教育、民政等部门紧密配合，在全省建立城乡社区（村）家长学校、家庭教育指导服务站点、网上家长学校、"家庭教育创新实践基地"、"家庭亲子阅读体验基地"等服务阵地，为广大家庭提供科学的家庭教育指导服务，进一步推动建立完善家校社协同育人机制，把"家庭是人生的第一所学校，家长是孩子的第一任老师"的理念传递到千家万户。2022 年全省妇联组织参与建设的城市社区和农村社

区（村）家长学校或家庭教育指导服务站点分别为 3578 个和 11801 个；家长学校培训人次为 126.59 万人次，比上年增加 8.95 万人次。全省法院成立家庭教育指导工作站（点）30 个，发出家庭教育指导令 273 份。

（六）儿童友好理念与实践不断优化儿童成长的社会环境

2022 年，云南省全面贯彻儿童优先原则，提升面向儿童的公共服务水平，开展儿童友好城市和儿童友好社区创建工作，儿童友好理念反映到实践中，儿童发展的社会环境不断优化。

1. 儿童文化产品不断丰富，有益文化信息广泛传播

2022 年，全省儿童图书/期刊出版物、儿童音像制品和公共图书馆少儿文献，分别为 857.86 万册、0.33 万盒和 208.77 万册；少儿广播和电视播出时间分别为 11202 小时和 28849 小时；电视动画片节目播出时间为 19124 小时。

2. 儿童网络环境不断改善，不良网络信息减少

2022 年以来，全省涉网执法有关单位密切配合，持续开展"清朗"系列专项行动，不断加强网络监管执法，协同整治网络生态突出问题。每年制定印发《"清朗·云岭净网"网络生态治理专项行动方案》，将"护苗"专项行动纳入方案统一部署，清理整治危害未成年人身心健康的违法违规信息。全省多地开展国家网络安全宣传周进校园活动，倡导广大青少年自觉维护网络安全，加强自我保护，增强防范意识，共同营造健康、文明、和谐的校园环境。2022 年，全省处置网上危害儿童的违法和不良信息数量为 3587 条，比上年减少 2390 条。

3. 儿童公益性课外活动持续开展，儿童的参与权得到进一步保障

2022 年，全省共建立社区少先队实践教育营地（基地）795 个，比上年增加 488 个。实施少先队社区实践教育行动，组织少先队员利用课余时间"向社区报到"，参与助力社区治理。未成年人参观博物馆为 237.55 万人次，比上年减少 59.96 万人次；青少年参加科普宣讲活动为 50.76 万人次。昆明市部分县市区在建设儿童友好社区的过程中积极探索、先试先行，组建社区儿童议事会，开展议事活动，儿童可以自由表达自己的想法和意见，参与决策

过程。社区和有关部门认真听取儿童的心声和意见，通过落实这些提议，真正实现了儿童参与社区共建共享，提高了儿童参与社会治理的意识和能力。

4. 多部门联动，积极推进儿童友好城市建设

儿童友好城市建设是集教育、卫生、建设、规划等多领域的系统工程，是顺应经济社会高质量发展"1 米高度看城市"的全新城市规划建设视角。2022 年，云南省认真贯彻落实国家发展改革委等 23 个部委联合印发的《关于推进儿童友好城市建设的指导意见》，各州（市）人民政府编制儿童友好城市建设方案，推动工作落实。目标是力争在"十四五"时期推动 2~3 个城市纳入国家儿童友好城市建设试点，分批分期推进全省各地建设儿童友好城市。对不具备整体建设条件的城市，鼓励从儿童友好社区起步，以点带面夯实基础。通过推动有关城市申报和建设儿童友好城市，探索建立完善促进儿童健康发展政策法规体系、标准规范体系和服务供给体系，示范和引领全省构建友好的儿童发展环境，推动儿童友好成为城市高质量发展的重要标识，成为全社会共识和全民自觉。经过不懈的努力，2023 年 4 月昆明市成功入选第二批建设国家儿童友好城市名单，是云南省首个入选的城市。目前，昆明市官渡、西山、五华、呈贡、经开等多个县区开展了儿童友好社区示范建设工作，各地探索不同创建模式，共同推进昆明市儿童友好城市建设。红河州弥勒市坚持高位推动、专班推进、专业运作，将儿童友好城市建设纳入"四城同创"中，发布弥勒市《儿童友好城市建设三年行动计划》，有序打造一批儿童友好街区、社区、学校、医院等。

（七）儿童法律保障体系不断健全

2022 年，云南省全面贯彻实施有关未成年人保护的法律法规，健全未成年人司法工作体系，加强未成年人保护的法治宣传教育，儿童法律保障有序有力。

1. 司法保护制度不断完善，未成年人司法保护落到实处

2022 年，全省未成年人检察专门机构数量为 149 个、少年法庭数量为

148 个；审查的政策法规数为 14 条，比上年增加 7 条；得到法律援助的未成年人数和得到司法救助的未成年人数分别为 9385 人次和 2623 人，比上年分别减少 11 人次和增加 1861 人。

2. 多部门合作，青少年法治教育宣传活动丰富多彩

省教育厅制定印发《云南省教育系统开展法治宣传教育的第八个五年规划（2021-2025 年）》，提出加强青少年法治教育，进一步完善政府、司法机关、学校、社会、家庭共同参与的青少年法治教育新格局。深入开展"关爱明天、普法先行"活动，着力确保青少年法治宣传教育见实效。通过国旗下的讲话、主题班会、辩论赛、知识竞赛、"模拟法庭进校园"等丰富多彩的校园宣传活动，进一步增强青少年的法律意识和法治观念。

3. 预防未成年人犯罪工作成效明显，未成年人犯罪治理能力和治理水平大幅提升

2020 年，以《中华人民共和国未成年人保护法》和《中华人民共和国预防未成年人犯罪法》修订实施为契机，省委、省政府印发《云南省进一步加强预防未成年人违法犯罪工作方案》，建立了省预防未成年人违法犯罪工作领导小组，逐步构建起了全省三级党委领导、多部门协同、社会力量广泛参与的预防未成年人犯罪工作格局。不断压实属地责任、部门责任和行业责任，将未成年人权益保护和违法犯罪预防工作纳入社区网格化管理，突出加强专门学校建设和专门教育工作，加大社会资源整合和社会力量培育，将未成年人社会工作、重点项目建设纳入部门预算，形成良好工作格局。2022 年全省受理审查起诉未成年人犯罪案件数较 2021 年大幅下降。

二　云南儿童发展面临的问题与挑战

近年来，云南省儿童发展总体良好，但仍然存在一些问题，主要概括为三个方面。一是在儿童健康方面，儿童近视问题和心理健康问题突出；二是发展不平衡问题，包括健康领域中的儿童死亡率城乡不平衡、教育领域中学前教育和高中教育及中等职业教育的城乡或地区的不平衡，以及学前教育的

性别不平衡问题；三是儿童发展与保护制度建设存在缺陷，包括青少年心理健康服务体系不完善、农村基本医疗和公共卫生基础薄弱、儿童遭受意外和暴力伤害的监测报告系统存在较大缺陷、适度普惠型儿童福利体系不健全等问题。

（一）儿童健康方面面临的问题

虽然近视问题、心理健康问题等表现为儿童身上的问题，但其实都是社会转型加快带来的社会、学校、家庭等各方面问题在儿童身上的集中体现，并非儿童自身的问题。

1.近视问题突出

2022 年，云南省小学、初中、高中学生近视率分别为 34.07%、67.24%、79.78%，分别比上年升高 1.95、2.91、1.88 个百分点（见表 1）。对照 2030 年省级《儿规》目标，即"小学生近视率下降到 38% 以下，初中生近视率下降到 60% 以下，高中阶段学生近视率下降到 70% 以下"，2022 年仅小学生近视率控制达到目标要求，但也呈逐年上升之势，初中学生和高中学生近视率逐年上升，中小学生近视防控形势十分严峻。

表 1　云南省中小学生近视率（2020~2022 年）

单位：%

指标	2020 年	2021 年	2022 年	2030 年国家《儿纲》目标	2030 年省级《儿规》目标
小学生近视率	31	32.12	34.07	<38	<38
初中生近视率	63.6	64.33	67.24	<60	<60
高中生近视率	76.3	77.90	79.78	<70	<70

注：《儿纲》指《中国儿童发展纲要（2021—2030 年）》，《儿规》指《云南儿童发展规划（2021—2030 年）》。下同。

近几年中小学生近视率居高不下且呈现逐年上升趋势是多方面因素造成的。学校教育方面依然存在因片面追求升学率，重智育、轻体育的倾向，学生课业负担过重，休息和锻炼时间严重不足的问题。由于体育设施和条件不足，学生体育课和体育活动难以保证。同时，青少年沉迷网络，痴迷手机游戏，加上三年疫情防控期间，长时间上网课，严重影响眼睛健康。家庭在监管、控制儿童使用电子设备以及督促、陪伴儿童开展体育锻炼、户外活动等方面也存在很多不足。近期体质健康监测表明，视力不良率居高不下，这个问题如不切实加以解决，将严重影响青少年的健康成长。

2. 心理健康问题凸显

随着社会经济快速发展，青少年心理健康问题日益凸显，主要表现为情绪不稳定、学习压力大、焦虑、人际关系紧张、网络成瘾等，严重的会发展为抑郁症、精神分裂症等精神障碍。《2022 国民抑郁症蓝皮书》[①] 显示，目前我国患抑郁症人数达 9500 万，每年大约有 28 万人自杀，其中 40%患有抑郁症。18 岁以下的抑郁症患者占总人数的 30%；50%的抑郁症患者为在校学生。抑郁症发病群体呈年轻化趋势，青少年抑郁症患病率已达 15%~20%，接近于成人。77%和 69%的学生患者在人际关系和家庭关系中易出现抑郁。63%的学生患者在家庭中感受到严苛/控制、忽视/缺乏关爱和冲突/家暴。

调查显示，云南省青少年心理健康也呈现出与全国相似的情况，中小学生中出现社交焦虑、情绪不稳定、抑郁情绪以及行为问题，如离家出走、自残、自杀甚至青少年犯罪等行为。在包括城市流动儿童、农村孤儿和事实无人抚养儿童、农村留守儿童、残疾儿童、患重病儿童以及困难家庭儿童在内的困境儿童中，这些心理健康问题更加突出。一项在某民族自治州的一所初中学校学生中开展的心理健康问卷调查中，认同"自杀是一种解脱"的学生竟占到 10%。一些医疗机构也时常会接诊到自残甚至自杀的中小学生，每学期开学前后一段时间往往是高峰期。目前青少年的心理健康状况，正如临床心理学博士/精神科医生徐凯文所说："恐怕到了改革开放以来最糟糕的时候。"青少年心理健康问题凸显往往是社会、学校、家庭等多重因素交织产生的后果，其中学校和家庭是最重要的两个场域。学校层面主要包括学业压力大、同伴交往之间的摩擦和矛盾甚至有欺凌行为等因素。家庭层面主

---

① 《〈2022 国民抑郁症蓝皮书〉发布，应高度重视学生心理健康》，健康时报网，2022 年 7 月 4 日，https://www.jksb.com.cn/index.php? m = wap&a = show&catid = 28&id = 177205。

要包括父母感情不和、经常吵架甚至家暴，以及父母对孩子缺乏理解和陪伴，行为简单粗暴或冷漠忽视或溺爱等因素。社会层面则包括掺杂了血腥暴力、恐怖、人格分裂、灵魂附体等不良元素的网络咨询、游戏，及以线下为主的剧本杀、密室逃脱等一些新游戏业态对未成年人的心理产生了不良诱导。

（二）不同地区儿童发展不平衡现象较为突出

1. 儿童死亡率虽然持续下降，但城乡不平衡问题依然存在

2022 年，云南省新生儿死亡率、婴儿死亡率和 5 岁以下儿童死亡率均呈现持续下降的趋势，但城乡差距依然存在（见表 2）。2020～2022 年，新生儿死亡率从 2.74‰下降到 2.16‰和 2.03‰。其中城市从 1.84‰下降到 1.54‰和 1.32‰，农村从 3.19‰下降到 2.50‰和 2.44‰，农村比城市分别高 1.35、0.96 和 1.12 个千分点。2020～2022 年婴儿死亡率从 4.73‰下降到 3.93‰和 3.54‰。其中城市从 3.06‰下降到 2.43‰和 2.25‰，农村从 5.56‰下降到 4.76‰和 4.29‰，农村比城市分别高 2.5、2.33 和 2.04 个千分点。2020～2022 年，5 岁以下儿童死亡率从 6.89‰下降到 6.17‰和 5.62‰。其中城市从 4.31‰下降到 3.67‰和 3.40‰，农村从 8.18‰下降到 7.55‰和 6.90‰，农村比城市分别高 3.87、3.88 和 3.5 个千分点。可见，新生儿死亡率、婴儿死亡率和 5 岁以下儿童死亡率的城乡差距虽然在逐步缩小，但幅度较小，导致城乡之间的儿童死亡率依然有不可忽视的差距，在一定程度上反映出城乡儿童健康发展水平的不平衡。

表 2　云南省儿童死亡率城乡差异（2020～2022 年）

单位：‰

指标	2020 年	2021 年	2022 年	2030 年国家《儿纲》目标	2030 年省级《儿规》目标
新生儿死亡率	2.74	2.16	2.03		
城市	1.84	1.54	1.32	<3	<2
农村	3.19	2.50	2.44		

指标	2020 年	2021 年	2022 年	2030 年国家《儿纲》目标	2030 年省级《儿规》目标
婴儿死亡率	4.73	3.93	3.54		
城市	3.06	2.43	2.25	<5	<3.5
农村	5.56	4.76	4.29		
5 岁以下儿童死亡率	6.89	6.17	5.62		
城市	4.31	3.67	3.40	<6	<5
农村	8.18	7.55	6.90		

2. 学前教育毛入园率和在园幼儿人数的性别差异逐年加大

2020~2022 年云南省学前教育在园幼儿男童人数分别为 87.4 万人、92.23 万人和 94.1 万人，较女童多 7.53 万人、7.49 万人和 7.4 万人。2022 年学前教育毛入园率为 92.46%，已经提前实现 2030 年国家儿童发展纲要目标，但分性别来看，两性存在明显差异。2022 年男童毛入园率为 93.06%，较 2021 年和 2020 年高 1.29 和 3.94 个百分点；女童的毛入园率为 89.86%，较 2021 年和 2020 年增加了 1.24 和 1.43 个百分点。男童和女童的毛入园率 2020~2022 年均在上升，但女童的增幅明显小于男童。2022 年男童毛入园率比女童高 3.2 个百分点，较 2021 年和 2020 年分别增加了 0.05 和 2.51 个百分点，说明学前教育的两性差异在逐年加大，需要引起重视（见表 3）。

表 3　云南省学前教育毛入园率和人数（2020~2022 年）

单位：%，万人

指标	2020 年	2021 年	2022 年	2030 年国家《儿纲》目标	2030 年省级《儿规》目标
学前教育毛入园率	88.79	90.23	92.46		
男童	89.12	91.77	93.06	>90	≥95
女童	88.43	88.62	89.86		

续表

指标	2020 年	2021 年	2022 年	2030 年国家《儿纲》目标	2030 年省级《儿规》目标
在园幼儿人数	167.27	176.97	180.8		
男童	87.4	92.23	94.1	>90	≥95
女童	79.87	84.74	86.7		

3. 义务教育阶段随迁子女入学保障难度大，城镇教育资源配置跟不上人口流动的步伐

随着从农村向城市流动的人口家庭化程度不断提高，进城务工随迁子女逐年增加，近两年叠加"二孩"适龄儿童入学高峰，部分片区学位供给与入学需求之间的矛盾日益突出，城镇生源数量远超学校接纳能力，进而出现校舍和师资短缺等情况，随迁子女就读公办学校的难度加大。2022 年流动儿童在公办学校就读人数急剧减少，从 2021 年的 60.06 万人大幅减少到 36.43 万人，减少了 23.63 万人。义务教育阶段公办教育资源的配置短时间内很难与大幅增加的入学需求相匹配，导致"两为主、两纳入"的政策保障随迁儿童就读公办学校的难度加大。

4. 学前教育普惠性资源不足，城乡布局不均衡

2022 年学前三年毛入园率达到 92.46%，仍有 6 个州（市）低于平均值；学前教育资源结构不佳，公办占比低，全省公办幼儿园在园幼儿占比仅为 45.23%，距离国家 50%的要求还有一定差距。公办园和部分优质民办园主要集中在市区、城镇等地，农村幼儿园数量较少，公办幼儿园占比偏低，农村幼儿入公办园难、入部分民办园贵的问题依然存在。另外，大量学前儿童随父母从农村来到城市，他们入城市公办园更难，绝大多数随迁学前儿童入读的民办幼儿园在环境、基本条件、设施设备、师资力量和管理等方面都很薄弱，其中不乏无证照、无资质的"黑园"。

5. 普通高中资源总量不足，地区差异也较为明显

2022 年高中阶段毛入学率为 91.99%，接近国家《儿纲》2030 年大于等于92%的目标要求，但与省级《儿规》2030年大于等于95%的目标要求还有差距。从整体来看，普通高中教育资源总量尚不足，县域高中薄弱学校较多，县域普通高中存在优质生源和优秀教师过度流失，基础条件相对薄弱、教育质量有待提高等问题。分地区来看，还有4个州（市）的高中毛入学率低于全省平均值，反映出高中教育事业发展存在区域不平衡的问题。

6.中等职业教育资源总量不足，区域不平衡问题较为突出

截至2023年4月，云南省共有中等职业学校364所，比上年减少32所；招生15.82万人，比上年减少3.44万人，下降9.81%；在校生48.55万人，比上年减少6.54万人，下降11.87%；毕业生19.28万人，比上年增加1.73万人，增加9.86%。[①] 中职学校整体办学实力、优质职业教育资源、专业服务产业能力等明显落后于东中部地区。中职学校仅有10%的学校办学条件完全达标，有近60%的学校在校生人数不足2000人，20多所学校没有在校生。中等职业教育资源多集中于州市级城市，昆明市55所，怒江州和迪庆州都只有2所，贡山独龙族怒族自治县、福贡县、德钦县无普通中等职业学校。[②] 中职学校"双优"布局区域分布不均衡，有4个州（市）为零，曲靖、红河、昆明共有10所，占比近一半。

（三）儿童发展和保护制度建设方面还不够完善

1.青少年心理健康促进体系不完善

针对青少年心理健康状况日益严峻的问题，云南各级党委和政府高度重视，制定实施了一系列政策措施来加强中小学生心理健康教育和干预服务。但从目前来看，云南省青少年心理健康工作主要存在服务供给总体不足、学校心理健康管理与诊疗体系缺乏协同、学校心理健康教育和管理专业性有待

---

① 《云南省2022/2023学年初全省教育事业发展统计公报》，云南省教育厅官网，2023年4月4日，https://jyt.yn.gov.cn/article/2147447223。

② 李启开、任仕暄、杨从海：《坚持立德树人，着力推进云南职业教育现代化》，学习强国，云南省社会科学院，2023年6月7日，https://www.xuexi.cn/local/normalTemplate.html?itemId=13474274937040476993。

提升等问题。服务供给总体不足主要表现为精神卫生资源投入严重不足，县医院普遍缺乏足够的精神科床位或专业医师，且人才流失严重。学校心理健康管理与诊疗体系缺乏协同，表现为教育与卫生行政部门之间在中小学生心理健康问题发现和转诊方面尚未形成有效的协同机制。学校心理健康教育和管理专业性不足主要表现在学校心理健康教师专职少而兼职多、合适的教学资源（教材、指南、手册等）缺乏、课时被挤占等情形。"心理健康教育普遍存在形式化、迎检化、边缘化，咨询、筛查、跟踪、诊治等环节相互脱节。"[①] 仅就中小学心理健康专职教师的配备来看，2022 年，云南省中学配备率为 22.64%，比 2021 年降低了 7.16 个百分点；小学配备率为 8.8%，虽然比上年提高了 4.2 个百分点，且近三年来都在稳步提升，但依然处于一个较低的水平（见表 4）。专职心理健康教师对于提升学校心理健康教育和管理专业性具有十分重要的作用，中小学专职心理健康教师的配备率较低，云南省青少年心理健康服务能力尚需大力加强。

表 4　云南省中小学心理健康教师配备情况（2020～2022 年）

单位：%

指标	2020 年	2021 年	2022 年	2030 年国家《儿纲》目标	2030 年省级《儿规》目标
小学配备专职心理健康教育教师学校比例	1.1	4.6	8.8	提高	提高
中学配备专职心理健康教育教师学校比例	17.58	29.8	22.64	提高	提高

另外，还存在违规组织心理咨询师认证考试、滥用心理量表和精神类药物、心理咨询机构欺骗性营销、高收费和乱收费等乱象，不仅对患者及其家庭带来二次伤害，也会引起公众对于心理咨询的专业性和有效性的质疑。

2. 农村妇幼健康事业基础薄弱

基于云南省边疆、山区、多民族和后发展的基本省情，广大农村和偏远

---

① 浦晓磊：《学校家庭社会应联动施治》，《法治日报》2023 年 3 月 14 日。

山区的基本医疗和公共卫生事业发展相对滞后，妇幼健康服务资源供给数量不足、质量不高，产科、儿科建设总体依然较为薄弱。虽然目前全省已建设若干省级、州市级和县级的危重孕产妇救治中心和危重新生儿救治中心，基本建成覆盖全省、分级负责、上下联动、有效运转的危重孕产妇和危重新生儿急救、会诊、转诊网络，但由于人才和信息化建设的制约，州市级和县级救治中心仍然存在救治能力不足、救治水平较低的普遍性问题，具备一流技术、能够多学科协调合作的危重孕产妇和新生儿救治团队紧缺，跨区域的合作较难实现，基层医疗机构，特别是边远地区的医疗机构，人才紧缺、素质不高、队伍不稳。

同时，偏远农村地区在开展地中海贫血筛查、出生缺陷产前诊断、儿童营养改善等公共卫生项目时对国家资金和省级资金的依赖程度高，服务人群的覆盖率相对较低，严重影响了孕产妇死亡率、婴儿死亡率和5岁以下儿童死亡率等主要指标的有效改善。另外，边远地区、少数民族地区对于婚前检查、孕产妇孕前和孕期规范检查及住院分娩的保健意识、安全意识仍然不高，对儿童各阶段（胎儿期、新生儿期、婴幼儿期、学龄前期、学龄期等）的合理膳食和营养保健意识也较为缺乏，也是导致孕产妇死亡和新生儿及5岁以下儿童死亡的重要影响因素。随着"三孩"政策的实施，高龄和超高龄母亲和父亲不断增多，孕产妇死亡率控制难度加大和出生缺陷发生率增加，将进一步加剧农村、偏远地区和少数民族地区本来就存在的妇幼健康服务体系不够健全、服务能力不强、信息化水平较低等问题。

3. 儿童遭受意外和暴力伤害的监测报告系统存在较大缺陷

《云南儿童发展规划（2021—2030年）》新增设的"儿童与安全"领域中的第一个主要目标为"减少儿童伤害所致死亡和残疾。儿童伤害死亡率以2020年为基数下降20%"，同时，针对道路交通事故、溺水、跌落、食品安全、儿童用品、学生欺凌等主要的儿童伤害来源，制定了相应的目标和策略措施。然而，截至2022年，除了溺水死亡率和儿童用品质量监督抽查不合格率有确切数据外，整体的儿童伤害死亡率却一直为空白。出现这样的问题与云南省儿童伤害监测体系存在较大缺陷密切相关。云南尚未专门针对儿童伤害开展监测，现有的全人群伤害监测点数量少、覆盖面窄且数据仅来源于指定的医疗机构以及不能提供伤害致残数据，也不能反映儿童伤害的社会影响因素，多部门、多渠道开展儿童伤害监测报告的工作尚未开展。

4. 城乡社区儿童福利服务和保护体系不完善

儿童之家作为在城乡社区解决儿童福利和保护工作"最后一公里"问题的有力抓手和有效载体，在《云南儿童发展规划（2021—2030年）》中，对儿童之家提出的目标要求为"建设更加规范，服务能力持续提升，作用进一步发挥"。要实现这个目标，必须进一步健全政府主导、部门统筹、各方参与、共同建设儿童之家的工作格局，进一步完善儿童之家管理服务制度，支持社会组织参与。但从目前来看，还存在部门间联动合力不足、社会工作力量薄弱、儿童主任津贴制度未建立等问题。部门间联动合力不足主要体现在部门间沟通不够，信息互通不畅，虽然很多文件是多部门联合出台，也建立了不少多部门联席会议制度，但在实际工作中，往往变成了牵头部门独力实施，非牵头部门往往要等待上级主管部门的通知要求才会真抓实干。这导致一些工作不能及时落到实处。社会工作力量薄弱主要体现在虽然每年参与社会工作的人才逐年递增，但专门从事儿童社会工作的人才依然供不应求，参与儿童之家运营管理和服务的社会组织依然较少。目前，虽然城乡社区儿童之家普遍挂了牌，但真正能够常态化开展服务的却不多，很多儿童之家仍然处于有名无实、形式化、迎检化的困境中。那些能够常态化开展服务的儿童之家基本上都有专业社工或社会组织的参与或运营。儿童主任津贴制度已经被呼吁了多年，但一直未能建立起来，严重影响了儿童主任的工作积极性。目前，儿童主任多为村（居）委会妇联主席或女书记、女主任兼任，不论是村（居）委会妇联主席，还是女书记、女主任，均身兼数职，时间和精力有限，无暇顾及，或是疲于应付、流于形式，导致儿童之家的管理和服务都不能真正落实。基于上述原因，儿童之家尚未能够发挥其作为城乡社区儿童福利服务和保护重要载体的应有作用，还有待进一步完善。

三 促进云南儿童事业高质量发展的对策建议

（一）坚持系统思维，加强协同，促进儿童健康水平不断提高

现阶段，儿童青少年近视问题和心理健康问题因波及面大且程度深，已经成为关系到儿童青少年自身发展、家庭幸福、社会进步和国家繁荣富强的重大公共卫生问题。这两个问题成因复杂，除了有遗传因素（近视）、青春期生理发育与心理发展特点外，更多地来自家庭、学校以及社会等多方面的不利因素，因此，必须坚持系统思维，从学校、家庭和社会等各领域协同发力，才能逐步解决问题。

1.推动家庭承担起儿童青少年心理健康和视力健康"第一责任人"的职责

父母一要重视自身形象塑造，以身作则，经营好夫妻恩爱和睦的婚姻，遇事商量沟通，减少家庭矛盾，营造温馨和谐的家庭环境；二要进行优生优育，学习掌握科学育儿和儿童健康的基本知识，最大限度保障儿童不同阶段（胎儿期、新生儿期、婴幼儿期、学前期和学龄期）的身体和心理健康；三要将心理健康与身体健康并重，突出视力健康，优化家庭环境优化（如室内照明、儿童桌椅等），建设无烟家庭，控制儿童接触电子产品的时间和内容，督促并陪伴儿童经常性开展户外活动和体育锻炼以放松身心，增强体质；四要学习掌握与孩子有效沟通的方法技巧，认真了解子女的需求，关注青少年的情绪以及心理状态变化，例如，发现青少年突然出现情绪低落的情况，应及时询问原因并主动与教师联系，商讨妥善的应对办法。

2.教育行政部门和中小学校切实履行维护儿童身心健康主体职责

近年来青少年心理健康和视力健康问题突出与应试教育带来的学业压力大有较大关系，因此，教育部门一方面应调整或完善中考、高考评价指标体系，运用中高考"指挥棒"的作用切实减轻学校、学生的教学与课业压力，同时，加大中小学校心理健康教师和校医的配备力度，增强学校防治学生心理健康和视力健康问题的能力；另一方面应加强监督检查中小学校心理健康课程的落实情况和保障学生视力健康的措施落实情况，督促中小学校切实落

实"双减"政策，减轻学生课业负担和用眼压力，从而减少学生因学业压力产生的心理健康问题和视力健康问题。同时，应强化与卫生健康、市场监督等部门的协同，为学校配备合格校医，定期开展学生心理健康和视力健康筛查，配合开展学校基础设施（教室用灯、电子屏、课桌椅等）的品质检查等。另外，应与民政部门密切合作，由民政部门推荐有资质的社会工作专业机构，教育行政部门以政府购买服务的方式在学校设立社工站或驻校社工，以弥补短期内专职心理健康教师缺口大的局限性，运用社会工作专业理论和方法，帮助学校及早发现心理、行为异常的学生，并针对出现偏差的原因（如家庭关系不和谐、亲子缺乏有效沟通、学业表现不佳、同学关系不睦等）及时进行干预，最大限度地降低对儿童青少年成长的消极影响。

中小学校应构建和完善学生心理健康和视力健康防控体系。从心理健康防控来说，首先应建立以专职心理健康教育教师为核心，以班主任和兼职教师为骨干，全体教职员工共同参与的青少年心理健康工作平台。对全体教职员工进行常态化的青少年心理健康培训，开设并上好面向所有学生的心理健康课程，常态化开展学生心理健康监测和筛查，及时发现问题并提供个性化的心理干预。落实"一生一策"心理健康档案，切实改变心理健康教育形式化、边缘化和迎检化问题。其次，面向家长提供三个层面的儿童青少年心理健康培训。第一个层面是面向所有父母的常规性家庭教育和青少年心理健康培训，指导父母学会建立亲密有爱的亲子关系、开展有效的亲子沟通、避免亲子冲突，以避免青少年出现心理和行为问题；第二个层面是面向出现问题的青少年父母的培训指导，开展有针对性的、个性化的家庭教育指导，并适时提供反馈和修正建议，从而帮助父母切实提高家庭教育技能、改善亲子沟通、缓和亲子冲突、修复和重建亲密和谐的亲子关系，有效解决青少年心理行为问题。第三个层面是学校应积极引入社会工作专业力量或设立学校社工站，充分发挥社会工作专业优势，为中小学生及其家庭提供专业化、个性化的团体辅导和个案辅导，对发现的心理、行为出现偏差的学生及时跟进，有针对性地进行干预，尽早纠偏，将问题解决于萌芽之时。从视力健康防控来说，要严格落实国家"双减"政策，减轻学生课业负担和用眼压力，创造良好的用眼环境（如教室采光、课桌椅与学生身高匹配等），确保课间休息、眼保健操、课外体育活动、户外活动等达到要求，同时严格限定电子化教学时长。另外，还应密切配合卫生健康部门定期或不定期地开展中小学生心理健康测评与视力筛查等工作，协同做好儿童青少年心理健康和视力健康防治工作。

3.提高精神卫生资源配置的合理程度，进一步规范心理咨询行业，充分发挥社会专业性力量的作用

针对精神卫生资源特别是青少年精神卫生资源的投入严重不足的问题，卫生健康部门应从心理门诊建设、精神科医师队伍建设等方面来加大青少年精神卫生资源配置力度，优化青少年精神卫生服务体系，并与教育行政部门联合研究建立早期发现和干预、从学校到专业心理健康机构的转诊及治疗康复等系列流程和标准。医保部门可研究将抑郁症等心理疾病纳入医保门诊慢性病种，以减轻患病儿童青少年家庭的经济负担。

针对目前心理咨询行业乱象，应出台更加严格的行业规章，加大对滥用心理量表、滥用精神类药物、乱收费高收费等行为的处罚力度，进一步规范心理咨询行业。

合格的专业心理健康咨询机构、社会工作机构、家庭治疗机构等主要承担由学校转介的心理和行为出现了较为棘手问题的学生的心理、行为治疗，通过向学生和家长提供系统的、专业的心理干预和社会工作服务，帮助学生改变其偏常心理和行为，帮助家长认识到其家庭教育存在的问题并进行改进，进而从根源上解决青少年心理偏常的问题。

（二）提高资源配置合理程度，促进儿童事业均衡发展

针对儿童健康事业、教育事业的城乡不平衡和地区不平衡问题，应进一步提高对农村妇幼健康服务资源和学前教育、高中教育等资源配置的合理程度，科学合理配置中等职业教育资源，缩小并逐步弥合城乡差距和地区不平衡。

1.统筹城乡妇幼健康服务资源配置，强化农村基层妇幼卫生服务能力，提高农村儿童健康水平

对广大农村特别是边境地区、少数民族地区以及欠发达地区，应强化儿

童健康资源配置力度，进一步完善以县级妇幼保健机构为龙头，乡镇卫生院、社区卫生服务中心为枢纽，村卫生室为基础的基层儿童保健服务网络。加大妇幼保健及产科、儿科在人员、设施设备等方面的投入，及时补充产科儿科医师、助产士、护士等人员和相关检查治疗设备、药品等，增强儿童健康服务能力。加强基层儿保医护人员的能力建设，常态化开展针对基层医疗卫生机构的儿童保健和医疗服务能力提升的培训，加快推进乡村医生向执业（助理）医师转化，不断提升全科医生在基层医疗卫生服务机构中的占比。加强针对孕产妇和儿童的农村家庭医生签约服务，以便尽早发现出现异常情况的孕产妇和儿童，并及时转诊，守护好孕产妇和儿童的生命健康。强化基层儿保医护人员的人才激励，在绩效工资内部分配、职称评聘、养老保险等方面给予倾斜，调动医护人员积极性，扎根农村和偏远地区。同时，扩大儿童营养改善项目的覆盖面，全面改善儿童营养状况，降低因营养不良导致的疾病和死亡发生率。通过家长培训、环境改造等措施，降低儿童意外伤害、安全事故发生的频率，从而进一步降低农村和偏远地区婴幼儿死亡率，逐步弥合儿童健康水平的城乡差距和地区差距。

2. 统筹优化教育资源的城乡和区域配置，促进教育均衡发展

首先，要在对全省人口发展现状和趋势进行科学分析的基础上，合理提高人口聚集度较高的地区尤其是农村地区学前教育公办资源的配置力度，不断提高公办园和普惠园的占比，让更多农村儿童和城市随迁儿童能够进入公办或普惠性幼儿园就读。加强农村幼儿园（包括公办和民办）教师队伍建设，常态化开展幼儿保育服务能力提升培训，不断提高农村幼儿园的办园质量。同时，也要加大对城乡无资质"黑园"的打击力度，维护儿童合法权益。

其次，要从教师队伍建设、经费保障、办学模式创新等方面整体提升县域普通高中的办学水平和教学质量，继续将县域普通高中发展提升行动作为"十四五"期间促进县中与城区普通高中协调发展的重点任务统筹推进。积极学习"会泽经验"，在教师人事管理权、教师激励机制、学校办学方式等方面加大支持力度，进一步激发学校办学活力。因地制宜，通过集团化办学，采取名校办民校、名校带弱校、名校办新校、名校办分校等方式，快速孵化一批优质学校。鼓励吸引社会力量参与高中建设和办学；鼓励有条件的高校及其基础教育集团在当地独立办学，尤其是鼓励各州市本科院校积极履行社会责任，主动参与基础教育办学，采取联合办学、委托管理等方式，举办一批高校附中。不断完善具有云南特色的国家、省、州市三级托管帮扶体系，以"省管校用"帮扶为主，其他方式互为补充的"五个一批"① 托管帮扶工程。不断增强"五个一批"托管帮扶的效果和质量，实现薄弱高中托管帮扶全覆盖。通过"五个一批"托管帮扶工程的综合发力，促进县域高中与城区普通高中协调发展，加快缩小教育差距，切实破解"县中困境"，整体提升全省普通高中办学水平和教学质量。

最后，要进一步强化中等职业教育在现代职业教育体系中的基础地位，科学合理布局中等职业教育。由州（市）职教园区（中心）和高职院校整合区域职业教育办学资源，带动区域内中等职业教育（包括中专、职业高中、技校等）发展。围绕云南省八大重点产业、五网建设和世界一流"三张牌"建设等构建云南现代化产业体系的战略部署，紧扣区域国民经济和社会发展第十四个五年规划和二〇三五年远景目标对于产业建设发展的要求，统筹规划中等职业教育布局，加紧布局支撑产业转型升级的相关专业，调整关闭部分不符合经济社会发展需要或重复设置率高的专业点，限制部分市场需求量不大、就业质量不高专业的招生规模。推进产教深度融合，提升专业服务产业能力，鼓励中职学校特色发展，每所中职学校办好 3~5 个特色专业。实施职业教育服务乡村振兴战略，从教师队伍、经费保障、环境优化等方面鼓励中等职业学校结合广大农村尤其是边境和少数民族地区产业发展、基本公共服务（教育、卫生等）均等化对技术技能人才的需求，培养不同层次的技术技能人才。

（三）完善儿童伤害的监测报告系统，不断织密儿童安全保护网

在现有全人群监测系统包括死因监测系统和伤害监测系统中，将儿童即

---

① "五个一批"指教育人才"组团式"帮扶一批、教师"省管校用"帮扶一批、部属高校托管帮扶一批、州（市）内优质高中帮扶一批以及各类协议合作办学一批等。

0～17 岁人群的数据做专门筛选，然后分为 5 岁以下、6～12 岁、13～17 岁三个年龄段，并加上性别、城乡的区分，形成一个全人群监测系统中的儿童监测数据库。同时，可以借鉴四川、江苏等省的做法，将中小学校和幼儿园等教育机构作为儿童伤害的发现和上报单位，建立学校伤害监测系统，从而提高儿童伤害的发现率和报告率。公安、检察院、法院等司法机关和城乡社区同样可以作为儿童伤害的发现和报告单位，依此逐步建立起多渠道收集儿童伤害数据的机制。另外，还应建立医疗机构、教育机构、司法机关和社区等上报数据的对比制度，避免重复统计和漏报。

为实现《云南儿童发展规划（2021—2030 年）》中对于"减少儿童伤害所致死亡和残疾"这一目标，卫健部门与残联组织应合作探索在现有伤害监测中增加对儿童伤害致残的监测，以便能够保护儿童免受伤害，或在遭受伤害后，及时提供帮助，使其尽快康复。

保护儿童免受伤害是涉及多部门、多学科的社会系统工程，迫切需要相关部门包括妇儿工委、卫健、教育、残联、司法机关、市场监督等加强协同，在儿童伤害的发现和上报、数据共享和利用以及切实履行保护儿童职责上共同发力，不断织密儿童安全保护网。同时，还应加强从不同学科包括公共卫生学、社会学、教育学、心理学和法学等多视角对儿童伤害问题的研究，以期获得对云南省儿童伤害问题的全面理解和分析，为制定有效的干预措施提供科学依据。

（四）压实各级政府和职能部门主体职责，不断完善城乡社区儿童福利服务和保护体系

城乡社区儿童福利服务与保护体系是解决儿童福利递送和儿童保护"最后一公里"的重要措施。一个要素齐备、运转良好的儿童之家就是一个社区儿童福利服务与保护体系的载体和平台，建设完善并使儿童之家有效运转、发挥其"为儿童及其家庭提供游戏、娱乐、教育、卫生、社会心理支持和转介等一体化服务"的功能是各级政府的应尽职责。因此，压实各级政府和职能部门主体职责，改变多部门联席会议制度在实际工作中往往只有

牵头部门独立实施的局面，推动各相关非牵头部门强化沟通协作意识，在切实履行好各部门在儿童福利和儿童保护中的职责的基础上，强化情况通报、信息沟通和数据共享，促进多部门协同机制有效运转。

各级政府应从社会投资的角度来看待对儿童之家的投入，将所需合理的工作经费纳入各级政府财政预算，明确规定从省到州（市）、县（市、区）各级参政项目专项出资占比，以构建一个项目建设和运行的资金基础保障平台。在此基础上，建立由地方政府提供儿童之家运行经费的机制，包括管理人员工作经费，开展特色活动、主题活动、社区宣传活动经费，玩具设备维修、增补、更换经费，管理人员培训经费等，避免出现重建轻管的情况，使儿童之家不仅"有人干事"，也"有钱干事"，能够发挥预期的作用。

儿童之家管理员大多由儿童主任担任，但现阶段绝大多数儿童主任没有工作补贴或者补贴非常微薄，也是导致儿童主任在开展儿童之家工作方面缺乏积极性的重要原因，因此，应借鉴江苏、浙江、湖南、广西、宁夏等省区经验做法，坚持尽力而为、量力而行，建立符合云南省实际的村（社区）儿童主任补贴政策和奖惩制度，提高儿童主任的工作积极性。除此之外，还应在提高儿童主任儿童工作专业能力上下功夫，开展定期不定期的学习、交流、培训、考察等活动，提升儿童主任的认识和服务水平，帮助其逐步将儿童之家的工作包括组织架构的完善、服务层次的提升以及管理的规范等落实到位，最终实现《儿纲》和《儿规》对于儿童之家发展的目标要求。

实践已经证明，儿童之家的有效运转离不开社会工作专业力量的介入。针对目前在城乡社区儿童福利服务和保护体系建设中社会工作力量还较为薄弱的情况，应加大从事儿童保护关爱工作的社会组织的培育扶持力度，各级政府各相关部门通过政府购买服务、项目合作等方式，引入有资质、专业性强的社会组织或专业社工队伍，在儿童青少年心理健康、性健康、网络沉迷、校园欺凌、行为偏常等问题的干预中充分发挥社会工作专业优势，为青少年及其家庭提供有针对性的、个性化的、系统的、连续的专业服务。

参考文献

宋月萍、谭琳：《卫生医疗资源的可及性与农村儿童的健康问题》，《中国人口科学》2006年第6期。

汪晓赞、郭强、金燕等：《中国青少年体育健康促进的理论溯源与框架构建》，《体育科学》2014年第3期。

丁继红、徐宁吟：《父母外出务工对留守儿童健康与教育的影响》，《人口研究》2018年第1期。

乔东平、廉婷婷、苏林伟：《中国儿童福利政策新发展与新时代政策思考——基于2010年以来的政策文献研究》，《社会工作与管理》2019年第3期。

李保强、陈晓雨：《中国儿童权利保护：成功经验、现实挑战与未来展望》，《教育科学研究》2020年第6期。

徐宇珊：《社区社会工作中如何推进儿童参与》，《中国社会工作》2021年第33期。

韩悦、胥兴春：《权利保护视域下儿童参与的实践困境及推进路径》，《青少年学刊》2021年第4期。

徐悦臻、和虎：《民族地区易地搬迁安置社区儿童社工介入路径探析——以云南省永胜县Y社区为例》，《云南农业大学学报》（社会科学）2021年第6期。

汪晓赞、杨燕国、孔琳等：《历史演进与政策嬗变：从"增强体质"到"体教融合"——中国儿童青少年体育健康促进政策演进的特征分析》，《中国体育科技》2020年第10期。

刘志军、朱妍：《社工机构介入儿童友好型社区营造的行动逻辑与可持续发展策略——以安徽省X项目为例》，《社会建设》2024年第1期。

卢利亚：《农村留守儿童安全和品行问题的空间治理》，《贵州社会科学》2017年第9期。

关颖：《家庭暴力对儿童的伤害及其社会干预》，《当代青年研究》2006年第5期。

姚建龙：《防治学生欺凌的中国路径：对近期治理校园欺凌政策之评析》，《中国青年社会科学》2017年第1期。

魏叶美、范国睿：《社会学理论视域下的校园欺凌现象分析》，《教育科学研究》2016年第2期。

梁汀：《青少年心理健康状况及其影响因素探讨》，《心理月刊》2021年第23期。

调查篇

B.12
云南农村养老服务体系调查报告[*]

杨晶 吴璟 代丽 阮明阳[**]

摘 要： 党的十八大以来，云南通过不断健全体制机制、保障基本服务供给、加大养老服务设施建设、积极引入社会资本、提升养老信息化水平、探索多元化的养老服务模式等方式，基本实现社区养老服务体系全覆盖，但养老服务体系建设依旧存在困境，普遍存在政府投入总量不足、基本养老服务供给水平较低、养老服务供给呈现碎片化、养老服务人员严重短缺等困境，亟待通过健全体制机制、加大投入等方式，积极推动云南农村养老服务体系高质量发展。

关键词： 老龄化 农村养老 服务供给

---

[*] 本文为云南省社会科学院 2024 年院级项目"人口老龄化加速趋势下云南养老供给的风险与转型研究"（项目批准号 Y B202401，项目负责人：吴璟）的阶段性成果。

[**] 杨晶，云南省社会科学院社会学研究所研究员，主要从事发展社会学、妇女儿童发展研究；吴璟，云南省社会科学院经济研究所副研究员，主要从事发展经济学、妇女儿童发展研究；代丽，云南省社会科学院社会学研究所副研究员，主要从事边疆社会学研究；阮明阳，昆明学院教授，主要从事发展社会学研究。

2020 年，云南省 60 岁以上人口占比达到人口总量的 14.91%，2022 年上升至 15.92%，2023 年再上升至 16.95%，养老形势严峻，尤其是农村地区面临着更大的养老压力和更为艰巨的养老服务挑战。党的二十大报告提出要实施积极应对人口老龄化的国家战略，要通过发展养老事业和养老产业，实现全体老年人享有基本养老服务的任务目标。云南省"3815"战略决定明确未来三年要"发展养老事业和养老产业，构建养老服务体系"。为应对人口老龄化，云南省出台了与地方经济社会发展相适应的养老服务政策，通过构建多元社会保障体系、推进普惠型养老服务提质扩面、建设居家社区养老服务网络、提升老年健康服务能力等措施，解决农村老人"老有所养、老有所医、老有所乐"之难题，并以建设"县—乡—村"三级服务网络的方式满足农村失能、部分失能特困人员的集中照护需求。2023 年，云南省民政厅制定《积极应对人口老龄化全面推进惠老幸福工程三年行动方案（2023—2025 年）》，将实施农村养老服务提升建设工程作为主要任务。但由于云南经济社会发展水平不平衡等问题的存在，云南农村养老服务体系构建还存在诸多挑战。基于此，本课题组开展了此项专项调查。

一　云南农村老龄化新趋势及养老新特点

（一）老龄高龄化趋势明显

从 2010 年至 2020 年，云南省老龄化进程逐年加深加快，全省 60 岁及以上老年人口从 560.4 万增至 703.8 万，占比从 11.06% 增至 14.91%，老年人口增加 143.4 万人，增幅为 25.59%，年均增加老年人 28.70 万人（见表 1）。

表 1　云南省 2010 年与 2020 年人口老龄化状况比较

单位：%

指标	2010 年		2020 年		2023 年	
	云南省	全国平均	云南省	全国平均	云南省	全国平均
60 岁以上人口比重	11.06	13.26	14.91	18.70	16.95	21.1
65 岁以上人口比重	7.63	8.87	10.75	13.50	11.94	15.4

资料来源：《云南省 2020 年人口普查资料》《云南省 2015 年 1% 人口抽样调查资料》《中国 2010 年人口普查资料》《2015 年全国 1% 人口抽样调查资料》。

与其他省区相比，2010 年至 2020 年的十年间，云南省的人口老龄化与城镇化过程相互叠加，一方面城镇化进程加快，另一方面各项促经济稳就业和转移农村剩余劳动人口的政策效应叠加，农村成为人口净流出地区，导致农村人口老龄化速度更快，老龄化城乡差异快速扩大，农村留守老人的数量也不断增加。据不完全统计，农村有超过 40% 的老人为留守老人，空巢老人的占比超过城镇（见表 2）。

表 2　云南省 2010~2020 年 65 岁及以上老人城乡人口数比较

单位：%

城乡	2010 年		2015 年		2020 年	
	人口总数占比	65 岁人口数占比	人口总数占比	65 岁人口数占比	人口总数占比	65 岁人口数占比
全省	7.63	100	8.76	100	10.75	100
城镇	2.49	32.59	3.28	37.44	4.64	43.14
农村	5.14	67.41	5.48	62.56	6.11	56.86

资料来源：《云南省 2020 年人口普查资料》《云南省 2010 年人口普查资料》《云南省 2015 年 1% 人口抽样调查资料》。

表 3 所反映的是云南省老龄人口呈低龄化上升、中龄化下降、高龄化上升的趋势。以 65 岁以上老龄人口为老龄人口基数考察各年龄组老龄人口分布比重情况，自 2010 年起，云南省 65~69 岁低龄老龄人口比重开始上升（65~69 岁由 35.19% 上升为 37.84%）；而 70~79 岁中龄老龄人口下降（其

中 70～74 岁组由 28.64%下降为 25.65%；75～79 岁组由 19.80%下降为 17.66%）；80 岁以上高龄人口由 16.37%上升为 18.84%，其中，云南省高龄老龄人口已从 2010 年的 57.38 万人增长到 2020 年的 95.59 万人，增长 67%，65 岁及以上人口的比重由 2010 年的 7.63%上升到 10.75%，上升了 3.12 个百分点，年平均增长率达 3.49%。

表 3　云南省 2010～2020 年老龄人口年龄分布

单位：%

年龄	各年龄组人数占 65 岁以上老龄人口总数的比重		
	2010 年	2015 年	2020 年
65～69 岁	35.19	34.82	37.84
70～74 岁	28.64	25.57	25.65
75～79 岁	19.80	20.72	17.66
80～84 岁	10.94	12.85	11.39
85～89 岁	4.06	4.57	5.42
90+岁	1.37	1.47	2.03

资料来源：《云南省 2020 年人口普查资料》《云南省 2010 年人口普查资料》《云南省 2015 年 1%人口抽样调查资料》。

（二）农村老人整体健康状况较城镇普遍偏弱

从"七普"长表抽样调查的样本分布来看，在"健康"一项，云南省城镇老龄人口均优于乡村老龄人口。同组比较，城镇女性健康老人远多于乡村女性健康老人，而男性的差距相对较小；在"基本健康"一项上，乡村老人则比城镇老人水平高，特别是乡村女性老年人健康状况要高于城镇女性老人，前者的结构分布说明云南省公共卫生和生活质量存在城乡差别，城镇老年人健康水平更高，而后者则表明农村地区老年人对自身健康状况存在"低估"的可能；在"不健康，生活能自理"一项上，乡村老人的比重要高于城镇老人；而在"生活不能自理"一项上，也存在乡村高于城市的状况，但差距并不显著。根据云南省民政厅 2023 年的农村老人养老服务调研显示，城镇老人的健康状况优于农村老人，其统计显示，全省农村 80 岁以上高龄老人有近 2.8% 生活完全不能自理，32% 需要适度照护。这说明农村老年人尤其是高龄老人对健康和照料的需求要高于城市，且照料需求会随着年龄增长而增加（见图 1）。

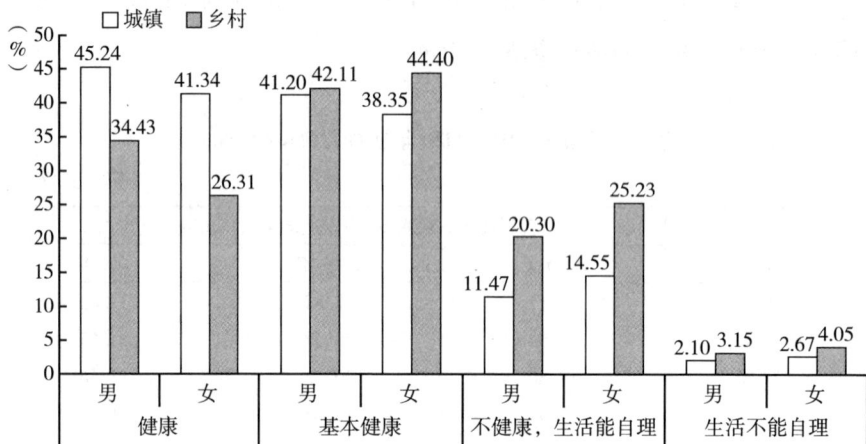

图 1　2020 年云南省老龄人口健康状况城乡分布

资料来源："七普"长表数据。

抽样调查中发现农村老年人慢性病患病率和发病率均高于城镇，高血压、类风湿、呼吸系统疾病、尿毒症成为高发病，也是导致老人丧失劳动能力造成其生活不能自理的主要原因。

（三）养儿防老观念正在发生变化

农村传统养老依托的是居家型的家庭成员照料支持和国家供养相结合的模式。居家和家庭成员照料是农村老年人最惯用的养老思维，养儿防老的养老文化和习俗是在子多家大以及由亲缘关系构建的自然村的社会支持下形成的。随着农村的社会变迁、人口外迁、乡村空心化、家庭核心化，传统家庭养老的支持体系弱化甚至瓦解，农村的养老观念也逐渐产生了新的变化，农村老人的养老正从依赖家庭支持向依赖劳动收入和养老金自我养老转变。

"七普"数据显示，云南省 60 岁以上老人的养老模式为：99.4% 的老人选择居家或社区养老，只有 0.6% 左右的老人在养老机构养老，农村老人选择敬老院养老的比率比城市老人还要低。居家养老仍是城乡老人的养老模式，但在供养依赖上城乡有所不同。从"七普"抽样调查的数据分析可看到，城镇老人养老方式有三种，依靠养老金养老占比 39.36%，家庭其他成员供养占比 39.30%，劳动收入养老，占比 12.17%；而农村老人养老则不同，家庭其他成员供养占比 55.42%，劳动收入养老占比 27.01%，最低生活保障养老占比 9.69%（见图 2）。这一结构分布说明，城市地区养老主要方式为"自我"养老（劳动）、政府养老（退休金）和家庭养老；而乡村地区的主要养老方式仍旧是务农养老与家庭养老并行，且需要有政府补助。实地调查发现，农村老人对机构养老特别是入住敬老院普遍存在排斥心理，随着年龄的增长，农村老人的健康状况、生活自理能力都有不同程度的下降，但他们对进入敬老院和机构养老仍持排斥态度。

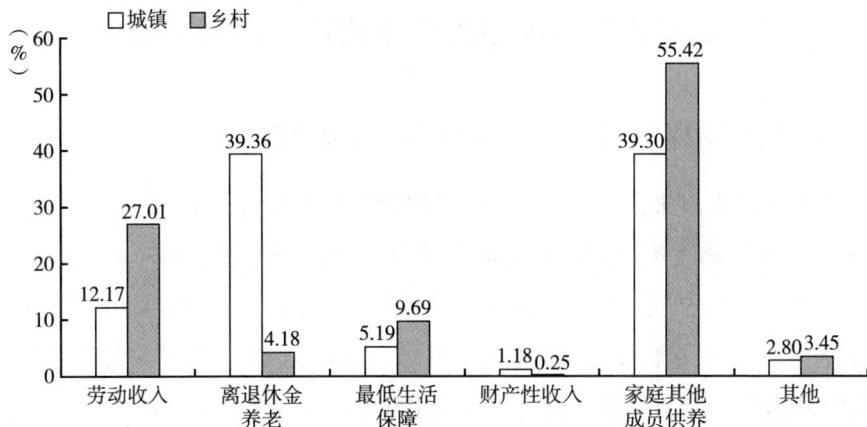

图 2　2020 年云南省城乡老人养老供养依赖

资料来源："七普"长表数据。

（四）农村社区居家养老模式较受认可

从 2015 年到 2022 年，云南社区居家养老服务中心/站以农家书屋、老年活动中心、老年互助站、幸福食堂、农村幸福院等各种形式在农村社区中迅速推广建设。农村老人对社区居家养老形式的认可度也逐年提高。从2016年到2021年课题组在云南农村多地的调研来看，社区居家养老服务网点建设已能覆盖到60%的村民委员会，有的甚至自筹资金在村民小组或自然村一级建设社区居家养老服务站。农村老人对社区居家养老服务中心的认知率也从最早不到10%提高到80%。从村民对社区居家养老中心的需求来看，健康照护、日间照料和用餐成为刚需，但多数老人却很少有支付意愿和支付能力。同时，实地调研也发现，社区居家养老中心发展参差不齐。距离中心城镇的养老中心经营状态好于距离远的村委会；坝区村委会的中心发展好于山区；有集体经济积累的村委会养老中心发展远好于经济空壳村，还有更多的村委会的社区居家养老中心只停留在场所建设的层面，没有服务、没有经营。

二　云南农村养老服务体系建设的进展与成就

（一）不断健全制度保障，优化政策支撑体系

党的十八大以来，为切实应对和缓解农村养老压力，国务院及职能部门出台了多项配套政策措施，不断加强对农村养老服务事业的政策引导，在《"十三五"国家老龄事业发展和养老体系建设规划》中特别强调要"加强农村养老服务"，要求积极为"低收入、高龄、独居、残疾、失能农村老年人提供养老服务"。"老有所养"被纳入《国家基本公共服务标准（2021年版）》，基于这一标准，基本养老服务公平性和可及性将得到持续改善，380多万特困老年人纳入特困供养范围，3600多万老年人享受各类福利补贴。2017年民政部和财政部把建立基本养老服务清单制度纳入了居家和社区养老服务改革试点的范围。2019年国家印发《普惠养老城企联动专项行动实施方案（2019年修订版）》，围绕"政府支持、社会运营、合理定价"，按约定承担公益，深入开展城企合作。党的十九届五中全会将积极应对人口老龄化上升为国家策略，要求补充农村养老短板，完善农村基本养老服务体系、开展医养结合养

老模式。在《"十四五"国家老龄事业发展和养老服务体系规划》中，针对农村养老服务水平不高的问题，强调要"加快补齐农村养老服务短板"，通过设施改造实现农村有意愿的特困老年人集中供养、构建农村互助式养老服务网络、增强乡镇养老设施对村庄养老服务的指导、加强人才队伍建设、以村民自治为基础建立特殊困难老年人定期巡访制度等，夯实农村养老服务的基础，实现"老有所养"的全覆盖。2021 年 11 月国家印发《中共中央　国务院关于加强新时代老龄工作的意见》首次提出在中央层部署建立基本养老服务清单制度，这是贯彻落实党的十九届五中全会提出的关于健全基本养老服务体系的重要举措，也是推进实现国家积极应对人口老龄化中长期规划所提出的"2035 年全体老年人享有基本养老服务"这个远景目标的重要举措。2022 年，"优化城乡养老服务供给，支持社会力量提供日间照料、助餐助洁、康复护理等服务，发展农村互助式养老服务"被写入政府工作报告。在党的二十大报告中，再次强调要实施积极应对人口老龄化的国家战略，要通过发展养老事业和养老产业，实现全体老年人享有基本养老服务的任务目标。2023 年国家出台《关于推进基本养老服务体系建设的意见》，提出推进基本养老服务体系建设是实施积极应对人口老龄化国家战略，实现基本公共服务均等化的重要任务。

在省级层面，云南省建立了由 27 个部门参与的养老服务联席会议制度。全省养老服务政策落实情况纳入省委、省政府对州市的年度综合考评事项。加快构建养老服务体系、加强城乡养老服务设施建设连续 11 年被列为全省惠民十事之一。从 2014 年起，云南省出台并实施了近 30 项相关政策、实施意见以及财政支持和资金使用监督管理办法。这些政策涵盖了公办养老机构改革、养老服务质量提升、支持社会力量兴办养老机构、促进养老托育服务健康发展、建立健全养老服务综合监管等内容，在强调养老服务兜底保障的同时，云南省的省级政策还在推进居家社区养老服务创新示范、统筹城乡养老服务发展规划、加强养老服务标准化、人才队伍建设等方面提出新举措。云南省通过逐年增加农村敬老院的建设数量，增设农村养老服务床位数，持续通过新建或改扩建城乡社区居家养老服务中心，新增社区服务床位数，以期提升全省养老服务能力。2021 年云南省在全省范围内实施了惠老阳光工程，旨在全方位优化养老服务有效供给，积极培育居家养老服务，促进机构养老服务提质增效。激发市场活力，支持社会力量建设一批、公建民营一批、医养结合一批增设城乡养老服务设施，推动"15 分钟居家养老服务圈"建设，积极引导城乡老年人家庭进行适老化改造，持续增加养老服务领域有效供给，全面提升养老服务质量和水平。2022 年，云南省政府出台《云南省"十四五"老龄事业发展和养老服务体系规划》，提出深化"放管服"改革，优化营商环境，激发各类服务主体活力，支持各类社会主体积极参与，创新服务模式，拓展居家社区养老，发展农村养老，培育养老新产业、新业态、新模式，推动服务业深度融合发展，大力发展银发经济。① 2023 年，云南省民政厅出台《云南省关于开展特殊困难老年人探访关爱服务的实施方案》《关于进一步完善云南省城乡居民基本养老保险制度的通知》。2024 年云南省政府出台《云南省推进养老服务高质量发展三年行动方案（2024—2026 年）》，提出构建居家社区机构相协调、医养康养相结合的养老服务体系，加快推进全省养老服务高质量发展。

农村养老体系建设主要涵盖基本养老服务和普惠养老服务，政府的主导关系到养老服务的有效供给和持续供给。《云南省人民政府关于加快发展养老服务业的实施意见》中提出建立健全基本养老服务制度，并精准策划农村养老服务体系建设的重点任务，将农村"五保"老人纳入政府供养和特困人员救助范围，健全特殊困难老年人财政补贴制度；在普惠养老方面，提出加强村社一级服务设施建设，发展居家养老服务；通过对乡镇中心敬老院的提升改造和市场化改革，增加农村养老服务的有效供给。此外，在村社一级，利用现有场所，多形式发展居家养老服务中心、托老所、老年活动中心、农村幸福院等互助性养老服务设施；对不同层级的由社会力量包括村集体出资建设的农村养老设施提出有针对性的政府补贴方案，以鼓励更多社会

---

① 《云南省人民政府关于印发云南省"十四五"老龄事业发展和养老服务体系规划的通知》，云南省人民政府网，2022 年 8 月 25 日，https://www.yn.gov.cn/ztgg/lqhm/hmzc/ylbz/202208/t20220825_246308.html。

组织/企业投资养老服务的行业发展。省级政策的出台和实施将健全农村养老服务体系进一步具体化，为整合现有资源如各类闲置房屋资源、农村党建活动室、卫生室、农家书屋等办理社区居家养老服务中心/站提供了具体的路径，通过对近年来全省农村养老服务站最佳案例的总结，提出了依托村两委、老年协会和社区成员等发展互助养老服务的新模式。2018 年云南省人民政府办公厅发布《关于全面放开养老服务市场提升养老服务质量的实施意见》，首次提出建设智慧健康养老服务平台，利用数据和信息技术创新养老服务模式，尤其是在老年人健康管理、护理看护、康复照料、紧急救援、精神慰藉、服务预约、物品代购等方面，提出了多元化的、精准化的、生活化的智慧养老新概念。与此同时长期被忽视的养老服务包括老年医学、康复、护理、营养、心理、社会工作、健康管理等专业人才培养和供给被提上日程。在省级层面还提出将养老护理员纳入城市落户政策范围，积极开发老年人资源，为老年人的家庭成员提供养老服务培训。2018 年云南省九部门出台《关于加强农村留守老年人关爱服务工作的实施意见》，首次提出将特殊困难人群包括农村留守困难老年人和"失独"老人纳入救助保护机制，建立信息台账与定期探望制度，此后这一制度延展到农村困难老人、残疾老人和高龄老人。2020 年云南省实施了"特困人员供养服务设施（敬老院）改造提升三年行动计划"。2021 年出台《关于促进养老托育服务健康发展的实施意见》，对如何扩大养老服务供给提出具体举措，包括推进居家社区配套服务设施建设、优化居家社区服务、提升养老托育机构水平、推动培训疗养资源转型发展养老服务、拓宽普惠性服务供给渠道等五个方面。

2022 年 6 月，云南省出台《关于加强新时代老龄工作的实施意见》，该实施意见对于建立托底制养老服务保障提出具体的方案，包括构建多层次的养老保障体系，完善居家社区养老服务网络，制定基本养老服务清单，公办养老机构优先接收经济困难的失能（含失智）、孤寡、残疾、高龄老年人以及计划生育特殊家庭老年人、为社会做出重要贡献的老年人，推进医养结合型养老模式，为失能老人建立长期照护制度。2022 年 8 月《云南省"十四五"老龄事业发展和养老服务体系规划》正式印发。规划首次将基本养老服务清单和服务评估制度纳入养老服务体系，首次提出建设老年人教育资源共享和公共服务平台，首次提出将养老服务从业人员职业化、专业化。2022年9月云南省出台《关于推进基本养老服务体系建设的实施方案》，较以往的政策和措施，该方案在几个方面实现突破性进展，提出了基本养老方式要从"人找服务"到"服务找人"的主动性转变，强调了跨部门的合作，强化了对困难老年群体的基本服务供给保障，该方案较之以往主要有如下新举措。明确基本养老服务内容，制定基本养老服务清单；建立精准服务主动响应机制，推动跨部门信息共享，建立困难老年人精准识别和动态管理机制，将失能老年人家庭成员照护培训纳入政府购买养老服务目录；建立健全独居、空巢、留守、失能、重残、计划生育特殊家庭等老年人居家探访与帮扶制度；建立基本养老服务评估评价制度。2014年云南省政府出台《云南省人民政府关于印发云南省城乡居民基本养老保险实施办法的通知》，2023年云南省民政厅出台《云南省经济困难老年人服务补贴实施办法（试行）》、云南省民政厅等12部门印发《云南省关于开展特殊困难老年人探访关爱服务的实施方案》等政策，助推云南养老事业高质量发展。

经过多年实践，从出台和实施的政策措施来看，政府在体系建设中的职能与职责更清晰，将政府在农村基本养老服务和适度普惠型养老服务中的主导供给职能进一步明确，突出了在托底型养老、基本养老服务、养老服务质量监督、服务主体的培育和服务供给者孵化、养老服务的质量评价与行业监管等的主责；养老服务逐渐从单一项目化发展、模式试点和设施建设向体系化建设转型；在普惠型养老服务政策下强化基础建设，强化以网点和服务平台建设为社会化养老服务的可及性搭建好基础；系列政策健全了农村养老服务体系，明确了不同层级养老服务对象、服务项目、服务内容、服务标准以及政府投入的重点方向，细化了体系建设的政策补贴和投资标准等。

（二）构建起基本服务供给的底线和基线

构建基本养老服务的底线和基线是基本养老服务的核心内容。实现基本养老金全覆盖制度不仅是补齐农村养老服务短板的着力点，也是让农村老年人实现老有所养的基础。从 2012 年起，云南省就建立了基本养老金发放全覆盖制度，俗称"人头费"，实现基本养老金全覆盖，构建了省级基本服务供给基线标准。

从 2012 年到 2021 年十年间，农村基本养老金平均水平从 65 元/人·月提高到 116 元/人·月。随着城乡基本养老保障制度的不断健全以及养老保险缴纳覆盖率的增加，城乡基本养老金的标准还将提高。此外对农村 80 岁及以上老人还保证了高龄补贴制度，80 岁到 90 岁老人有 50 元/人·月，91岁到 100 岁老人有 100 元/人·月，100 岁以上老人有 300 元/人·月。对农村发展有贡献的老人每人每月有不少于 400 元的补助。

健全农村老龄困难群体的基本养老保障制度。将不同的特殊困难群体分门别类地纳入不同层级的财政补贴范围，筑牢基本养老服务的底线成为西部农村迈向共同富裕新征程的首要任务和核心。云南省充分发挥社会保障制度的兜底效能，建立了特困老人的保障制度，重点关注病、残、孤寡、失能、半失能、高龄老人以及困难留守老人群体。底线保障分为几个层面，对于"五保户"以及其他特困老人建立现金补贴，每月每人 910 元，从 2022 年 7月开始，对分散供养的失能老人发放 151 元/人·月的服务补贴，半失能老人 88 元/人·月，自理老人 50 元/人·月。持续实行残疾老人两项补贴，残疾补助 80 元/人·月和困难补助 70 元/人·月。建立完善高龄老年人补贴制度。2023 年，云南省建立健全 80 周岁以上老年人高龄津贴制度、经济困难老年人服务补贴和特困老年人护理补贴制度，惠及 119 万老年人。① 部分地方在省级指导标准（80 岁以上 50 元/人·月、100 岁以上 300 元/人·月）基础上还调高了补贴标准。

目前云南省全省 129 个县（市、区）均建有至少一个农村敬老院，对农村困难老人的服务覆盖率达 100%。公办养老机构在遵循本人意愿的前提下优先收住农村困难老人，对社区层次的由村集体主办的社区服务中心可享

---

① 《2024 年云南省两会新闻发布会》，云南省人民政府，2024 年 1 月 29 日，https：//www.yn.gov.cn/ynxwfbt/html/2024/fbh_ zhibo_ 0127/2271.html。

受一定的免费服务。对于因病因灾致残的农村老人建立有相应的救助保障制度，还可纳入农村低保的动态管理体系中享受不同层级的低保待遇。

（三）不断强化养老服务设施建设

据云南省民政厅统计，从2012年以来中央和云南省省级累计投入养老体系建设补助资金46.38亿元。其中，中央投入12.34亿元，省级投入34.04亿元。近年来省级财政公共预算持续加大养老服务体系建设资金投入，2018年从原来的1.25亿元增加至2亿元，2021年从原来的2亿元增加至4亿元。2019年起，各级政府用于社会福利事业的彩票公益金从50%提高到55%以上用于养老服务业，持续加大财政资金投入，以支持养老服务体系建设。

政府投入主要用于各层级的养老服务设施建设，旨在提升养老服务的供给容量和供给能力。截至2023年12月底，全省各类养老机构和设施达1.42万个，床位18.1万张。① 运营养老机构887个，在全国各省（区、市）中排第17位，远高于广西（574个）。机构运营床位93399张，护理型床位41076张，护理型床位占运营养老床位的43.98%，高于四川（30.2%）和贵州（32.4%）。机构入住老人31841人，入住率34.1%。建成和在建街道级养老服务中心143个，其中有农村老年活动室8020个，社区养老服务设施覆盖率73.2%，比"十二五"末26.5%的覆盖率增长了46.7个百分点，在全国各省（区、市）中排名第22位，高于贵州（54%）。建成养老总床位18万张（包括机构的12.3万张和社区居家服务中心的5.7万张），养老床位比"十二五"末的12.3万张，增长46.34%，运营养老床位数15.1万张，在全国排第24位，低于四川（46万张）和贵州（16.5万张）。

瞄准农村低收入、有失能、半失能老人的困难家庭，开展农村适老化设施改造。从2021年开始利用中央财政资金2000万元，为大理和昆明的6143

---

① 《2024年云南省两会新闻发布会》，云南省人民政府，2024年1月29日，https://www.yn.gov.cn/ynxwfbt/html/2024/fbh_zhibo_0127/2271.html。

户农户进行设施改造，全省有 6970 户经济困难老人受益。2022 年增加投入资金到 2500 万元，选择红河州作为试点，按 3000 元/户标准整合资源，将为 8000 户农户进行设施适老化改造。云南省从 2021 年每年将投入 1500 万元开展农村适老化设施改造，到 2025 年要保证 2.5 万户农户受益。

服务人员的专业化和从业人员队伍的充实是保障养老服务可及性的重要支撑。从 2020 年以来，云南省民政厅更为重视养老服务人员的培育和培训，每年整合各部门资金资源，加大投入开展"康养云师傅"培训，提升并扩大养老服务的可及性。2020 年至今，有 5 万多人次接受培训，养老院院长培训实现全覆盖。2021 年，云南省有超过 8 万人次参与"康养云师傅"培训，其中有 2.5 万人为养老护理员。

（四）政策杠杆撬动社会资本投入农村适度普惠和普惠养老服务

为提高公办养老机构资源绩效和服务品质，不断提升床位利用率，云南省积极推动公办养老机构改革，对具备向社会提供养老服务条件的公办养老机构开展公建民营，鼓励具备养老服务管理经验、具有专业服务团队和医疗服务资源、有一定经济实力的社会力量通过独资、合资、合作、联营、参股、租赁等方式，参与公办养老机构运营，不断提升养老机构服务质量。

一是建立社会力量兴办养老机构一次性建设补助制度。云南省省级财政每年安排 5000 万元，对自建产权用房给予每床 10000 元补助；租赁用房（租赁期在五年以上的）每床 5000 元补助；护理型养老机构的老年人入住率达到 60% 及以上，可再享受 1000~2000 元补助；对申请纳入城企联动的养老机构项目，每张床位可享受 2 万元中央预算资金补助；符合条件的小微养老服务企业，可申请不超过 200 万元的创业担保贷款。到 2021 年末云南省有 151 家民办养老机构（农村幸福食堂）获得补助（其中包括 6 家已倒闭的机构），带动社会资本约 26.18 亿元，吸引了实力较强的康旅、昆钢、诺士达、杏林大观园、一心堂、华龙圣爱等集团公司参与社会化养老服务体系的构建。

二是建立养老机构运营补助制度。云南省省级财政每年安排 1 亿元，综合机构收住老人身体状况、机构等级评定、诚信状况、医疗服务能力等因素，按实际收住老人的床位数、月数等给予补助，最高每床每月280元，机构服务质量越好，入住失能老年人越多，补助资金就越多。建立社会力量兴办养老机构运营困难补助制度：社会力量兴办的养老机构（含公建民营），其经营收入与所获运营资助资金不足弥补运营成本（费用）而形成亏损的，可在所获补助标准的基础上再上浮20%的幅度内予以补助。

三是建立养老机构综合责任保险补助制度。云南省省级财政每年安排500万元，对公办机构全额补助（140元/床/年），对民办机构给予80%补助（112元/床/年），在养老机构内发生的意外均可由保险公司赔偿。

（五）开展社区居家养老全覆盖行动

云南省积极推动社区居家养老服务全覆盖工程。

一是在街道层面建设具备全托、日托、上门服务、服务指导等综合功能的社区养老服务机构。在城市社区层面建立嵌入式养老服务机构或日间照料中心，具备为老年人提供生活照料、助餐助行、紧急救援、精神慰藉等服务。在农村行政村、较大自然村层面，按标准建设日间照料中心、农村互助养老服务站（点）等互助性养老服务设施，让老年人在熟悉的环境中生活、在亲情陪伴下养老。2021年云南省级资金投入5.9亿元，补助92个街道养老服务中心、156个农村区域养老服务中心、163个城乡社区居家养老服务中心建设。

二是利用社区各类养老服务设施和基础设施资源，引入餐饮企业、社会组织等，通过提供场所、以奖代补等多种形式，开办老年幸福食堂或提供送餐上门服务，为老年人提供安全、方便、实惠的助餐服务。云南省级对符合条件的新增"老年幸福食堂"给予3万~20万元不等的资金补助，并鼓励有条件的地区在省级补助的基础上适当加大补助力度。现全省开展为老年人供餐服务的机构（站点）有347个。

三是开展居家适老化改造试点。2021年起，省级每年安排补助资金，对全省分散供养特困人员范围的高龄、失能、残疾老年人，按照户均3000元标准，对7类基础项目实施居家适老化改造，进一步提升老年人居家安全环境。同时，支持有条件的地区采取政府补贴的方式积极引导城乡高龄、失能、残疾老年人家庭进行适老化改造。

四是老年人关爱服务更加全面。建立并实施农村留守老年人和分散供养特困老年人定期巡访制度，推动实施全省留守老年人排查调研和信息收集工作，建立了相关信息台账，归集数据7.1万条。推动昆明、大理、玉溪等地开展"物业服务+养老服务"试点，探索"三社联动""时间银行"等互助养老志愿服务，满足老年人的精神关怀和生活帮扶需要。

在农村养老的具体实践中，云南省各地既有自上而下的政府主导型农村就地养老模式，如"多院合一"中心敬老院模式，"12349"居家养老呼叫服务网络系统，以及政府自建的农村居家养老服务中心，也有自下而上的群众自发型养老模式，如昆明市晋宁区开办"爸妈饭桌""爱心饭堂"，在全省首创农村"以地养老"模式；曲靖市陆良县等地举办"幸福餐桌"，曲靖市提供"幸福餐桌"服务的居家养老服务中心（站）155个，占全市居家养老服务中心总数的45%。此外还有社会资本介入、多主体共同推动的养老模式，如昆明市官渡区"医养护一体化"养老模式等；还有政府出资一点、村集体支持一点和村民自筹一点的农村幸福院或农村幸福食堂，如玉溪市江川区、曲靖市陆良县、昆明市的官渡区，政府购买由社会组织为失能半失能老人提供定期普惠养老服务和基本养老服务；更有村民自发组织的由低龄老人组成的老年协会，通过劳动积累资金，服务高龄老人的自助和互助式养老，如西双版纳勐海县和临沧市的沧源佤族自治县等。

（六）探索医养结合养老模式

农村老年人因病而衰因病而贫的现象较为普遍，重视农村老年人的健康，是开展健康管理中基本养老服务中的重要一环。目前云南省全省范围内的乡镇级和村级卫生室对65岁及以上居家养老的老年人每年提供2次医养结合服务，主要包括提供健康评估与健康档案管理，并将其纳入基本公共卫生服务范围。2021年，全省乡镇卫生院为313.62万名65岁及以上老年人提供医养结合服务，为311.95万名65周岁及以上老年人开展健康管理。全省已建立了1190家注册评估服务机构，为8651名老年人开展失能等级评估，为2952名失能老年人提供健康服务。

云南省鼓励养老机构和医疗卫生机构按照就近属地、便民便利、互惠互利、低偿优质、全面覆盖的原则开展形式多样的签约合作，为老年人提供基本公共卫生、疾病诊疗、医疗康复、安宁疗护等相关服务。2021年养老机构与医疗机构签约率达到90%以上。大理、怒江等州市医养签约服务率达到100%，全省现有医养结合机构152家、床位4万余张、从业人员1.8万余名，每年服务老年群体超20余万人次。

2021年云南省13家医养结合机构申报了第二批老龄健康医养结合远程协同服务试点，到2022年6月，全省共有18家医养结合机构成为国家远程协同服务试点。省级层面推动医养结合机构通过医养结合远程协同服务平台建设，为入住医养结合老年人提供远程医疗、慢病管理、复诊送药、照护指导、人员培训、科普讲座等远程协同服务。

（七）运用网络信息技术助力农村养老

2018年云南省开通了"12349"养老服务热线，通过联合互联网平台企业，运用网络信息技术，就近为有需求的居家老年人提供紧急呼叫、健康咨询、家政服务、物品代购等服务。到2022年6月，智慧养老服务平台已接入374家养老机构和社区服务中心、244家家政服务公司，提供358项居家服务，并为签约老人提供了专属签约服务。与此同时，借助脱贫攻坚建立起的县—乡—村三级信息网与地州级"互联网+"平台建设相结合，全省范围内，昆明市、曲靖市、红河州、大理州、文山州、玉溪市、保山市、丽江市已建成"互联网+"居家养老服务信息平台，共8个。同时，在省级层面还借助云南省"一部手机办事通"，加入高龄津贴认证和服务平台应用软件，实现全省高龄津贴在线申请、在线认证和在线办理。目前，云南省正在加快"云南互联网+智慧健康养老服务平台"建设，平台将通过养老服务需求与养老物品生产商、供应商以及服务项目相联结，通过调度和协调各类社会资源为更多老人提供有针对性的、定制化的养老服务。

三 云南农村养老服务供给中存在的问题

尽管云南农村养老服务体系构建已经有了较大进展，但还面临着诸多挑战与问题，相较城市和城镇，农村养老服务供给明显不足，农村养老服务体系建设滞后于农村老龄化进程，政府供给水平低、服务水平低、多元化供给主体间缺乏协同性、服务人员缺乏、养老服务呈现碎片化和非持续性、养老产业缺乏发展空间，这主要有历史遗留的欠账，也有公共资源配置不合理的因素。

（一）政府投入总量不足，基本养老服务供给水平低

基本养老金是每一个农村老人能享受到最基本的养老服务之一。从2012年开始基本养老金实现国家统筹，农村老人每人每月即可领取55元，如果地方财政允许可视其财政收支状况在此基础上增加，云南省当时的水平是50~65元/人·月。2019年中央标准提高到88元/人·月，到2022年云南省农村老人每月可领取113元/人·月。与同一时期东部地区相比，水平偏低，上海标准为1100元/人·月；在西部各省区市中，云南亦属偏低水平，最高为西藏，180元/人·月，青海为178元/人·月，新疆为140元/人·月，宁夏为153元/人·月。造成基本养老金城乡差距过大原因有三。一是合作化时期城乡二元化的体制分隔以及政府在农村养老服务中的缺位；二是农村养老保险缴纳较城镇职工的比例低，还有农民和外出农民工存在不缴纳养老保险的情况；三是基本养老基金积累不足，养老金区域的城乡差距拉大，人口流出区域的农村养老金收不抵支，难以支撑农村基本养老金总量和个人基本养老金的双增。2021年全国仅7个省级行政区实现了对中央调剂基金的净贡献，云南省以及西部多个省区市均不在其内。有学者对城乡基本养老金的差距进行过比较，2020年农村养老保险人均领取额每月不足200元，较城镇职工基本养老保险人均领取额相差约20倍。[1] 西部农村老龄化

---

[1] 任泽平：《泽平宏观：中国人口老龄化的五大趋势》，金融界，2022年3月8日，https：// baijiahao. baidu. com/s？ id＝1726715569513513013&wfr＝spider&for＝pc。

程度正在逐步加深，但农村基本养老金短时期内不可能大幅上涨，更不可能在短期内和城镇退休职工的基本养老金持平。

2012年以来，中央和云南省级投入养老体系建设补助资金累计达46.38亿元，包括中央投入12.34亿元，省级投入34.04亿元。2018年云南省级投入2亿元，2021年增加至4亿元（加上中央资金，投入累计6.8亿元左右）。2019年起，各级政府用于社会福利事业的彩票公益金从50%提高到55%以上用于养老服务业，持续加大财政资金支持养老服务体系建设的投入。截至2022年8月，中央和省级在养老服务方面的投入已逾8亿元，到2022年末累计资金投入可接近10亿元。尽管财政投入增多，但投入总量仍显不足，尤其是农村，如果按人均算，农村老人可获取的基本养老服务供给投入不足1400元，基本养老服务体系以及适度普惠养老服务支出在当年的公共财政支出中占比不到0.2%。

（二）养老供给主体间的协同性有待加强，农村养老服务供给呈现碎片化

农村养老体系主要包括基本养老服务和适度公平的养老服务，从公共产品和准公共产品的属性来说，政府在农村养老服务体系建设和养老服务行业监管中必须发挥主导职能，再通过激励性政策和措施鼓励企业和社会组织进入，鼓励村集体、老年协会、妇女小组、村组非正规组织等参与对老人的互助活动，真正形成多元化多层级的服务供给主体。但在实际上，多元化的供给主体没有形成，且供给主体间缺乏协同性。

首先，政府部门之间的职能职责有重叠，民政厅、卫健委和发展改革委都会有相应的养老设施建设项目，人社厅负责基本养老金发放，劳动保障部门负责助老员培训，部门间在基本养老服务供给方面的协作性和协同性有待加强。农村养老更多地与医疗照护和健康管理相关，但养老服务体系建设却将卫生医疗与养老服务分别归属民政厅和卫健委管理。

其次，省级和州市以及县级政府间也需要有一定协同，云南省的县级政府多属于财政不能自给，对养老服务的投入和配套十分有限，对于政府购买

服务也不持续，无法形成常态化支持，导致服务碎片化。农村收入水平平均低于城镇，而农村老人收入更低，支付能力弱，因此养老服务市场化进程非常低，注定养老产业在农村的发展只是微利薄利，诸多企业不愿投资也不愿进入养老行业。

再次，农村养老服务类社会组织普遍"小、散、弱"，对政府补贴和政府购买服务的依赖性大，也不具备养老服务的专业管理经营能力和持续长效服务能力；且农村社会组织发展空间有限，处境艰难，在协同供给主体发展不平衡的情况下，难以实现在农村养老服务中发挥更积极的作用。

最后，村集体对于农村养老服务的支撑很大程度上基于集体经济的积累，但现实中云南农村多是经济空壳村，或集体经济刚起步无积累，无法更多地给社区养老服务提供支持。各类村民组织的形式如村文艺队、老人协会和妇女小组在社区养老服务中的作用非常重要，从定期慰问、组织娱乐活动到助医、助洁，但这些活动多是自愿参与，且很大程度上要看活动经费的可行性，服务低端化、碎片化，对于长期需要照护服务的老人作用有限。

（三）服务人员极其缺乏，农村养老服务可及性存在障碍

我国因长期以来没有对养老服务给予足够的重视，导致养老服务专业化发展十分缓慢，专业养老服务人员奇缺是主要表现之一。云南省农村养老服务起步较晚且专业化运营不够成熟，专业化照料服务队伍尚未建立。主要体现在以下几方面。一是护理人员严重缺乏。云南省养老护理员数量严重不足，2021年全省养老机构仅有工作人员8558人，绝大多数都是边远山区进城务工的农民工和下岗失业的女性"4050"人员，按当前60岁以上的老人来计算，平均1000名老人才有一名护理员，且多集中在城市，农村养老服务因为没有护理员而变得不可及。实地调研发现，绝大多数村委会没有助老员，连民政信息员也是一身多职，没有时间接受专业护理照护培训，更没有时间对老人进行护理照护。二是护理人员素质不高。现护理人员大多为"4050"人员，农村敬老院临时招聘的多为留守妇女，56%以上没有专业知

识，且未经过专业培训，所提供的服务大多限于日常照料，服务质量不高，难以满足老年人日益增长的物质和精神上的需求。三是护理人员收入水平普遍偏低，稳定性低、流动性大。养老机构聘用的医务人员和普通职工工资待遇低、流动性大，年流失率在25%左右。

一方面，农村养老服务体系建设滞后，投入不足，目前设施供应上包括养老机构和社区养老服务设施建设不足，基本养老服务水平和层次较低，养老服务缺乏且无质量保障。另一方面，受传统家庭养老文化的影响，农村养老机构老人入住率低，多数纳入基本养老服务制度保障的"五保户"、失能、半失能困难老人处在散居且无家庭照料的状态中。而更多的老人处在居家但无社会服务选择且无力选择或不愿选择社会服务的状态中。

（四）农村养老需求多样化，公共资源配置难以契合

积极应对老龄化，要求建设一个能积极有效并精准回应老年人需求的服务体系。新型的养老服务体系将以政府倡导的社会化养老服务为核心，而社会化养老服务由居家养老、社区养老和机构养老组成。政府按照三种养老的比例合理配置公共资源。然而目前公共资源配置与农村多样化的养老需求却存在难契合的状况。首先，随着农村老龄化高龄化进程加快，失能、半失能老人、低收入留守老人数量大增，老人因残致贫、因病致贫的隐忧增加，尽管基本养老保险制度已经将这部分老人纳入制度保障范围，但保障水平低，不足支撑农村老人享受适应性养老服务，且保障制度注重现金发放，存在重经济轻服务的状况，此类群体更需要的日常照料和上门服务没有保障。其次，在农村养老机构方面，存在重建设轻运营的情况，养老机构的服务质量缺乏监督和监管，服务水平低，这也是老年人不愿入住的原因。最后，养老服务的资源分配多集中在城市和中心城镇，政府购买项目和养老服务下乡缺乏，农村老人的需求得不到回应。

四 完善云南省农村养老服务体系建设的 对策建议

（一）要建立与农村老人适应性需求相适应的长效投入机制

在农村老龄化和高龄化不断加剧、对养老服务需求不断增加的同时，财政投入却呈现出城乡倒挂现象。对农村养老服务体系的投入应成为政府常态化投入，不能使用惯常的项目型投入思维，而应与各级政府的公共财政收入和支出进行挂钩，纳入次年财政预算，按一定比例随公共财政收入和支出的增加而增加，将农村养老服务投入常态化、机制化。以往的财政投入以中央财政和省级投入为主，州市与县级投入较少，要增加对农村养老服务体系建设的投入，四级政府都应将此纳入常规预算。要加强各级政府以及政府各部门的资金统筹力度，以打通农村居家和社区居家养老服务的"最后一公里"为目标，建立健全长期护理保险制度，为有照护需求的农村老人提供护理保障和经济补偿，实现护理与日常照护入户，建立家庭病床制度。农村养老，居家还是根本，要结合不同类型农村老人的家庭需求与差异化的政策法规，精准支持家庭养老，全方位推动农村养老服务由补缺向适度普惠和公平的社会化养老过渡。可以利用股权投资的模式鼓励乡镇企业、村集体甚至富裕村民个体对社会化养老服务机构（包括村级居家养老中心、公办敬老院等）提供资金支持，以实现农村养老服务的多元化投入机制。

（二）建立健全县、乡、村三级养老服务综合体

云南省将在"十四五"时期建立健全县、乡、村三级养老服务网络，并提升县级服务设施和服务能级，将失能、半失能和特困人员的专业照护纳入其中，但根据目前农村养老服务现状和农村的养老习俗来看，实现这一目标会有一定难度。因此，一是要借助建立三级信息服务网的契机，打造县、

乡、村三级农村养老服务综合体，集合信息平台建设，完成辖区内的农村老人的健康档案，适时完善老年人的监护情况、健康状况、经济状况等，在村级层面建立困境农村老人照护需求报告制度，依托村组干部、村民骨干、网格管理员对所辖片区困境老年人进行定期探访，及时发现其照顾方面的问题，并适时更新建档老人的信息。为有不同照护需求的老人制定照护计划，愿意到县敬老院的纳入机构照护，愿意就近到乡敬老院的纳入乡镇敬老机构，县级专业人员给予专业支持。不愿入住机构的农村老人，可以预订定期上门服务，由县、乡级敬老院人员给予支持。要充分利用闲置的资源，对现有的敬老院和社会养老院进行设施改造和服务提升，要开门建院，开展居家上门服务、开展老年人健康与自理能力评估和康复护理等业务。县、乡和村级养老机构需要分别与县级医院、乡镇中心卫生院及村卫生所进行资源整合，建立紧急救护联动机制。对没有乡镇敬老院的乡镇，可以支持乡镇中心卫生院根据自身能力及当地需求，设置部分养老、康复床位，实现医养服务到基层，到社区，甚至到户。

二是要在村级内部，依托村级养老服务站，对农村老人提供日常服务。对多数自理老人居家养老，推行签订家庭赡养协议，督促子女履行赡养义务，夯实农村居家养老基础。与此同时，培育农村互助服务队伍，组织农村留守妇女、低龄健康老年人等群体为高龄、失能失智老年人以及无人照料的孤寡老人提供一些日常起居所需的服务。如上门为一些行动不便的老年人换洗衣物、购买生活必需品，带他们到户外活动等。因地制宜，整合村、镇设施设备、养老服务机构等资源，开展互助养老、老年人集中居住互助养老等农村居家养老互助模式。

（三）疏通机制堵点，培育并吸引更多基层组织参与养老服务体系建设

一是搭建完善的政府治理体系。首先，政府应围绕乡村振兴的战略部署，最大限度盘活农村养老资源储备，尽快健全县、乡、村衔接的三级养老服务网络，实现"农村大循环，城乡双循环"，为社会组织参与提供资

源支撑；通过"三社联动"构建问需于民的协商型服务供需模式，"精准识别"养老项目，实现农村养老服务供需有效对接，提高供给效率，为社会组织参与提供项目支撑；借助大数据，改变政府治理方式，建立"互联网+养老"服务平台，实现智慧养老，为社会组织参与养老服务提供外在的技术支撑。其次，继续提升社会组织的能力。一方面，政府应主动"赋权"社会组织，通过"以参与促发展"的方式让社会组织积极参与农村养老服务供给，夯实社会组织的整体实力，增强社会组织作为行为主体为老年人提供服务的综合能力。另一方面，社会组织应该牢牢把握新时代新机遇，增强科技创新能力，数字对接村级幸福院等资源，提升养老服务质量，提高组织公信力和品牌信誉度，最大限度满足农村老人的差异化需求。最后，营造包容、有活力的社会氛围。社会组织参与农村养老服务是一个跨领域的系统性工程，需要政府、社会、老年人多方的共同努力。政府不仅要持续加大对农村地区的政策倾斜，还应大力宣传传统孝道文化，赋予尊老养亲新的时代内涵。社会公众应增强对社会组织的认同感、包容度，明白社会组织参与对乡村振兴的重要性。农村老年群体应充分发挥余热效应，例如通过年轻老人照顾年长老人的方式盘活农村人力资源，变消极养老为积极养老。

二是构建科学有效的激励机制。细化社区养老服务标准、收费方式、运营监督管理等政策规章，不断完善社区居家养老服务的政策扶持体系。认真贯彻落实养老服务市场全面放开政策，精简行政审批环节，进一步放宽市场主体准入条件。通过各种优惠政策，吸引民间资本的参与，实现由政府单一筹资渠道向政府、企业、个人等多方面共同筹资的转变；将资金补贴、公建民营、民办公助等补贴和优惠政策真正落实到位。鼓励和扶持社会组织以政府购买服务等方式运营养老服务项目，形成社区、社会组织、社会工作者三者结合协调联动机制，更好地满足社区居民养老服务需求。加强居家社区机构养老服务相关标准建设，进一步规范养老服务市场行为，不断健全养老服务的准入、退出制度。鼓励社会公众参与监督社会养老服务，强化社会舆论的监督作用。

（四）加大对服务人员的培育与投入支持，打造本土本乡服务队伍

一是加强养老服务人才队伍建设。居家养老服务专业化队伍是社区居家养老服务高质量发展的基础。应采取加大补贴力度、降低参保缴费基数、提高经济收入等办法吸引更多的养老服务从业人员。明确社区居家养老服务人员资格认证制度，提升养老服务质量。加大老年医学、心理学、职业道德等方面的教育培训力度，鼓励大专院校学生到各类养老机构实习或工作，为养老事业的健康发展提供有力的人才支撑。

二是营造全社会养老敬老氛围。加大宣传力度，建立政府、社会和家庭责任共担的养老服务机制。完善相关配套政策，建立健全互助养老、时间银行等养老服务制度，引导老年人及其家庭形成正确、积极的养老方式。发挥共青团、妇联、红十字会等公益团体力量，逐步实现社区志愿服务规范化和常态化；积极开发老年人力资源，让老年人继续发挥余热，将低龄健康老年人组织起来，开展上门理发、生活照料、精神陪护、纠纷调处等服务，提高老年人自我服务能力。开展模范先进人物评选表彰活动，通过广播、电视、宣传栏、书籍、报刊、网络等多种形式宣传教育，弘扬养老、孝老、敬老传统美德，营造全社会尊老、敬老、爱老、助老新风尚。

（五）建立健全农村养老服务补贴制度

一是政府在加大资金投入、提高养老资金使用效率的同时，应加大养老政策的扶持力度，积极鼓励、扶持社会力量兴办养老机构，并在土地、税收、水电等方面给予优惠。要精准区分养老服务对象，建立和完善农村养老服务补贴制度。在全面落实好高龄津贴制度基础上，对纳入最低生活保障、建档立卡对象范围的老年人给予一定的养老服务补贴。按照轻、中、重度的失能失智情况，精准分档提高补贴标准，用于护理支出。通过精准化、差别化、分层化的农村养老补贴方式来保障农村老年人的养老。

二是加快落实对农村养老服务机构的运营补贴制度。在托老所、老年人日间照料中心、互助式养老服务中心、老年人活动中心等社区养老设施中配

备护理设备、康复性活动器材、医疗设备、辅助性医疗康复设施以及文娱活动类设备等。

三是加大政府的财政投入力度。鼓励地方政府加大对农村养老服务资金的投入力度，不断提高农村养老服务设施建设和运营补贴水平，建立健全与养老服务保障水平相挂钩的奖补机制。

四是支持社会力量兴办农村养老机构。政府在加大财政资金支持力度的同时，应积极鼓励社会组织、个人、慈善机构等共同投入和保障养老服务资金。除加大财政资金支持力度外，政府应该采取资助补贴、税收减免等优惠政策鼓励社会力量参与养老服务业发展，构建供给主体多样化的养老服务模式，不断健全农村养老服务体系发展。

参考文献

左菁：《基本养老服务制度的政策逻辑与内涵特征》，《重庆社会科学》2024 年第 2 期。

王进文：《村社统筹与乡村养老服务新内生发展：过程与机理——基于闽南 S 村的田野调查》，《农业经济问题》2024 年第 1 期。

杜宁宁：《公私合作背景下养老服务高质量发展的财政政策》，《社会科学家》2023 年第 10 期。

李长远：《共同富裕目标下普惠型养老服务的理论意蕴与推进路径》，《宁夏社会科学》2023 年第 6 期。

白玥：《交往行动：社会组织参与社区养老服务的协同逻辑》，《兰州学刊》2023 年第 12 期。

张志雄、王思琦：《老年人医养结合养老服务意愿研究——基于计划行为理论》，《卫生经济研究》2024 年第 4 期。

张泽滈：《智慧赋能养老服务的驱动要素、转型逻辑、实践困境与对策》，《西安交通大学学报》（社会科学版）2024 年第 3 期。

B.13
云南精神障碍社区康复调查报告*

——以心之光社区康复服务为例

张宏文　马　晖　杨青青**

摘　要：　结合云南省近年来精神障碍社区康复服务发展的总体状况，对一个基于社区、专业社会组织支持的精神障碍社区康复服务机构进行重点调研后发现，经过 10 年的不断探索，该康复服务机构已经走出了一条多方联动、以患者和家属为主体、与政府购买服务有机结合的精神障碍社区康复的道路。其经验包括：社区康复服务与社区养老互嵌而实现了双赢；社会组织深耕社区，提供持续性、常态化服务；符合优势视角理论的同伴支持服务具有独特力量；多学科、专业性融合是取得成效的重要途径；家属的参与和支持扩大了影响力；持续性团队能力建设不断提升服务的专业水平和增权水平。社区康复覆盖范围扩大、服务内容丰富、服务形式与时俱进，使受益精神障碍患者及其家庭增多，康复服务也成为社区工作的一大特色和亮点。但同时，也存在不少问题和挑战，包括：社会歧视和排斥依然突出；为精神障碍患者开展就业服务面临较大困境；精神障碍患者经济状况和父母身后处境堪忧；精神障碍患者家庭照顾负担沉重；绿色转介未打通，医康循环未实现以及社会组织的生存与发展依然十分困难。针对存在的问题，报告提出了针对

　*　本报告为云南省社会科学院 2024 年院级项目"云南省精神障碍社区康复的家庭支持研究"（项目批准号 Y B202405，项目负责人：张宏文）的阶段性成果。本研究得到了昆明市呈贡区心之光社会工作服务中心的资助和调研中的大力协助，特此致谢。
　**　张宏文，云南省社会科学院副研究员，主要研究领域为儿童保护与发展、健康社会学、性别社会学等，是本报告的执笔人；马晖，昆明市呈贡区心之光社会工作服务中心主任，国家二级心理咨询师、社工师，长期从事青少年精神心理健康与家庭支持以及个体、家庭、团体心理辅导，对本报告提出修改意见；杨青青，昆明市呈贡区心之光社会工作服务中心项目主管，高级经济师，长期从事精神障碍社区康复工作，对本报告提出修改意见。

性的对策建议，包括多渠道、多形式、多频次开展精神卫生健康知识的正面宣传教育；多措并举，营造包容性环境，促进精神障碍康复患者就业；整合资源，为精神障碍患者家庭提供支持；推动绿色转介落地，打通医康循环；加大政府购买力度，适当调整相关政策，促进社会组织健康发展。

关键词： 精神障碍 社区康复 多方联动 患者家属主体性

现代社会的快节奏、高压力使出现精神障碍的人越来越多，精神卫生问题不仅是医疗问题，更是社会问题，对患者个人、家庭和社会都会带来极大的经济、心理和安全压力，因病致残和因病致贫的问题十分突出。由于长期以来依靠单纯的医疗手段（门诊治疗和住院治疗），导致精神障碍患者往往陷入发病住院—康复回家—再次发病住院的"旋转门"中。因社会歧视的普遍存在，他们在康复回家期间很难走出家门，生活自理能力、社会交往能力、职业能力不断退化，导致病情反复发作，患者备受疾病折磨，其家庭成员则承受着巨大的经济和心理压力，筋疲力尽。社区康复已经在国际上被证明是促进患者恢复生活自理能力和社会适应能力并最终重新融入社会的有效途径。社区康复通过对病情稳定的居家精神障碍患者提供服药训练、躯体管理训练、预防复发训练、生活技能训练、社交能力训练、职业康复训练、心理康复、同伴支持和家庭支持等服务，减轻伤痛和发病频率，提高患者生活自理、社会适应和就业或职业恢复等能力，改善患者家庭关系和家庭氛围，促进社区融合，降低社会安全风险，促进社会和谐。

本报告结合云南省近年来精神障碍社区康复服务发展的总体状况，以一个基于社区、专业社会组织支持的精神障碍社区康复服务机构为重点，通过2023年4月对该机构的工作人员、服务对象（包括患者和家属）以及社区干部和普通社区居民，以定性深入访谈为主、定量问卷调查为辅并结合文献资料研究的方法开展调研，分析社区康复服务机构的发展历程、服务现状、经验和亮点以及面临的困难和挑战，以期为正在全面推进的精神障碍社区康复服务提供有益的经验和思考，同时也为"精康融合行动"的精神障碍社区康复的可持续性提出有针对性、可操作的对策建议。

一 云南省精神障碍社区康复服务的总体状况

我国的精神障碍社区康复虽然起步较晚，但因社区康复模式更加符合精神障碍康复社会化、综合性、开放性的要求，减少了机构化带来的财政压力，增强康复效果，符合国际上从单纯医疗模式转向社会模式的发展趋势，而备受重视。

（一）从国家到省级层面出台政策促进精神障碍社区康复服务发展

近年来，民政部、财政部、国家卫生健康委、人社部、中国残联等相关部门和组织先后联合制定出台了促进精神障碍社区康复服务发展的相关政策，从资金、人员、机构建设等方面给予大力扶持。2017 年，民政部、财政部、卫计委和中国残联联合出台了《关于加快精神障碍社区康复服务发展的意见》；2020 年，民政部、国家卫生健康委和中国残联联合印发了《精神障碍社区康复服务工作规范》，民政部、财政部、国家卫生健康委、人社部和中国残联还联合出台了《关于积极推行政府购买精神障碍社区康复服务工作的指导意见》；2023 年，民政部会同财政部、国家卫生健康委、中国残联印发《关于开展"精康融合行动"的通知》，计划用三年时间，提高精神障碍社区康复服务质量和水平，为患者提供更加公平可及、系统连续的基本康复服务。这些政策的出台为各地开展精神障碍社区康复服务指明了方向、明确了目标和服务规范，同时明确了民政部门、卫生健康部门和残联组织在精神障碍社区康复服务工作中的职能职责，其中民政部门为牵头单位。

云南省民政厅、财政厅、卫健委和残联于 2018 年 9 月转发了国家文件并结合云南省实际，提出了要"着力建立综合管理协调机制""重点加强精神障碍社区康复机构建设""加快推进精神障碍社区康复资源平台建设"

"整合资源形成共管合力"等四条具体实施意见，并明确提出"民政部门要切实加大对精神障碍患者提供社区康复服务的社会组织的培养扶持力度，为其提供组织运作、活动场地、活动经费、人才队伍等方面支持，采取政府购买服务、设立项目资金、补贴活动经费等措施，培育和发展精神障碍社区康复服务组织"。2021年，根据国家文件精神，云南省民政厅、财政厅、人社厅、卫健委和残联联合印发《云南省精神障碍社区康复服务试点工作方案》（以下简称《方案》）。根据《方案》的工作目标要求，到2025年，"80%以上的县（市、区）广泛开展精神障碍社区康复服务，在全面开展精神障碍社区康复服务的县（市、区），60%以上的居家患者接受社区康复服务"，并再次明确"通过政府购买服务等方式，支持和引导社会力量积极参与，共同搭建精神障碍患者社区康复资源平台"。《云南省民政事业发展第十四个五年规划》中提出要"积极引导和鼓励社会力量参与精神卫生福利机构、精神障碍社区康复机构建设运营，推动精神障碍社区康复机构与精神卫生福利机构等服务对接、场地共享、技术共享"，"鼓励有条件的地区在服务设施、运行补贴、职称待遇等方面给予扶持，将居家康复、照护技能培训纳入精神障碍社区康复基本服务范围，为家庭提供照护资讯、政策咨询、情感支持等专业服务"。《培育发展社区社会组织专项行动实施方案（2021—2023年）》中把为精神障碍患者提供服务的社区社会组织也作为培育重点。全省16个州市也先后出台了相关文件，用于指导辖区内的精神障碍社区康复工作。这些政策的制定为云南省全面推进精神障碍社区康复服务工作提供了基本框架、工作重点和阶段性目标要求，对于促进精神障碍社区康复服务的全面开展具有十分重要的意义。

（二）云南省积极开展精神障碍社区康复服务试点工作

自2021年以来，云南省的精神障碍社区康复服务进入了试点工作阶段。省民政厅投入了大量资金，牵头在各州（市）、县（市、区）加强了社区康复机构建设和资源平台建设。2021年，投入资金645万元用于支持发展精神障碍社区康复服务（含直接服务人员能力培训），培育精神障碍社区康复社会服务机构86个;① 2022年，投入资金645万元用于支持16个州（市）开展精神障碍社区康复服务试点建设和购买服务，118个试点依托社区或服务机构完成场地建设，99个试点完成挂牌，94个试点通过购买服务等方式为8674名服务对象开展了服务。② 2023年，省民政厅联合财政、卫健、残联等部门制定印发"精康融合"行动方案，投入资金1040万元用于精神障碍社区康复点建设和购买服务，全省60%的县区试点已正式开展服务，累计开展康复服务24931人次。③

试点工作开展以来，各地积极行动起来，先后启动精神障碍社区康复项目试点。昆明市民政局与昆明市精神病院合作，以项目的形式，着力推进精神障碍社区康复服务体系建设，探索"医院+社区+家庭"全链条的精神障碍康复模式。项目采用政府购买社会组织服务的形式，由云南泽馨社会工作服务中心联合云南大学社会工作系共同开展。截至2022年5月，已在昆明主城五个区及安宁市选取了12个条件成熟的社区作为示范点，由昆明市精神病院提供专业的精神卫生技术指导，由云南大学社会工作系提供社会工作的专业支持，由社会组织联结起社区、患者和家属以及社区居民，通过个案、小组、社区、行动研究等工作方法，为病情稳定居家的患者和家属提供专业社区康复服务，促进精神障碍患者生命复元，帮助其稳定病情、减少复发，恢复生活自理能力、社会适应能力和职业能力，重新融入社会生活等目标。同时搭建起专业精神卫生医疗机构与社区康复机构之间的绿色转介机制，推动服务向纵深发展，发挥试点的引领示范作用，探索精神障碍社区康复的昆明经验。

大理州和丽江市则以精神卫生专业医疗机构为社区康复服务的主要提供方，以开展类似外展服务的形式，由医疗机构派遣精神卫生专业人员送医送

① 《2021年度中央集中彩票公益金支持社会福利事业资金使用情况公告》，云南省民政厅网站，2022年6月20日，https：//ynmz. yn. gov. cn/cms/caizhengyujuesuan/4938. html。
② 《2022年度中央集中彩票公益金支持云南省社会福利事业专项资金使用情况公告》，云南省民政厅网站，2023年6月20日，https：//ynmz. yn. gov. cn/cms/caizhengyujuesuan/4958. html。
③ 《云南省民政厅举办新闻发布会》，云南省民政厅网站，2023年12月26日，https：//ynmz. yn. gov. cn/cms/xinwenfabu/9169. html。

292

药下乡，为基层医疗卫生机构提供技术指导，依托社区康复机构开展社区康复服务，在较大程度上弥补了专业社会工作机构较少、社区康复机构服务能力不足的缺陷。大理州民政局制定了《大理州精神障碍社区康复服务试点工作方案》，要求2022年全州11个县（市）（除剑川县外）完成精神障碍社区康复机构的设立，且机构所在县（市）至少有1个村（社区）开展精神障碍社区康复试点。大理州民政局采用购买服务的方式，依托专业精神卫生机构——大理州第二人民医院开展精神障碍社区康复服务。医院整合相关部门政策、资金、人力资源，组建康复团队，同时充分动员社会力量参与，建设精神障碍社区康复试点。从2022年3月开始，每月深入10个县（市）的爱心驿站开展社区康复工作，截至2023年1月，累计下乡服务86次，服务1435人次，其中患者686人次，家属569人次，其他人员180人次，转介患者住院15人，形成"住院—社区—康复"的良性循环，打通服务的"最后一公里"，形成一批可复制、可借鉴、可推广的技术规范和服务模式，不断满足辖区内人民群众对精神障碍康复的多样化需求。丽江市第二人民医院则开展为精神障碍患者送医送药下乡服务，以提高精神障碍患者检出率、规范管理率和治疗率。如2022年3月，医院组织医疗队伍深入宁蒗彝族自治县15个乡镇开展送医送药卫生下乡活动，为严重精神障碍患者提供集中筛查、诊断、评估治疗、健康宣教等服务，共随访977名患者，开具793张处方，发放价值38.48万元的精神专科药品，为符合条件的22名患者办理特殊病卡及残疾证，以便患者今后享受相关惠民政策。同时，还对各乡镇卫生院公共卫生人员提供技术培训和指导，加快提升基层卫生机构对严重精神障碍患者管理水平，从而促进全市整体水平提升。2022年，丽江市严重精神障碍患者规范管理率达86.28%，在管居家患者病情稳定率达93.39%，在管患者救治率为72.02%，在管患者规则服药率为69.54%。[1]

　　总体而言，全省各地普遍开展了精神障碍社区康复的试点工作，但由于

---

[1] 《丽江市第二人民医院开展2022年卫生下乡服务活动》，丽江同城网，2022年4月12日，https：//k. sina. cn/article_ 2370746434_ 8d4eb84202700ytxv. html。

各地在精神卫生专业力量、社会组织发育程度以及资金来源等方面的基础存在较大差异，所以发展呈现不平衡的特点，但有一点是共同的，即起步都较晚，短短一年多的工作实践更多是在做基础工作，如构建管理协调机制、加强社区康复机构和资源平台建设等，即便是开展了一些社区康复服务，对于患者、家庭和社区而言，在如此短暂的时间段内很难真正展现出明显的康复成效。更何况，从面上来看，目前绝大多数的精神障碍社区康复机构、开展精神障碍社区康复服务的社会组织都是顺应各地相关政策的要求而建立的，新机构、新组织、新政策、新服务组成的新体系运行下来，所提供服务的专业性、有效性和可持续性都尚待观察。从国内外的实践经验来看，精神障碍社区康复是一个长期性、系统性的工程，不可能一蹴而就。因此，只有相对长期和持续性的服务，才有可能真正实现生命复元的目标。

二　心之光社区康复服务的发展现状与经验、做法

已有 10 多年精神障碍社区康复服务经验的昆明市呈贡区心之光社会工作服务中心（以下简称心之光）与昆明市西山区永兴路社区于 2013 年开始合作开展以会所为载体的精神障碍社区康复服务（以下简称心之光社区康复服务），经过 10 年的不断探索，已经走出了一条多方联动、以患者和家属为主体、与政府购买服务有机结合的精神障碍社区康复的道路。

（一）社区康复服务与社区居家养老服务互嵌而实现双赢

心之光之所以能扎根社区，源自 2013 年承接了永兴路社区的居家养老服务。心之光始终遵循"敬老爱老"的工作理念开展社区居家养老服务，采用"社工+残障人士+家属+志愿者"模式，由社会工作者和专兼职心理咨询师陪伴残障人士一起为老年人提供服务。2020~2022 年，社区居家养老服务中心共服务老年人 8029 人次。同时携手具备专业服务资质的福华国际共同在永兴路社区开展老年人健康教育项目，提高老年人健康意识，倡导健康生活方式，建立良好的老年人互助社群文化，共开展老年人健康教育各类主

题活动 25 次，受益老年人 840 人次。2022 年开展"关爱困境老人，传递温暖健康"项目。培养骨干志愿者（老年人）19 人，走进社区困境老人家庭，进行深度探访与陪伴，传递健康理念、提高困境老人的健康意识、深化互帮互助的老年人社群文化建设。全年共服务老年人 189 人次。

通过开展老年人服务，心之光团队的工作被社区更多老年人所认知，社区老年人与会所会员的互动不断增强。老年人在社区居家养老服务中心进行棋牌娱乐活动、接受康复会所会员服务的过程中，也逐渐转变了对这个群体的认识，认为他们只是"憨一点""不太会说话"，但"对人有礼貌""也会做事"。在由社区志愿者组成的"永兴帮帮团"中，有一位 69 岁的老人每周五要给康复会所的会员上课，教他们打快板。另外，在 2022 年开展的社区困境老年人探访活动中，也有会员的家属参与，在探访过程中，家属也受到触动，说"没想到还有比我们更困难的人"。这样的认知可以帮助家属增强信心，保持乐观，从容接纳生病的家人，使家庭氛围更加融洽。

从社区的角度来说，居家养老服务是属于社区公共服务的重要内容，很多社区都开展了这项服务，但有一些社区虽然有场地，但服务人员无报酬或报酬很低，很难维持下去。永兴路社区的居家养老服务由心之光承接之后，就一直能够运营下去，社区可以腾出手来做其他工作。服务覆盖的老年人已超出本社区范围，而且随着名声越来越大，各级各部门以及其他社区都前来参观，这是对社区开展居家养老服务工作的肯定。正如一名心之光工作人员所说："我们来到永兴路社区，那个场地其实就是居家养老服务中心，然后刚好我们也可以入驻到这个场地，我们可以为社区的老年人提供服务，很多地方有居家养老服务中心，但是不一定能够运营下去。但是因为有我们，我们的一些会员可以为老人提供一些服务，比如说烧水什么，他们在这个过程当中和老人也处得比较融洽。然后永兴路社区也会有一些人来参观，觉得他们这个居家养老服务还挺有特色的。就是在这个过程当中大家慢慢地相处，慢慢就发现其实这样的一个关系是相互的，共同互利的，所以就慢慢地关系也越来越好"。精神障碍患者的管理也是社区的重点工作，心之光康复会所对这个人群的服务，等于是帮助社区对这个人群进行了管理，并且还取得了显著的成效，这对于社区来说是促进了她们的工作，因此，社区对心之光的社区康复服务普遍持欢迎和肯定的态度。正如社区残联专干所说："心之光对于社区来讲，是将精残人员比较好地管理起来了，若心之光会所撤走，就削弱了对这部分人的帮扶，将会是永兴路社区最大的损失"。

因场地的共用而将精神障碍社区康复服务与社区居家养老服务巧妙地结合在一起，使二者相互嵌入，从而产生了"1+1>2"的效果，实现了双赢。

（二）社会组织深耕社区，提供持续性、常态化服务

从一个助残项目中孵化出来的自组织到正式注册为一个社会组织，其间又经历了因故被取消、只得以另外一个名字重新注册的波折，心之光走过了10多年的艰难历程。然而，不论面临什么样的困境，为精神障碍患者服务，促进生命复元始终是心之光所坚守的理念和行动。心之光在永兴路社区扎根10年，持续为精神障碍患者及其家庭提供服务，让他们走出家庭，融入社区，然后让社区干部、居民能够接近他们、了解他们，从而能够消除刻板印象，接纳他们，为他们生命复元提供一个包容、友善的社会环境。正如心之光负责人所说："进到社区里面，持续了那么多年对于患者、家庭的服务，让社区居民在互动的环境中更多地了解到我们的患者和家庭，也让患者愿意参与到社区的活动中……我觉得这个服务是需要持续来开展的，而不是就是项目周期在的时候才去服务，因为对患者和家庭来说，他们的病情也是持续性的，所以整个服务应该要常态化，心之光2013年就进入社区，到现在刚刚10年，它和社区整个平台的融合还是非常好的，也就是我们精康融合行动要实现的目标……所以这是一个持续性的、常态化的服务，这是心之光在永兴路社区开展服务的一个很重要的基础"。基于对患者及其家庭的深刻理解，心之光通过申请和实施各级各类与精神障碍社区康复相关的项目，坚持为精神障碍患者及其家庭提供常态化服务，使患者和家属能够在感到孤立无援的时候有一个可靠而温暖的港湾可以停泊，可以找到境遇相同的病友和同病相怜的家庭，从而在很大程度上消除孤独感。同时，对于社区来说，也正

是由于心之光多年的坚持，才建立起了相互的理解和信任，才能够实现社区融合。

（三）同伴支持服务符合优势视角理论，具有独特力量

心之光采用"同伴支持"（包括患者和家属）服务模式，通过精神障碍患者互助式服务，在改善精神障碍患者疗效、情感支持、恢复社会功能方面发挥积极有效的作用。"同伴支持"服务是从优势视角出发，相信精神障碍患者即使受到疾病的限制，也依然可以过一种满意的、充满希望的和有所贡献的生活。对康复效果好、病情稳定、愿意提供志愿服务的骨干精神障碍患者和家属提供专业培训，使其具备服务其他精神障碍患者的能力，以患者专家和家属专家的身份实现互助互动，影响更多还处于困境中的精神障碍患者和家属，带领他们走出家庭、融入社区。2021 年共开展 95 次同伴支持活动，受益 960 人次。2022 年服务 1234 人次，并将同伴支持活动延伸到线上，组建"线上看世界"、"线上服务能力提升"和"药物管理"同伴支持小组，分别开展了 8 次服务，279 人次受益，帮助服务对象学习演讲技能、组织线上活动、自主规范服药并管理药物。其中 8 名服务对象成为活动的带领者，多次带领开展线上活动。2023 年 4 月的同伴探访活动充分体现了同伴的力量。由 1 名工作人员、1 名家属和 1~2 名会员组成探访小组，对还未参加社区康复服务的精神障碍患者及其家庭进行探访，了解患者及其家庭基本情况，就一些共同关心的问题进行沟通交流，引导患者、家属参与社区康复服务。一名心之光工作人员说道："工作人员探访的话，可能我们在流程上会比较熟，收集信息会比较快，但总是有距离感，探访的对象有很多不愿意说，我们也挖不出来。同伴去的话，很明显的就是，大家一说，噢，我和你一样的，很快就会引起他们的好奇心，你和我一样，你居然能做到这样子，于是很容易建立起关系。同伴对那些还没有接受过这种服务的人来说鼓励很大，像在呈贡我们之前搞了一个叫作同伴支持的活动，我就带着我们比较成功的几个同伴去讲述他们自己的故事，讲完了之后，那边的一个伙伴之前都不理我，那次听完之后他就主动跟我说，主动来问我，然后给他做个案

就很容易进入，他很愿意跟我说。我就觉得同伴的力量真的是我们想不到的，工作人员讲很多他都不愿意听，但是同伴去了只是讲了讲他自己的故事，他就觉得他们能做到这样，那我也能"。

通过同伴支持服务，服务对象本身所具有的优势即同为精神障碍患者的身份得以充分发挥，增强了服务对象"同路人"带领、示范和榜样的作用，可最大限度地激励那些康复效果不太好、依然处于困境的精神障碍患者重拾信心和自我价值感，参与社区康复服务，超越疾病的限制，接纳自己，积极参与家庭、社区和社会活动，主动"去标签化"，也让大众重新认识他们，不断营造一种非歧视、包容、平等、友善的环境。

（四）多学科、专业性融合是社区康复服务取得成效的重要途径

由于精神障碍这一疾病本身所具有的特性就要求社区康复服务是一种多学科、专业性的服务。2020 年，心之光与官渡区残联合作，在四个社区卫生服务中心探索采用"医疗+社工+心理"创新综合服务模式，通过多部门、多学科、多专业的合作，促进精神障碍者的社区融合。心之光的员工认为跨学科团队合作的意识是心之光的亮点之一，她们说："我发现其实在每一个项目的设计里面，大家都会想到说：诶，那我们邀请精神科医生可以做一些什么？社工做一些什么？然后心理咨询师又可以做一些什么？就是每一个项目的设计都会考虑到这个跨专业的团队合作，而不是说一个专业把所有的事情全部都干完，我就觉得这个可能是我们服务精神障碍患者很重要的一个元素吧，因为不同的专业有不同的优势，他们的各方面能力才会有所提升，我们针对他们不同的情况给出不同的解决方法"。跨学科的团队合作其实是整合了不同学科的优势，最大限度地满足服务对象在医疗、心理、人际关系等方面的需求。

服务的专业性既体现为针对患者病情状况而采取不同的服务方式和内容，也体现在服务的规范性方面。心之光总结多年实践经验，制定了康复会所会员的管理服务规范。服务规范包含服务对象、服务内容和服务流程。其中服务内容包括会员信息收集、日间托管、分类干预、健康管理等。服务流

程包括根据危险等级评估的结果以及会员的社会、生活能力进行针对性的管理和服务，其中经评估，危险等级三级及以上者，建议家属转诊。在管理和服务的过程中，针对会员的危险等级或病情稳定情况，开展两周一次或三个月一次的评估。同时指导家属配合会员就业。总体来看，心之光为精神障碍患者提供的服务分为基础性服务和发展性服务。基础性服务包括独立生活训练、休闲娱乐活动、社会功能训练活动；发展性服务包括职业康复训练、自助组活动、心理社会支持服务、特色课程等。会员入会后先从基础性服务开始，经过阶段性评估后，对各方面情况较好的会员提供发展性服务。这样一种规范性服务保证了服务的完整性和递进性，真正体现了因人施策，尊重每个个体的独特性。

（五）家属的参与和支持扩大了康复服务的影响力

家庭支持是社区康复服务的重要内容。心之光通过培训、自助组支持等方式，帮助精神障碍患者家属建立支持系统，以减轻其身心负担。2020～2022年，共有775人次的家属通过线下的培训、自助组支持、心理辅导等方式受益。仅2022年就有330人次受益。2022年，共进行了12场家属培训、6次团体心理辅导、8次家属自助组活动，并培养了家属骨干6人成为助人者，走进社区困境老人家庭，进行深度探访与陪伴。一部分家属成了康复会所的志愿者，经常性来参与服务。如一位患者的母亲不仅成为唱歌兴趣小组的老师，还在2023年4月的同伴探访活动中成为一个小组的领队，深入还未参与社区康复服务的患者家中，与患者及其家人沟通交流，以自己孩子参加社区康复活动后的变化来引导患者及其家人参与社区康复服务。还有1位患者的母亲在2017～2019年国际助残项目期间，作为专家组成员赴南京、台湾等地考察，还积极撰写关于帮助心智障碍患者家庭的政策建议。

精神障碍患者的家人（多为父母）在刚刚得知自己的孩子患有这种疾病时，往往会受到巨大的打击，如一位患者的母亲说："我们家庭受到重创，我天天以泪洗面，不知道出路在哪里"。在未接触到心之光之前，不少家属虽然已经在自学精神卫生知识和心理学知识，并陪伴守候患者，但她们基本是孤立的，伴随着患者在医院和家之间辗转，医院仅能满足医疗需要，难以满足患者和家属在心理、生活、社会融入等方面的需求。通过参与到社区康复服务中，一些家属看到自己患病的家人发生的变化，既欣喜又感动，进而主动积极地参与到康复服务中，成为延伸康复服务的重要力量。正如心之光负责人认为心之光支持家属从疾病的痛苦中走出来，"出来以后看到了跟他们一样的家庭，然后彼此有些支持，之后心之光为家属也开展了一些课堂，从一开始单纯只是为了抱团取暖，然后到对她们进行一些能力的提升和自我关怀"。家属对于患者的支持的重要性是不言而喻的，然而，一些家属骨干分子的积极参与所发挥的作用已经超越了其个人小家庭范围，而是能够将个人的受益辐射到更多患者和家庭，感染和影响更多患者和家庭参与到社区康复服务中来。

（六）持续性团队能力建设不断提升服务的专业水平和增权水平

精神障碍社区康复服务需要不断加强专业水平，以满足服务对象多元的需求。心之光多年来，一是通过与相关的国际组织合作，不断学习世界上较为先进的康复理念和知识、方法、技巧等，并结合本土资源和社会文化特点，不断突破固有思维的限制，创新理念和服务模式；二是通过整合各种项目资源，不断强化业务培训，将新理念、新模式、新手法等传递给团队工作人员和部分患者及家属，形成了一套多层次的培训体系。

简单来说，就是根据不同项目的要求，先对工作人员培训，然后再由工作人员培训能力较强的同伴和家属，在随后具体的项目活动中就由工作人员先带领同伴和家属实施，再由同伴和家属带队实施，活动告一段落之后还要进行评估总结。不论是活动前的培训还是活动后的评估总结，基本运用参与式方法，如小组讨论、角色扮演等，让所有参与者在平等、相互尊重的氛围中充分表达自己的想法，并学习和掌握一定的知识和技能。这样一种多层次培训，不仅帮助工作人员增加了相应的知识储备，提升工作人员服务的专业水平，对于患者和家属来说也是一种增权的过程，正如心之光一位工作人员所说："工作人员要接受很多培训，我们培训完了之后，再对他人培训，就比如说探访，我们觉得他们可以有能力去探访，我们将学到的一些东西，又通过培训、角色扮演的形式去教给能力比较强一点的家属和同伴，告诉他们，其实他们也是有能力去做这个事情的，而不是说生了这个病就啥也做不了"。

社会组织要想在相关领域获得一席之地并脱颖而出，技术是一大优势，要保持这种优势，就必须进行持续性的团队能力建设。心之光不仅十分重视团队的能力建设，同时还把能力建设辐射到部分患者和家属身上，对于患者和家属来说是增强了她们的能力，对于整个社区康复事业来说，则是培育了一个又一个种子，这些种子逐渐萌发、长大，就可以成为更多的康复服务提供主体。

三 心之光社区康复服务的受益情况

心之光始终秉持为精神障碍患者及其家庭提供生命复元服务的初心，通过持续不间断地提供以社区为依托的康复服务，精神障碍患者及其家庭切实受益。

（一）社区康复服务覆盖范围不断扩大，受益人群不断增多

作为云南省首家为精神和智力障碍患者及其家庭提供以复元为本的社区康复服务的专业社工机构，心之光相信每位心智障碍者都有权利和能力通过自我接纳和成长，超越身心障碍的挑战，以重建希望、责任、身份和社会角色。同时，提高公众意识，减少对精神障碍患者的误解、歧视和排斥，营造更加包容、友善的社会环境。

2020~2023 年，心之光通过提供以服务对象为本、以"复元"为目标的社区康复服务，提高病情稳定、处于居家状态的成年精神和智力障碍患者生活自理、健康管理、职业发展、学习等社会适应能力，帮助服务对象重建希望、责任、身份和社会角色，超越精神疾病的影响并不断成长。同时，消除社区对这一人群的刻板印象和歧视，促进他们的社区参与和融合，提高大

众的认识和接纳程度。因此，心之光继续以永兴路社区康复会所为基础，为精神障碍康复患者提供日间康复服务、就业服务、同伴支持服务、线上服务；为家属提供心理社会支持服务、社区性文体活动、休闲娱乐服务、同伴支持服务；开展社区老年人居家养老服务和外展服务。

表1 心之光2020~2022年以永兴路社区为基础的精神障碍社区康复服务情况

单位：人次，人

年份	日间康复服务	同伴支持服务	家属支持服务	就业服务	老年人服务	合计（不含就业服务）
2020	2788	—	—	12	3087	5875
2021	1780	1069	125	23	3096	6070
2022	2705	1234	330	31	2922	7191
合计	7273	2303	455	66	9105	19136

注：因2020年的服务统计中未将日间康复服务细分，因此，该年度的日间康复服务人次包含了同伴支持服务人次和家属支持服务人次。

资料来源：心之光提供。

从表1可以看到，除了老年人服务基本保持3000人次以外，其他为精神障碍康复患者和家属提供的服务人次在近三年呈现出稳中有增的态势。若将2021年和2022年的同伴支持服务和家属支持服务也同2020年的服务统计一样归入日间康复服务中的话，则分别达到2924人次和4269人次。这反映出，心之光的精神障碍社区康复的服务人群呈现出不断增加的态势。

同时，心之光以永兴路社区康复会所为基础的康复体系在连续服务的10年间，已经远远超出了永兴路社区的范围。从2020年开始，心之光康复会所的17名会员都会作为志愿者参与到永兴路社区的环境卫生清洁服务之中。虽然这17名会员并不都是永兴路社区的居民，有的甚至家住官渡区，但仍然愿意辗转1个多小时来到永兴路社区参加服务。另外，由于心之光深耕社区康复服务，在业内已经享有较高知名度，所以，心之光承接了不少省、市和其他区的残联、民政等部门的政府购买社会组织服务的项目以及一些国际组织、精神专科医院的社区康复项目，或是直接提供服务，或是作为枢纽机构，为项目提供技术支持。据不完全统计，2020~2022 年，心之光共承接了规模比较大的项目有 22 项，其中有 5 项从 2020 年一直延续到 2022 年，直接受益人次从 2020 年的 1684 人次增加到 2021 年的 4159 人次和 2022 年的 11304 人次。这说明在三年防控疫情期间，心之光的精神障碍社区康复服务覆盖范围一年比一年扩大，正以永兴路社区为基点向四面八方扩展。

（二）社区康复服务内容丰富多彩且涵盖了患者的大部分需求

从服务内容来看，社区康复服务主要包含了服药训练、躯体管理训练、生活技能训练、社交能力训练、职业康复训练、心理支持、同伴支持和家庭支持等内容。其中服药训练除了邀请精神科医师就规律服药的重要性和提高服药依从性的方法技巧开讲座以外，还更注重让服药依从性较好的患者现身说法，促使抗拒服药或不规律服药的患者提高服药依从性。躯体管理训练主要是组织和鼓励患者参加体育锻炼，如每周五上午都有一个跑步活动，有会员从距离会所公交车 1 个多小时车程的家中赶来参加；再如线上的运动打卡活动也不定期举办。生活技能培训包括个人卫生、礼仪、居家环境清洁、饮食与作息、简易烹饪、使用交通工具、购物自主管理等。社交能力训练包括专门的人际沟通交流培训、智能手机运用培训、参加兴趣小组活动等。心理支持包括为新入会的会员和家庭开展个案辅导以及为会员提供文艺创作（书法、绘画、协作、剪纸等）、益智游戏、电影欣赏、唱歌、跳舞、绘画等活动，使患者通过游戏娱乐和文艺创作疏解心理压力，并增强自信。职业康复训练则是包括为病情稳定、有意愿的会员举办就业培训、就业能力评估、推荐就业岗位以及就业后的跟踪服务等。同伴支持则主要是让康复效果较好的患者和家属经过培训后成为患者专家和家属专家，为遇到康复困难的患者提供帮助和指导。家庭支持是通过开展包括家属培训、团体心理辅导、家属自助组活动以及培养家属骨干等服务为家属提供系统而专业的支持，帮助家属提升能力，舒缓压力，提高家庭生活质量。

问卷结果也显示出患者接受了多方面的服务，家属对此回答基本一致（见表2）。

表2　患者和家属对自己和家人接受的社区康复服务内容的回答

单位：%

服务内容	患者	家属
服药训练	55.56	63.33
预防复发训练	46.67	50
躯体管理训练	26.67	40
生活技能训练	64.44	63.33
社交能力训练	62.22	73.33
职业康复训练	42.22	40
心理康复	62.22	60
同伴支持	62.22	80
家庭支持	55.56	60

可见，总体而言，心之光以永兴路社区康复会所为基础的社区康复服务内容丰富多彩，几乎涵盖了患者从身心健康、生活技能、人际交往、职业技能、家庭支持等多方面的需求，契合了心之光所倡导的"全人复元"理念。

（三）精神障碍患者受益良多，转变十分显著

从问卷结果中发现，患者通过参加社区康复，认为自己在各方面都有明显的变化，最大的变化是"可以自己规律服药"，占82.22%，其次是"基本能够生活自理了"和"结识了新的同伴，有归属感"，均占71.11%，再是"愿意和家人交流、和外人接触"，占68.89%。"会自己去运动和锻炼身体"、"对生活有了信心，认为自己还是有价值的"以及"学会了一点谋生技巧"也占到一定比例。家属问卷的结果也印证了患者的转变，在"规律服药"上高度一致，同比高出患者4.45个百分点。其余选项占比高低的排列顺序与患者的排列顺序则有所不同，在"愿意和家人交流、和外人接触"这个选项上，家属的占比为76.67%，比患者同比高出7.78个百分点，排在第二位。其余选项则家属占比均比患者占比低，但除了"学会了一点谋生技巧"差异大一些外，其余选项的差异不大（见图1）。说明患者与家属均认可参加社区康复以后，患者确实从服药依从性、躯体管理能力、生活自理

能力、社交能力以及自信心等方面都发生了较大的转变，这对于患者本人的身心健康、生活、交往等都是十分有利的。

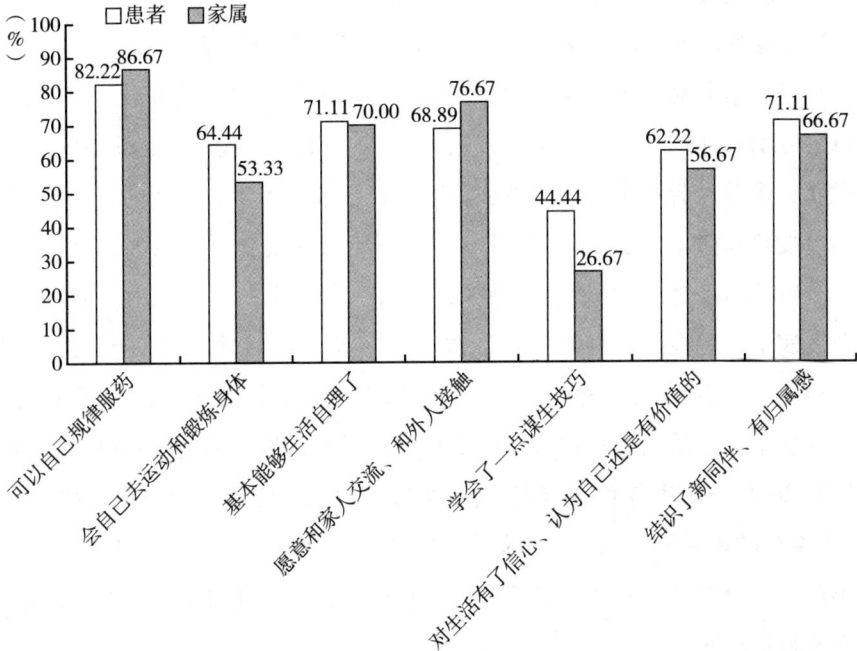

图1 患者和家属对于自己和家人在参加社区康复之后的变化情况

服药依从性的提高是社区康复服务最为显著的成效，患者通过参加康复活动，在专科医师、服药依从性好且康复效果较好的同伴的指导和影响下，从不愿意吃药变为自己主动吃药了，如一位患者母亲说："没来会所之前，儿子不愿意吃药，我们没办法，只好将药碾成粉末放在汤里让他吃下去，但是这样做不好，来了心之光会所参加了活动以后，他就自己吃药了"。能够规律服药、自主服药可以较好地控制患者的情绪和思维，只有控制好情绪和思维，其他的生活能力、社交能力、职业能力等才能有基础来提升。另外，患者普遍经历了患病后被原来的社交圈排斥、隔离的痛苦，如他们说："朋友、同学知道我生病后，就不来往了，甚至同学聚会都不通知一声，同事见了我绕开走，或者是眼神空虚，看见跟没看见一样"，因此，精神障碍患者在生病以后内心是孤独的，他们其实很渴望融入一个群体，于是，心之光康复会所也就成了患者们结交朋友的平台，因此，他们说："来会所结交朋友，不孤单""来心之光会所以后，自己变化大，性格也开朗起来，爱讲话了""自己的潜能得到了发挥，还学会了做烘焙""自信心得到了提升"等。

从社区康复对于患者疾病发作频率的影响来看，问卷结果显示，患者和家属中分别有48.89%和70%的人选择"有变化，发病的间隔时间长了"，这说明，多数患者和家属认为参加社区康复是有助于疾病控制的，对于预防旧病复发是有效的。有1位从2010年就开始来康复会所的患者认为自己参加了会所的活动之后，"发病有减少，之前一个月发一次，从2022年开始就没有发病了。现在能够规律生活，以前在家9点以后才起床，现在8点起床，骑电动车20多分钟来会所"。这位患者在参加社区康复之后发病的频率是降低了，但是也要看到这是一个相对长期的过程，因此也可以了解为什么还有26.67%的患者和16.67%的家属选择"没有变化，和原来一样"，以及24.44%的患者和13.33%的家属选择"有变化，发病的间隔时间短了"，这很可能是由于参加社区康复的时间还不长，康复活动对于降低发病的作用还未能显现出来。

由于患者对参加社区康复给自己带来的改变普遍持正面态度，因此，患者对于社区康复服务的满意度较高。统计显示，44.44%和42.22%的患者选择"非常满意"和"比较满意"，13.33%的患者选择"一般"。说明社区康复服务受到了大多数患者的肯定和认可。

（四）精神障碍患者家庭照顾压力减轻，家庭氛围改善

从问卷结果来看，家属对于社区康复服务给自己的家庭带来的变化主要有"医疗费用支出减少了"（占70%）、"照顾病人的压力有所减轻"（占70%）、"家属找到了同病相怜的其他家庭"（占66.67%）。"家人学会了科学照顾病人"和"家庭氛围变得轻松了一些"也占五成以上（见表3）。要说明的是，医疗费用支出减少有两个方面的原因，第一是近年来对重度精神障碍患者的医保政策越来越完善，门诊和住院患者均无起付线，且政策范围

内报销比例达90%以上，同时还有医疗救助公平覆盖医疗费用负担较重的困难职工和城乡居民，极大地减轻了重度精神障碍患者的医疗费用负担；第二是持续参加社区康复活动且康复效果较好的患者发病次数减少，住院的次数也就因此减少，由住院产生的医疗费用自然也就减少。

表3　家属认为社区康复给自己的家庭带来的变化

单位：%

选项	小计	比例
医疗费用支出减少了	21	70
家人学会了科学照顾病人	17	56.67
照顾病人的压力有所减轻	21	70
家属找到了同病相怜的其他家庭	20	66.67
家庭氛围变得轻松了一些	16	53.33
其他_____	5	16.67
本题有效填写人次	30	

从访谈中也得知，社区康复确实为精神障碍患者的家庭带来了显著的变化，如一位患者的母亲说："以前在家里都不敢提他生病的事，现在在家也可以说，可以交流了"，如此，家庭氛围得到了改善。还有家属说："没有来会所之前，感觉像在孤岛上，来了以后，可以向人倾诉""大家在一起有同伴支持"，等等。

基于社区康复对患病家人和家庭带来的积极影响，家属对于社区康复服务的满意程度也较高。33.33%和50%的家属选择"很满意"和"比较满意"，16.67%的家属选择"一般"。这说明社区康复服务得到了大多数家属的肯定和认可。

（五）社区康复服务形式与时俱进，线上线下结合扩大了参与人群

线上服务则是指通过患者微信群开展活动。线上服务是2020年因突如其来的新冠疫情导致线下活动中断而不得不采取通过微信群为服务对象继续提供支持的形式。该活动形式受到了广大服务对象和家属的欢迎，因此作为

心之光的一项创新性服务延续下来。

参与线上服务的患者和家属并不限于永兴路社区心之光康复会所的会员（患者）和家属，而是扩大到西山区的多个社区中的患者和家属。之所以能扩大到西山区的其他社区的患者和家属当中，是由于心之光被聘请为西山区残联主办的"西山区微信群活动"的技术指导，而"西山区微信群活动"则源于2018年，西山区残联制定并实施《西山区UFE精神障碍社区康复服务示范项目试点工作方案》。经过三年的探索与实践，取得了良好的效果。辖区内有近200名精神障碍患者和家属志愿者作为专家参与到西山区UFE精神障碍社区康复服务工作，用他们的亲身经历和经验服务于其他患者和家属。2020年新冠疫情暴发，线下活动受到很大限制，西山区残联搭建了线上沟通服务平台，截至2022年12月31日，通过线上服务平台开展了32次丰富多彩的活动，活动的内容包括居家生活、清洁卫生、文化娱乐、运动、分享等类型，共772人次参加活动。线上活动受到了患者和家属的普遍认可，如一位患者母亲说："线上活动，激发了孩子的能动性，每星期会关注活动的准备，积极参与。过去是我推着她走，现在她会主动带着我走。现在线上活动丰富多彩，各个领域都涉及，让大家开阔了视野，包含生活技能、文化娱乐、健康养生、体育锻炼……这些活动，让他们能主动关注自身、关注外界"。

另外，心之光在实施其他项目的过程中，也采用了线上服务，将康复服务惠及更多的精神障碍患者及其家庭。如2021年，开展由中国精神残疾人及亲友协会支持的"喜迎冬奥　健康打卡　走向复元"健身周项目，组建了50余人的微信交流打卡群，一个月内累计服务1000余人次；2022年在官渡区六甲街道开展的精神障碍社区康复服务项目中，举办了20次线上同伴活动，受益人数263人次，内容包括居家卫生清洁、厨艺大比拼、居家衣物折叠整理、锻炼身体增强体质、唱歌我快乐、广场舞等。

在将线上服务覆盖面尽可能扩大、惠及更多精神障碍患者及其家庭的同时，心之光依然以永兴路社区康复会所为基础，持续开展线下服务。如2021年，心之光的日间康复服务全年总次数为185次，受益人群1622人次，但线上服务只有 11 次，受益人群 80 人次，其余均为线下服务，包含了独立生活训练、休闲娱乐活动、社区志愿者服务和社区融合活动等。线上服务虽然可以覆盖到更多目标人群，但对参与者的要求相对较高，首先要有智能手机，其次要会操作智能手机，然后还要对活动的主题感兴趣，因此，也不是所有的服务对象都喜欢线上服务这种形式，如一位服务对象就坦言自己"不喜欢线上活动"，因为线上活动还是自己在家里，而到会所参加服务，"大家在一起开心"，所以这也是心之光多年来坚持线下服务的原因之一。线上服务与线下服务有机地结合在一起，满足不同服务对象的不同需求，既能够扩大服务覆盖面，又能够将服务更加深化，二者结合提升了社区康复服务的广度和深度。

（六）社区康复服务成为社区工作的一大特色

永兴路社区通过与心之光合作开展精神和智力障碍社区康复服务，逐渐转变了之前对精神障碍患者的错误认识，在看到社区康复服务促进了社区的安定和谐之后，逐步增强了主动性。当然，社区的事务性工作很多，残障人员的康复服务只是社区工作中很小的一块内容，社区工作人员也不具备专业性，因此，社区开展康复服务主要是依靠心之光康复会所对社区内外符合条件且有意愿的精神和智力障碍患者提供日常服务，社区除了以较低的价格出租场地之外，还会在开展各种社区活动尤其是节假日庆祝活动时邀请会所的会员参加，同时，社区的 7 支志愿者队伍中，也有精残人员参加。

据社区负责人和部分居民回忆，会所会员与社区干部及居民的互动始于两三年前，从那时起，每周一上午会所都会组织会员参与社区环境卫生清洁服务，会所工作人员一边带领会员捡垃圾，一边对居民解释，劝说居民多包容心智障碍者。有居民说："这些残疾人出来劳动，他们跟我们有时候碰到一下，打个照面，经常开会会在一起……还有一些娃娃，我觉得进步还蛮大的，比如说见到我们这些老人呐，都会打招呼，你好！都会很热情的。还有他们（会所）带着他们这帮人，一个礼拜一次，出来帮助这个社区搞清洁卫生""我们对他们的印象是非常好的，现在见到他们都非常客气，他们也喜欢我们，我们也喜欢他们，见到至少要打个招呼。比如说像我们孙辈的那种，我们也会用我们的爱心去感化他们，因为他们这种不能生气，至少让他情绪要稳定，不然一生气可能就会造成很大的伤害"。

社区负责人认为自己对精残人员的认识经历了从畏惧到接纳这样一种心路历程的转变，她说："以前认为他们（精残人员）就是一些暴力倾向的人，因为女同胞胆子有点小，怕被暴力伤害，新天地（心之光的前身）会所的时候就跟他们接触，后来变成心之光后，觉得他们干得还不错，就想着这些人说实在的还是可怜，所以就尽量给他们一些帮助，尝试了，从开始是我要强迫自己去接纳他们，到后来的主动接纳他们，给他们一些关心、关爱，哪怕就见面打个招呼，你好啊，什么的，找他的闪光点尽量夸他一下，让他有一个好心情，通过这种来改变"。

通过参与社区公共事务，精残人员与社区干部、居民开始有了接触，社区干部对精残人员也从不了解到逐渐了解，从畏惧到接纳，不仅逐步转变了对精残人员都有暴力倾向这样一种刻板印象，而且还主动链接资源，关心关爱精残人员，在社区逐渐形成了一种关心关爱精残人员的氛围。特别是近年来，从国家到省、区、市各级相关部门都组织到康复会所参观考察并给予高度肯定，仅在2021年，永兴路社区康复会所就迎来了国家卫生健康委国际交流与合作中心、国家卫生健康委疾控局、北京大学第六医院、中国残联、民政部、云南省残联、昆明市残联、西山区残联以及省、区、市民政部门等的调研考察，并受到了高度肯定和认可。这样的肯定和认可不仅让心之光受到鼓舞，也让社区对残障人员社区康复服务更加主动和自觉，残障人员社区康复服务逐渐成为社区工作的一大特色，甚至可以说是一张名片。

四　心之光社区康复服务面临的困难和问题

尽管心之光从成立之初就一直坚守初心，为精神障碍患者及其家庭提供尽可能全面的服务，也得到了服务对象的一致好评和各级政府及相关部门的肯定和赞许，在社区融合方面也越走越实，但由于种种原因，心之光社区康复服务仍然面临着诸多的困难和问题。

（一）对精神障碍患者的社会歧视和排斥依然突出

问卷结果显示，在患者和家属看来，"普通人对精神障碍患者的歧视和排斥""服务次数开展得太少""服务地点离家太远"是目前的社区康复服务存在的三个主要问题。其中"普通人对精神障碍患者的歧视和排斥"对于患者是居于第三位的问题，但对于家属则是第一位的问题。从与社区干部、居民、患者、家属及心之光各组人员的访谈中都反映出社会歧视是阻碍精神障碍患者重新融入社会的一大原因。

由于一些影视作品、新闻报道中过于突出表现精神障碍患者的暴力倾向，强化了大众对于这个人群有暴力倾向这一刻板印象，从而使大众因害怕而疏远甚至排斥这个人群。虽然事实上多数精神障碍患者没有暴力行为，只有在很少的情况下，精神障碍患者才与暴力危险相关，暴力风险的增加往往和很多因素有关，如药物滥用、个人病史、环境压力等。精神障碍患者在病情稳定的情况下不仅没有暴力行为，反而更多处于恐惧、迷茫及无助的状态下。但是缺乏正面宣传和教育，大众并不了解精神疾病产生的原因、行为表现以及治疗方法等，加上媒体宣传大多只关注少数发生了暴力伤人行为的患者、文艺作品对精神障碍患者的暴力人格塑造和渲染，使大众将精神障碍患者和暴力行为者画了等号，从而产生了歧视和排斥。歧视和排斥对精神障碍患者的个人、家庭生活及工作产生了严重的影响。社交上，被原来的朋友、同学、同事疏远、排斥；家庭生活中，被亲戚甚至家人嫌弃、排斥；职业上，或被劝退或难以找到工作。家属也同样遭到歧视和排斥。外界的偏见可能导致精神障碍患者自我偏见（self-stigma），患者本人及其家庭会将社会的负面态度内化成自我形象；逐渐接受外界对他们的看法和说法，从而导致自责及自尊心下降。因害怕受到偏见并被排斥造成精神障碍患者不愿与人交往，放弃融入社区生活机会。反过来这又进一步导致他们被孤立、失业和收入减少。害怕受到歧视或者被歧视的经历，是导致精神障碍患者不愿意寻求帮助和隐瞒问题的主要原因。如 2023 年 4 月心之光开展的同伴探访活动，工作人员（同伴）根据名单打了 100 多家电话，只有 12 家接受探访，这就充分说明了患者及家属的病耻感较强，不愿意让外界知道患有精神疾病的事实，精神疾病的污名化是导致患者和家属拒绝帮助的主要原因。

（二）为精神障碍患者开展就业服务面临较大困境

心之光以成年精神障碍患者为服务对象，其中就业年龄段的占大多数，不少康复效果较好、病情稳定的精神障碍患者对就业有较大的需求。心之光充分认识并设法满足会员的就业需求，设置了专职就业辅导员，为精神、智力障碍者提供系统的、专业的、持续的支持。从前期的就业能力评估、培训，中期就业中的现场培训和指导，到后期的定期跟踪服务，确保残障人士实现稳定就业。2020年，培训约308人次，为16名精神、智力障碍者提供职业评估，上岗12人，其中支持性就业2人，岗位分别为后厨助理和暖通设计；辅助性就业10人，其中灵光爱心食堂就业7人，深达商行就业1人，永兴路社区居家养老服务中心就业2人。2021年为23名服务对象提供辅助性就业服务，其中9人为同伴辅导员岗，2人为社区保洁岗，11人为社区志愿服务岗。2022年为31名服务对象提供辅助性就业服务，其中同伴辅导员岗8人，活动带领者岗4人，保洁岗2人，行政辅助岗1人，社区志愿者服务岗16人。康复效果较好的精神和智力障碍者虽然有就业愿望，但他们大多数缺乏进入劳动力市场足够的竞争力，所以只能根据他们的情况为他们提供相应的就业培训，以便使他们能够承担相对简单、轻松的工作。2021年7月，心之光在昆明市残联综合服务中心的支持下，开展了首次专门针对心智障碍者的就业培训，心智障碍者受益450人次，家属受益100人次。培训采用"评估+心理支持+理论基础知识讲解+模拟实操"的方式，从形式和内容上颇有新意，为心智障碍者就业培训提供了有价值的参考。

尽管做了诸多努力，但收效甚微。从上面的数据就可以看出，2020~2022年，仅有66名心智障碍患者通过培训成功就业，但仅有2人为支持性就业，其余均为辅助性就业。造成这种局面的原因，一是由于精神障碍患者在求职的过程中，如果用人单位发现她（他）是一名精神疾病患者，为避免风险，就会找理由不录用。曾经有一名30岁左右的男性精神疾病患者已经在一家酒店干了 3 个月，雇主对他的工作很满意，要给他转正，但是当时在购买五险一金的时候，他的就诊经历被雇主发现了，于是，他就被辞退了。二是没有办理残疾证的年轻的精神疾病患者虽然可以正常就业，但是由于服药产生的副作用或者由于工作压力太大导致旧病复发，就要请假去住院调药或治疗，这样的情况反复几次，雇主就会解雇他们，或者他自己主动辞职，又另谋一份职业，但同样的情形反复发生，就导致这部分年轻的精神疾病患者不断更换工作，难以在一个岗位上获得发展。

精神障碍患者就业难的根源也在于社会的偏见和歧视，心之光作为一个社会组织基本没有能力来解决这个问题，只能为他们提供职业培训，为他们能够就业做好能力上的准备。

（三）精神障碍患者经济状况和父母身后处境堪忧

问卷结果显示，55 名患者中仅有 3 人是机关事业单位人员和国企工作人员，36 人属于无业、失业者，占 64.45%，6 人属于农业劳动者，占 10.91%，4 人属于自由职业者，占 7.27%。也就是说，55 人中仅有 3 人是有保障的，其余 52 人基本属于没有保障的人员。基于这种职业分布，患者的月收入水平也呈现出相应的状况。74.55% 的人月收入在 1000 元以下，其中近一半的人月收入不到 500 元，收入最高的也不超过 6000 元，且只有 1 人（见图 2）。

由于收入微薄甚至没有，大多数患者和父母生活在一起，由父母提供他们的衣食用度和生活照料。家属大多为国企员工或退休职工（占 45.45%）或无业、失业、照料家务者，收入也相对较低，仅能维持基本生活。问卷结果显示，33 名家属的平均月收入在 6000 元以下，其中 1000 元以下的占 27.27%，1001~2000 元的占 9.09%，2001~3000 元的占 36.36%，也就是说月收入在 3000 元以下的占到了 72.72%。单亲家庭的经济负担更重。

不论是患者还是家属都表达了对父母百年以后自己（患病子女）的归属问题的担忧。因为不能就业，而没有收入，长期依靠父母生活会导致学会的职业知识和技能被荒废，从而加剧患者的低价值感，更加不利于其康复。

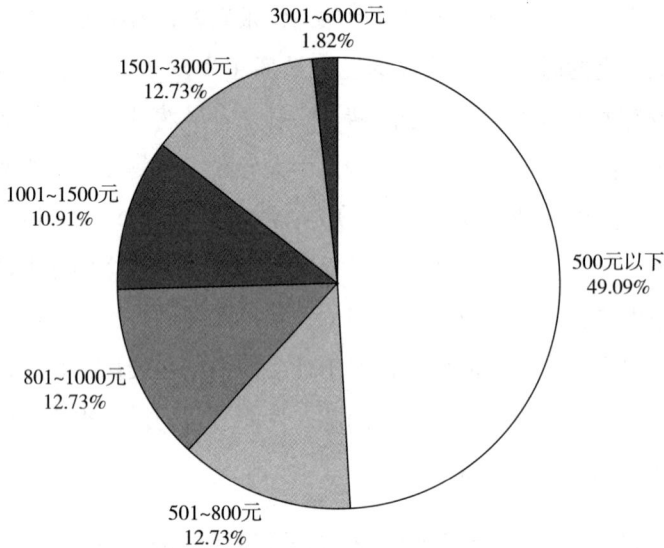

图2　患者月收入水平

　　父母百年之后，按照现行相关政策，一、二、三级智力和精神残疾人可以申请特困人员供养，但是，没有监护人的患者会被送至精神病院进行康复，这也正是患者和家属最为忧心之处。有一名患者的母亲说："我最担心等我死后我女儿的归属问题，总不能一直住院，吃药吃死吧。"

　　造成精神障碍患者经济困境的原因不仅仅在于他们缺乏就业竞争能力，更在于社会的偏见和歧视所带来的对他们就业的排斥，因为很多病情稳定的患者是有工作能力的，问题在于缺乏包容的社会环境，让有工作能力的人就业，过上一种自食其力的、有尊严的生活，让他们周围的人即便知道他们患有精神疾病，仍能够接纳他们，不对他们另眼相看，避之不及。父母百年之后，精神障碍患者的归属其实与其就业问题也是密切关联的。如果他们在父母还活着的时候，能够就业并从事一份稳定的职业，其中一部分人是可以很好地控制自己的病情甚至完全康复的（当然这还需要其他方面的支持才能实现），那么这部分人在父母百年之后也就可以继续过一种正常的生活，靠自己的能力生活，退休有退休金的保障，这样不论对个人还是其家庭都是一种理想的状态，对于社会来说，降低了安全压力，对国家来说，减轻了负担。

（四）精神障碍患者家庭照顾负担沉重

问卷结果显示，60%的患者是和父母居住在一起的，54.54%的患者父母年龄在60岁以上，其中71岁及以上的占21.81%，81岁及以上的也有4人，占7.27%（见图3）。也就是说，本该享受退休生活的父母不得不承担起照顾患有精神疾病的成年子女的重任。

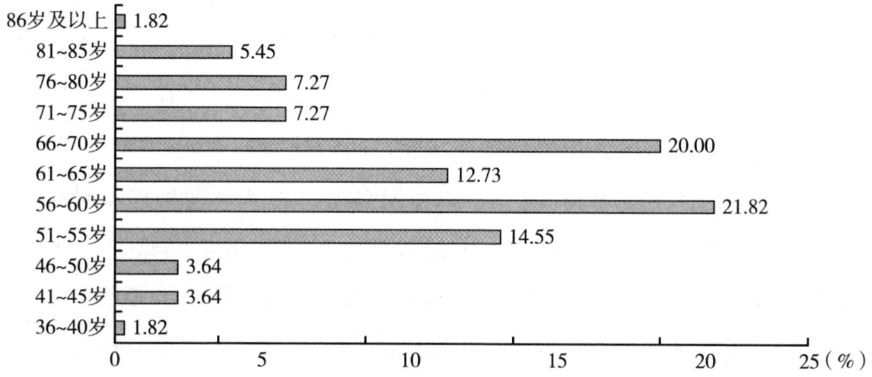
86岁及以上 1.82
81~85岁 5.45
76~80岁 7.27
71~75岁 7.27
66~70岁 20.00
61~65岁 12.73
56~60岁 21.82
51~55岁 14.55
46~50岁 3.64
41~45岁 3.64
36~40岁 1.82
0
5
10
15
20
25（%）

图3　精神障碍患者父母年龄分布

很多患者在刚成年或还未成年时就罹患精神疾病，父母在心理上遭受巨大打击的同时，不得不花费大量金钱和精力，到处寻医问药，想尽一切办法来医治。孩子的精神障碍也让父母自卑、孤独、自闭，难以融入群体，不少人因此患上抑郁和焦虑等心理疾病。而且多数独生子女精神残疾的家庭，父母已经年迈，自身也患有多种疾病，长期遭受着病痛的折磨，还要照顾精神残疾的子女，身心俱疲。

心之光的社区康复服务让参与其中的患者的家属获得了心理社会支持，照顾患者的压力得到较大程度地疏解，但家属的照顾负担依然较重，这是因为：首先，能经常性参与永兴路社区康复服务的患者家属的人数很少，只有10多位，这与服务地点与家之间的距离有关；其次，康复会所也仅能提供日间服务，其余时间段的照顾还是要依靠家属；再次，目前的社区康复服务所能提供的也只是心理社会支持，让家属有群体归属感，但对于经济状况较差的家庭也很难提供经济上的支持；最后，即便是外展服务延伸到其他社区，但服务的频次低，对家属的支持作用也较有限。因此，现阶段的社区康复服务虽然在不同程度上舒缓了一部分患者家属的心理压力，但绝大多数的家属仍然面临着沉重的经济和照料压力。

（五）绿色转介未打通，医康循环未实现

精神障碍社区康复是一个比较新的理念，适用于病情稳定、居家的康复患者，因此因地制宜、就近就便是社区康复服务的一项原则。康复患者如果在其所居住的社区就能参加社区康复服务，就十分有利于其在一个时期内常态化地参加服务，然后逐步提升各项功能，回归社会。

心之光扎根永兴路社区10年，以康复会所的形式开展精神障碍社区康复服务，虽然累计服务人次很多，但是长期性会员人数依然较少，只有15人左右，这在较大程度上造成服务资源的利用不充分。除了服务地点对于居住在其他社区的康复患者而言距离太远之外，绿色转介渠道没有打通、医康循环没有实现是更为重要的原因。按照心之光负责人的话来说，"最适合社区康复的人员是那种从医院治疗康复的，如果在他出院回归生活的过程中能够及时对他进行社区康复，对他的病情稳定和恢复是最好的，但是问题就在于这个环节是没有打通的。因为医院对我们社会组织是不了解的，也是不信任的，所以在转介过程中就会存在问题。患者在出院后他的档案就回到所在属地的社区卫生中心，社区卫生中心对这部分人有管理职能，一年有一次体检、四次随访，但因为社区卫生中心人少事多，它的管理也不可能全部落实到位，只有一个精防医生，没有真正地对精神障碍患者进行管理"。在社区康复服务体系中，社会组织根据不同的专业化程度，可以直接承接服务，也可以作为枢纽机构为承接服务的其他主体提供技术支持或帮助培育能够承接服务的社会组织，因此，社会组织在社区康复服务体系中起到了十分重要的支持作用。然而，事实上，不仅是精神专科医院对社会组织不了解、不信任，社区卫生服务机构对社会组织同样不了解、不信任，加上行政管理体系的条块分割，如果没有上级主管部门的红头文件，社区卫生服务机构也不敢

擅自与社会组织合作。这说明社会组织在精神障碍社区康复领域中的作用和价值还未得到卫生部门的认可。

（六）社会组织生存和发展依然困难

心之光作为全省首家以成年精神和智力障碍患者的生命复元为机构使命的社会组织，虽然已经成为省内在精神障碍社区康复领域首屈一指的专业社工机构，但依然面临着生存和发展的困难。这首先表现在相关政策调整导致该组织的发展经历了从"新天地"被注销再重新注册"心之光"的机构合法身份获得和维持的波折历程，其次是工作人员的流动性强。由于待遇较差、工资较低（普通员工每月 3500 元左右），工作人员稳定性差，除了核心骨干成员基本稳定外，其余员工流动性较大。然后是资金困难。从 2020~2022 年机构的财务状况来看，2020 年结余 13300 元，2021 年超支 93700 余元，2022 年结余 75000 元，然而，2022 年的结余尚不足以填补上年因超支造成的亏空，可以说，要做到每年度财务收支平衡都不容易，更谈不上进一步发展所需要的资金积累。

社会组织的生存和发展是个普遍存在的问题。作为帮助政府解决社会问题、提供社会服务的社会组织，在社会问题层出不穷的现代社会尤其是社会大转型时期，其重要性与日俱增。前些年，包括心之光在内的很多社会组织大多依靠申请各种国际组织、境外机构的项目来开展工作，同时养活自己。近年来随着国际组织大量撤出中国，对国际组织和境外机构项目申请的审核越来越严格，政府购买服务成为最主要的资金来源。不少政府购买服务的项目虽然确定了最高达 60% 的人员及行政经费比例，但资金总额小且周期短，大多要求在一年以内完成，这就导致社会组织只有同时多方申请不同的项目才能勉强支撑机构的运转，在人员工资、行政费用方面都尽可能压缩，又因待遇低而留不住人，没有足够的资金增加深受会员喜爱的特色课程的频次，也没有资金在其他社区建立康复会所，距离太远的会员不能经常性参加活动。

五 促进精神障碍社区康复服务全面发展的对策建议

通过多种举措，促进精神障碍社区康复服务取得成效，提升精神障碍患者生命复元的水平，是一件有益于个人、家庭、社区和全社会的事，因此需要各级党委和政府相关部门、社区、社会组织、家庭及个人的共同努力。

（一）多渠道、多形式、多频次开展精神卫生健康知识的正面宣传教育

鉴于精神疾病发病率居高不下且低龄化趋势明显，纠正偏见、消除歧视和刻板印象，营造有利于精神障碍康复患者融入的包容和谐的社会环境成为刻不容缓的迫切行动。首先应充分利用各类媒体包括传统媒体和新媒体，以丰富多彩、生动活泼的形式，多频次、高密度地对精神卫生健康知识和精神障碍社区康复进行正面宣传，而不仅仅限于精神卫生日这样的节点；其次应强化中小学和高校的健康教育课程，将精神卫生、心理健康作为重要内容，选择适合不同年龄段学生的内容和教学方法，从小树立对于精神疾病及精神疾病患者的正确认知；最后就是要对新闻报道中呈现的精神疾病患者和文艺作品尤其是影视作品中塑造的精神疾病患者的形象进行谨慎审核，不要过分强调其暴力行为，避免强化公众的刻板印象。

（二）多措并举，营造包容性环境，促进精神障碍康复患者就业

由于精神疾病确实会不同程度弱化患者的职业能力，因此残联、人社和民政部门应加强合作，按照职业技能和需求评估—培训—再评估—推荐就业这样一个路径，寻找和开发一系列对职业能力有不同要求的岗位与不同职业能力的康复患者进行匹配。根据康复患者职业能力的评估结果，将能力相对较强、具有一定市场竞争力的康复患者推荐到各类企业；能力相对较弱、不具有市场竞争力的康复患者可以推荐到社区公益性岗位。同时，在全面推进精神障碍社区康复服务过程中，各种社区康复机构和社会组织也可以吸纳一

部分有一定能力的康复患者做一些辅助性工作甚至是主要业务工作。

另外，应对招录精神障碍康复患者的企业给予比招录其他类型残疾人的企业更多的土地、税收等方面的优惠政策，一方面调动企业的积极性，另一方面则要对各类用工企业进行精神卫生知识的宣传教育，消除企业对精神障碍康复患者的就业歧视，并指导企业科学合理使用患有精神疾病的员工，安排适合这类员工的工作岗位，并营造包容友善的企业文化环境。

（三）整合资源，为精神障碍患者家庭提供支持

精神障碍患者的家庭需要经济、心理和社会等方面的支持。从经济支持来看，首先应将民政、残联、卫健等部门的相关政策在社区层面落实落细。调研中发现，不是所有符合条件的患者及其家庭都能享受同一政策。如卫健部门的计划生育家庭特别扶助制度，就不是所有符合条件的独生子女心智残疾家庭都知晓，不知晓的家庭自然就没能去申请。不知晓的原因在于所居住的社区没有告知。因此应对相关部门关于精神障碍患者及其家庭的扶助政策在社区层面的落实情况进行检查，督促社区以多种形式将相关政策进行告知，提高政策的知晓度。其次，可以将相关部门正在实施的相关性项目进行整合，进一步优化资源配置，将资源的利用最大化。如卫健部门针对计划生育特殊家庭（主要是失独家庭）实施的"暖心家园"项目，民政部门实施的精神障碍社区康复项目可以协同推进，依托社区党群服务中心，相互嵌入，将"暖心家园"同时建设成为社区康复机构，在为计划生育特殊家庭服务的同时也为独生子女为精神障碍患者的家庭服务。社区卫生服务中心提供医疗服务，引入社会组织或承接服务或提供技术支持，开展家属和同伴能力建设，孵化社区社会组织来开展社区康复服务和计划生育特殊家庭服务，实现双赢。

（四）推动绿色转介落地，打通医康循环

要实现医康循环和绿色转介，首要的是从省级层面打破条块分割，建立起卫健与民政之间的有效合作，这样才能使精神卫生专业机构与社会组织之

间的合作真正落实到基层。省级卫健和民政部门可以联合出台文件，明确各级精神卫生专业机构（包括精神专科医院和综合医院的精神科）应向住院康复患者推荐本地从事社区康复服务的社会组织，并将患者转介至距离患者居住地最近的社区康复机构。社会组织和社区康复机构也可以主动联系精神卫生专业机构，主动转介康复患者（也包括康复患者在参与社区康复服务过程中疾病复发需向医疗机构的转介），推动建立起通畅、高效的转介通道。社区卫生服务机构与社会组织和社区康复机构之间也应建立起协同机制，社区卫生服务机构在履行其对精神障碍患者的管理职责的过程中，应与社会组织和社区康复机构充分合作，使康复患者获得包括医疗、生活、心理、社会、职业等方面的康复服务，帮助他们树立信心，增强能力，早日融入社会。

（五）加大政府购买力度，适当调整相关政策，促进社会组织健康发展

鉴于社会组织在社区康复服务体系中的重要作用，相关政府部门首先应加大力度培育孵化从事社区康复服务的社会组织，使全省 129 个县（市、区）都至少有一家能够从事社区康复服务的社会组织；其次应增加政府购买服务的资金量，且应允许一定比例的资金用于机构发展的累积资金，并视项目的内容、项目所服务人群的需求等来科学确定项目周期；最后也是最为重要的是应将社会组织纳入政府购买服务的决策过程中，使代表广大民众的社会组织能够在政府购买服务的清单、金额、项目周期等重要内容决策过程中发表意见，决策应充分吸取社会组织的意见建议。

参考文献

杨锃：《残障者的制度与生活：从"个人模式"到"普同模式"》，《社会》2015年第 6 期。

杨锃：《"反精神医学"的谱系：精神卫生公共性的历史及其启示》，《社会》2014年第2期。

王桢、曾永康、时勘：《出院精神病患者的职业康复》，《心理科学进展》2007年第6期。

许琳、郅晓蓉：《从个体到家庭：智障者及其监护人社会支持研究综述与展望》，《社会保障研究》2022年第3期。

葛忠明、亓彩云：《福利体制比较视域下的残疾人家庭社会支持机制研究》，《黑龙江社会科学》2020年第6期。

杨锃、陈婷婷：《多重制度逻辑下的社区精神康复机构研究——兼论本土精神卫生公共性建设的可能路径》，《社会科学战线》2017年第3期。

吴莹，胥璇：《从"去机构化"到"再机构化"：文化契合性如何影响社区精神康复共同体的公共性》，《公共行政评论》2021年第6期。

卢时秀、张微：《困境与出路：农村精神障碍患者家庭社会支持体系研究》，《华中农业大学学报》（社会科学版）2017年第2期。

李学会、张凤琼：《心智障碍者的权益保障：家庭视角的审视》，《西南政法大学学报》2018年第5期。

李莹：《精神残疾群体的社会保障需求与供给：现状、问题与发展建议》，《残疾人研究》2020年第1期。

高万红、穆静：《会所模式在精神障碍者社区康复中的应用研究——以昆明T会所为个案》，《中国社会工作研究》2015年第1期。

Abstract

In order to comprehensively grasp the achievements, difficulties and problems faced for Yunnan in social development in 2023, as well as the path to better promote social construction, this book organized experts to conduct field investigations and data analysis using a combination of qualitative and quantitative methods around the main areas of social development. The study found that in 2023, Yunnan's poverty alleviation achievements were consolidated and expanded, innovative Yunnan construction was accelerated, the education strong province strategy was fully implemented, employment priority policies were implemented in detail, social security networks were tightly woven, healthy Yunnan construction was accelerated, and a higher level of safe Yunnan construction was continuously promoted.

While seeing the achievements, we are also aware that there are still many difficulties and challenges in development: consolidating and expanding the achievements of poverty alleviation still need to be strengthened and improved, and the task of rural revitalization is arduous; The mismatch between innovation support and development needs, and the slow progress of innovative Yunnan; The quality of education is relatively low, and there is still a gap in the development of high-quality and balanced education; The social security system is still weak, and there are still shortcomings in ensuring full coverage. In the face of the above development achievements and challenges, it is recommended to focus on the following key tasks in 2023: firstly, to enhance the fertility willingness of the reproductive age population by improving the support policies for childbirth and improving the quality of parenting; The second is to promote social security through the coordinated promotion of the five major ideas; Thirdly, multiple measures should be taken simultaneously to promote employment and entrepreneurship among young people; The fourth is to focus on solving the problem of imbalanced social security resources; Fifth, vigorously develop service consumption and cultivate new growth poles of consumption; Sixth is to focus on promoting vocational education and educational informatization construction; The seventh is to focus on building a rural endogenous development model that connects internal and external factors to promote rural revitalization.

Keywords: Innovative Yunnan; Policy Coordination; Risk Prevention

Contents

Ⅰ General Report

Abstract: In 2023, the Yunnan Provincial Party Committee and Government led the people of all ethnic groups to fully promote the development of various social development undertakings, consolidate and expand the achievements of poverty alleviation, accelerate the construction of innovative Yunnan, fully implement the strategy of strengthening the province through education, implement employment priority policies in detail, and strengthen the social security network to accelerate the construction of a healthy Yunnan. However, the problems of uneven and insufficient development are still prominent, and there are still many shortcomings and weaknesses in promoting high-quality social development. Efforts should be made to consolidate and expand the hard tasks of poverty alleviation, comprehensively promote the construction of innovative Yunnan to a new level, solidly promote the implementation of the strategy of strengthening the province through education, increase support for employment priority policies, further improve the construction of the social security system, accelerate the construction of a healthy Yunnan, and continuously strengthen the construction of a safe Yunnan.

Keywords: Yunnan's High-quality Social Development; Growth Potential; Risk Prevention

Contents

Ⅱ Sub-reports

B.2 Yunnan Population Development Report（2023）

Yang Jing, Zhao Yan and Li Xuan / 030

Abstract：This report provides an analysis of the population development situation in Yunnan Province in 2023 across several key aspects. It evaluates population characteristics, growth levels, structure, quality, distribution, population flow, and changes in family size. It summarizes the issues and challenges faced by population development in Yunnan Province in three aspects: social support pressures, allocation of basic public services, and comprehensive modernization development. Based on this analysis, the report proposes four strategic suggestions for achieving balanced population development in Yunnan Province in the new era. These suggestions include building a comprehensive population birth and parenting support policy, enhancing population quality and increasing efforts to attract talents, improving the elderly service system, and strengthening the matching of population with basic public services.

Keywords：Population Characteristics；Population Challenges；Population Policy

B.3 Yunnan Social Security Situation Development Report（2023）

Duan Yanna, Lu Danxia and Peng Yujia / 068

Abstract：Through the analysis of the social security situation in Yunnan in 2023, it is found that the political foundation of social security in Yunnan is stable, the economic foundation is firmthe social security prevention and control system is constantly improving, the medical security capacity of social security is greatly enhanced, and the effectiveness of legal construction is significant. The overall social security situation is well, and the happiness and security of the people are further enhanced. At the same time, the legal foundation for social security is not yet solid enough, the risks and challenges of social conflicts and disputes are further enhanced, new types of cybercrime continue to occur frequently, and there is a risk of economic risks shifting to ideological fields. This article proposes targeted countermeasures and suggestions for identifying the current situation and problems.

Keywords: Social Security; Public Security; Law-based Society; Social Risk

B.4 Yunnan Employment Situation Analysis Report (2023)

Duan Zhusheng / 083

Abstract: In all matters, the welfare of the people is paramount; for people's welfare, employment is fundamental. As an important province in Southwest China, Yunnan has achieved significant success in promoting employment in recent years. The structure of employment has been continuously optimized, key employment groups have received further protection, the public's ability to seek employment and start businesses has significantly improved, and the employment service information platform has been further perfected. Especially with the rise of the digital economy and green economy, new growth points for employment have been emerging continuously. However, the uncertainties under globalization and the challenges posed by domestic economic transformation and upgrading have also brought a series of challenges to Yunnan's employment market.

Currently, the employment market in Yunnan mainly faces prominent structural contradictions in employment, lagging development in vocational skill training, highlighted issues of frictional unemployment, and insufficient employment driven by entrepreneurship. In response to the above issues, it is suggested to prioritize stabilizing and expanding employment in the socio-economic development, analyze the characteristics of the new era employment groups, appropriately adjust the range and intensity of policy support, achieve equalization of employment services, and promote a basic balance of employment opportunities between regions. Looking ahead, as Yunnan's economy continues to grow, new employment opportunities will gradually increase. At the same time, the positive implementation of government policies will bring positive changes to the employment situation in Yunnan, with the hope of achieving employment goals for more people.

Keywords: Employment Situation; Key Employment Groups; Employment Protection

B.5 Yunnan Social Security Development Report (2023)

Ou Xiao'ou / 103

Abstract: The construction of social security system has in a prominent position in Yunnan Province. Focusing on the goals of full coverage, basic protection, multi-level and sustainable development, the development of social security in Yunan has entered a fast lane, with more perfect system, continuous expansion of coverage, steady improvement of treatment level, continuous enhancement of fund management ability, and continuous improvement of service level. Social security is playing an increasingly prominent role as a safety net for people's livelihood, a regulator of income distribution, and a shock absorber for economic operations, and the people have a growing sense of gain, happiness, and security. However, while summarizing the achievements and combing the experience, it should also be noted that although the development of social security in Yunnan Province has made great progress, problems still exist in recent years, such as the level of security needs to be improved, the security system needs to be developed, and the service capacity needs to be strengthened. Continuous efforts should be made from the policy level and the social level to constantly meet the people's needs for a better life.

Keywords: Social Security; Multi-level and Sustainable Development; People's Livelihood

B.6   Yunnan Urban and Rural Resident Income and

Consumption Report（2023） *Shi Rui*, *Li Zhiyuan* / 120

Abstract：This report takes Yunnan Province as the research scope, focuses on the income and consumption situation of urban and rural residents in Yunnan Province, extensively reviews the information, and through in-depth analysis of the annual statistical bulletin of the National Bureau of Statistics Yunnan Survey General Bureau and the relevant data in Yunnan Statistical Yearbook 2023, reveals the main problems in the income and consumption of the urban and rural residents in Yunnan Province at present, including the high proportion of the middle-and low-income, the intensified risk of polarization between the rich and the poor, the significant indebtedness of the residents, and the lack of consumer confidence. significant inhibitory effect, and insufficient consumption confidence. In response to these problems, this report proposes to promote an overall increase in the income level of urban and rural residents by deepening the reform of the income distribution system, increasing the proportion of labor remuneration in the initial distribution, and improving the policy system of distribution according to factors. Strengthening the construction of the social security system and raising the level of social security will reduce the pressure of life on urban and rural residents and boost consumer confidence. Encourage and support the development of new forms and modes of business, promote the integration of online and offline development, and provide urban and rural residents with more diversified and personalized consumption choices and other countermeasures.

Keywords：Urban and Rural Residents；Income；Consumption

B.7   Yunnan Provincial Report on Educational and

Reform Development in 2023 *He Yuan*, *Tian Juan* / 134

Abstract：Yunnan provincial party committee and the provincial government attach great importance to education, adhere to the priority development of education, and guarantee investment in education. In 2023, significant progress was made in the reform and development of educational undertakings. The universal and inclusive development of preschool education continued to advance, with an increasing proportion of children in inclusive kindergartens; the quality and balanced development of compulsory education was deepened; the diversified development of regular high schools accelerated, with an increase of 62 complete secondary schools; a modern vocational education system was gradually formed, with an expansion in the scale of students in higher vocational education; the connotation development of higher education was continuously deepened, with universities more effectively integrating into local economic and social development; and the management of private education continued to be standardized. At the same time, there are some difficulties and problems. For the next year, it is recommended to continuously deepen actions in seven areas: fostering virtue and education, strengthening basic education and invigorating schools, improving the quality of education in border counties, creating a modern vocational education system, enhancing the quality of higher education, and advancing the digitization of education.

Keywords: High-quality Educational Development; Fostering Virtue and Educating People; Modern Vocational Education System; Digitalization in Education

B.8 Yunnan Rural Governance Promotion Status Report (2023)

Duan Yanna, Gao Lingling / 158

Abstract: Through the analysis of the promotion status of rural governance in Yunnan Province from 2022 to 2023, including the coordinated promotion of the institutional mechanism of rural governance, the implementation of participatory party building to lead rural governance, the strengthening of top-level design and practical exploration focusing on prominent issues of rural governance, the collaborative participation of multiple subjects in rural governance, the integration of traditional rural governance methods with modern rural governance, innovation of rural governance methods, and the stimulation of endogenous power to enhance autonomy, Yunnan's rural governance has been comprehensively improved. At the same time, rural governance also faces challenges such as multi departmental collaboration, integration of "three governance", multi subject collaboration, insufficient rural governance talents, and weak endogenous development motivation in rural areas. Targeted countermeasures and suggestions have been proposed to address these current situations and challenges.

Keywords: Rural Governance; "Three Governance" Integration; Diverse Collaboration; Beautiful Rural Areas

B.9 Yunnan Graded Diagnosis and Treatment System

Construction and Development Report (2023)

Zhang Hongwen, Wang Biyun / 173

Abstract: The hierarchical diagnosis and treatment system is an important mechanism for scientifically allocating medical resources and guiding rational medical behavior, and is an important part of deepening medical reform. This report focuses on the development of the hierarchical diagnosis and treatment system in Yunnan Province since the 14th Five Year Plan. Based on the data provided by government departments such as Yunnan Health Commission, Yunnan Medical Insurance Bureau and so forth, it is found that the hierarchical diagnosis and treatment system in Yunnan Province has been improving well. It is mainly characterised by the strengthening policy system, a significant development of the closely county-level medical consortia, the capability development of the grassroots healthcare delivery, the increasing number of the general practitioner, the advancement of FDCSs (the family doctor contract services) and the contribution of differentiated reimbursement policies to the development of the hierarchical diagnosis and treatment system. Still, it suggests that there are certain problems and challenges for the development of the hierarchical diagnosis and treatment system in Yunnan Province. In particular, the insufficiency in overall planning, integration of supporting policies and informationisation for constructing closely county-level medical consortia , the multiple difficulties in improving the capability of the grassroots healthcare delivery, insufficient development of general practitioners, relatively weak foundations of the FDCSs , and the insufficient effect of differentiated reimbursement policies. Then, depending on the actual situation in Yunnan Province, it is proposed to advance the hierarchical diagnosis and treatment system by strengthening the top-level design of closely county-level medical consortia, enhancing the construction of "hardware" and "software" in grassroots healthcare delivery, ensuring general practitioners' rights to firstly diagnosis and referral patients, strengthening the linkage of medical care, medical insurance and medicine at the community (village) level as well as increasing the promotion of FDCSs and establishing a benefit-sharing mechanism among medical institutions.

Keywords: Hierarchical Diagnosis and Treatment System; Closely County-level Medical Consortia; Grassroots Healthcare Delivery; General Practitioners; FDCSs, Differentiated Reimbursement Policies

Ⅲ Special Topics Section

B.10 Annual Report on Yunnan Women's Development (2023)

Sun Dajiang, Wang Wei / 202

Abstract: The Yunnan Provincial Committee and Government consistently regard the implementation of women's development plans as a crucial approach to promote comprehensive women's development, safeguard their legitimate rights, and achieve gender equality. Based on the statistical monitoring data of Yunnan Women's Development Plan for 2021-2030, this report reviews policies and measures introduced by key member units of Yunnan Provincial Working Committee on Children and Women. It summarizes the achievements in promoting gender equality and advancing women's development in areas including health, education, employment, social security, participation in governance, and rights protection.

The report analyzes the main problems, difficulties, and shortcomings faced by women's development in Yunnan, providing policy suggestions for further implementing the fundamental national policy of gender equality, legally safeguarding women's rights, and fulfilling the goals outlined in the Women's Development Plan. At all levels of government, efforts to improve regulations and policies protecting women's rights have been ongoing, strengthening governmental responsibilities and significantly propelling the advancement of women's causes throughout the province.

Yunnan Province has seen substantial progress and development, with a continuous improvement in the capacity of maternal and child health services, the near elimination of gender differences in compulsory education, a significant increase in the proportion of women among professional and technical personnel, enhanced protection of labor rights for female workers, steady improvement in women's social security levels, and the formal implementation of regulations such as the "Yunnan Province Anti-Domestic Violence Ordinance" and the "Opinions on Strengthening the Implementation of Personal Safety Protection Order System." The environment for women's survival and development is continuously optimized, fostering a societal atmosphere that respects women.

However, challenges persist, including the need to elevate women's participation in decision-making, address the insufficient high-quality employment opportunities for women, narrow the existing income gap between genders, and reduce disparities in women's development across urban and rural areas as well as regions. In border ethnic areas, women's health care remains at a relatively low level, contributing to an imbalance in educational development between urban and rural and regional areas.

The report proposes further building a supportive social environment for comprehensive women's development, promoting women's high-quality economic participation, and developing a high-caliber cadre of women leaders, presenting a series of targeted policy recommendations.

Keywords: Women's Rights; Gender Equality; Women Cadres

B.11 Annual Report on Yunnan Children's Development（2023）

Zhang Hongwen，Wang Wei / 232

Abstract：By conducting a comprehensive analysis of the progress made in seven key areas-namely health, safety, education, welfare, family life, environment and legal protection-we are able to demonstrate unequivocally the impressive strides that have been taken in promoting children's development throughout Yunnan Province, including the consistently improved health level, the further raised safety level, the significant progress in education, the constantly expanding comprehensive children's welfare provision, the consistently emphasized and strengthened role of families in fostering morality and nurturing individuals, the continually optimized social environment with child-friendly concepts and practices for children's development, and the continuously improvement in legal protection system for children. However, it also faces challenges pertaining to both longstanding and emerging issues. These include the prominent concerns of childhood myopia and mental health, the disparity in child mortality rates between urban and rural areas, the imbalance in access to preschool education, high school education, and secondary vocational education between urban and rural regions. Additionally, there are shortcomings in the mental health service system for adolescents, deficiencies in rural basic medical care and public health infrastructure, a weak monitoring and reporting system for accidental injuries and violence against children, as well as an incomplete inclusive child welfare system. In view of these existing problems and challenges, the paper puts forward targeted policy suggestions, including adhering to the systematic thinking and strengthening coordination to promote the continuous improvement of children's health level; improving the reasonable degree of resource allocation to promote the balanced development of the work concerning children; improving the children injury monitoring and reporting system and constantly weaving the children safety protection network; consolidating the main responsibilities of governments at all levels and functional departments, and constantly improving the children welfare service and protection system in urban and rural communities.

Keywords: Children's Development; Physical and Mental Health; Children's Protection System

Ⅳ   Reports on Social Survey

B.12   Yunnan Rural Elderly Care Service System Survey Report

Yang Jing, Wu Jing, Dai Li and Ruan Mingyang / 262

Abstract: Since the 18th National Congress of the Communist Party of China, Yunnan has basically achieved full coverage of the community elderly care service system by continuously improving the system mechanism, ensuring the supply of basic services, increasing the construction of elderly care service facilities, actively introducing social capital, improving the informatization level of elderly care, and exploring diversified elderly care service modes. However, there are still difficulties in the construction of elderly care service system. There are widespread dilemmas such as insufficient total government investment, low supply level of basic elderly care services, fragmented supply of elderly care services, and serious shortage of elderly care service personnel. It is urgent to actively promote the high-quality development of Yunnan's rural elderly care service system by improving institutional mechanisms and increasing investment.

Keywords: Elderly Society; Elderly Care; Service Improvement

B.13   A Case Study of Community Rehabilitation of Patients

with Mental Disorders in Yunnan Province

Zhang Hongwen, Ma Hui and Yang Qingqing / 288

Abstract: This report, which comes from a series investigation and study specifically on a ten-years long mental disorders community-based rehabilitation services institution, has described the path of community-based rehabilitation services for mental disorders in association with multi-lateral cooperation from government, professionals, patients and affiliate families, and summarized its experiences and challenges from its ten-years services providing in Yunnan Province.

Its experiences include, community rehabilitation service and combining with services for aged people is a win-win solution; constant and normalized services providing is essential at the community level; the peer support has unique power; the multidisciplinary and professional integration is an important way to achieve results; the participation and support of family members expand the influence; and the continuous team capacity building continuously build-up the professional level and empowerment level . The expanded coverage of community rehabilitation, richful service content and advancing service forms are increasing the number of benefited patients with mental disorders and their families, and rehabilitation services have also become a major feature and highlight of community work. Meanwhile, there are many problems and challenges, including: social discrimination and exclusion remain prominent; the employment dilemma for patients with mental disorders; the worried economic situation of patients with mental disorders and their situation after parents died; the heavy burden of family care; the green referral is not completed, the cycle of medical treatment and community-based rehabilitation is not realized, and the survival and development of social organizations are still very difficult. In view of the existing problems, the report puts forward targeted countermeasures and suggestions, including positive publicity and education of mental knowledge through multiple channels, multiple forms and multiple frequency; taking multiple messures to create an inclusive environment and promote the employment of patients with mental disorders; integrating resources to provide support for families of patients with mental disorders; putting green referral into practice and realize the medical and health cycle; increasing government purcase and adjusting relevant policies to facilitate the healthy development of social organizations.

Keywords: Mental Disorders; Community Rehabilitation; Multi-lateral Cooperation; Patientd and Families as Entities

社会科学文献出版社

皮 书

智库成果出版与传播平台

❖ 皮书定义 ❖

皮书是对中国与世界发展状况和热点问题进行年度监测，以专业的角度、专家的视野和实证研究方法，针对某一领域或区域现状与发展态势展开分析和预测，具备前沿性、原创性、实证性、连续性、时效性等特点的公开出版物，由一系列权威研究报告组成。

❖ 皮书作者 ❖

皮书系列报告作者以国内外一流研究机构、知名高校等重点智库的研究人员为主，多为相关领域一流专家学者，他们的观点代表了当下学界对中国与世界的现实和未来最高水平的解读与分析。

❖ 皮书荣誉 ❖

皮书作为中国社会科学院基础理论研究与应用对策研究融合发展的代表性成果，不仅是哲学社会科学工作者服务中国特色社会主义现代化建设的重要成果，更是助力中国特色新型智库建设、构建中国特色哲学社会科学"三大体系"的重要平台。皮书系列先后被列入"十二五""十三五""十四五"时期国家重点出版物出版专项规划项目；自2013年起，重点皮书被列入中国社会科学院国家哲学社会科学创新工程项目。

权威报告·连续出版·独家资源

皮书数据库
ANNUAL REPORT(YEARBOOK)
DATABASE

分析解读当下中国发展变迁的高端智库平台

所获荣誉

- 2022年，入选技术赋能"新闻+"推荐案例
- 2020年，入选全国新闻出版深度融合发展创新案例
- 2019年，入选国家新闻出版署数字出版精品遴选推荐计划
- 2016年，入选"十三五"国家重点电子出版物出版规划骨干工程
- 2013年，荣获"中国出版政府奖·网络出版物奖"提名奖

皮书数据库　　"社科数托邦"
　　　　　　　微信公众号

成为用户

登录网址www.pishu.com.cn访问皮书数据库网站或下载皮书数据库APP，通过手机号码验证或邮箱验证即可成为皮书数据库用户。

用户福利

- 已注册用户购书后可免费获赠100元皮书数据库充值卡。刮开充值卡涂层获取充值密码，登录并进入"会员中心"—"在线充值"—"充值卡充值"，充值成功即可购买和查看数据库内容。
- 用户福利最终解释权归社会科学文献出版社所有。

数据库服务热线：010-59367265
数据库服务QQ：2475522410
数据库服务邮箱：database@ssap.cn
图书销售热线：010-59367070/7028
图书服务QQ：1265056568
图书服务邮箱：duzhe@ssap.cn

社会科学文献出版社　皮书系列
SOCIAL SCIENCES ACADEMIC PRESS (CHINA)
卡号：549331748865
密码：

S 基本子库
UB DATABASE

中国社会发展数据库（下设 12 个专题子库）

紧扣人口、政治、外交、法律、教育、医疗卫生、资源环境等 12 个社会发展领域的前沿和热点，全面整合专业著作、智库报告、学术资讯、调研数据等类型资源，帮助用户追踪中国社会发展动态、研究社会发展战略与政策、了解社会热点问题、分析社会发展趋势。

中国经济发展数据库（下设 12 专题子库）

内容涵盖宏观经济、产业经济、工业经济、农业经济、财政金融、房地产经济、城市经济、商业贸易等 12 个重点经济领域，为把握经济运行态势、洞察经济发展规律、研判经济发展趋势、进行经济调控决策提供参考和依据。

中国行业发展数据库（下设 17 个专题子库）

以中国国民经济行业分类为依据，覆盖金融业、旅游业、交通运输业、能源矿产业、制造业等 100 多个行业，跟踪分析国民经济相关行业市场运行状况和政策导向，汇集行业发展前沿资讯，为投资、从业及各种经济决策提供理论支撑和实践指导。

中国区域发展数据库（下设 4 个专题子库）

对中国特定区域内的经济、社会、文化等领域现状与发展情况进行深度分析和预测，涉及省级行政区、城市群、城市、农村等不同维度，研究层级至县及县以下行政区，为学者研究地方经济社会宏观态势、经验模式、发展案例提供支撑，为地方政府决策提供参考。

中国文化传媒数据库（下设 18 个专题子库）

内容覆盖文化产业、新闻传播、电影娱乐、文学艺术、群众文化、图书情报等 18 个重点研究领域，聚焦文化传媒领域发展前沿、热点话题、行业实践，服务用户的教学科研、文化投资、企业规划等需要。

世界经济与国际关系数据库（下设 6 个专题子库）

整合世界经济、国际政治、世界文化与科技、全球性问题、国际组织与国际法、区域研究 6 大领域研究成果，对世界经济形势、国际形势进行连续性深度分析，对年度热点问题进行专题解读，为研判全球发展趋势提供事实和数据支持。

法律声明

"皮书系列"（含蓝皮书、绿皮书、黄皮书）之品牌由社会科学文献出版社最早使用并持续至今，现已被中国图书行业所熟知。"皮书系列"的相关商标已在国家商标管理部门商标局注册，包括但不限于LOGO（ ）、皮书、Pishu、经济蓝皮书、社会蓝皮书等。"皮书系列"图书的注册商标专用权及封面设计、版式设计的著作权均为社会科学文献出版社所有。未经社会科学文献出版社书面授权许可，任何使用与"皮书系列"图书注册商标、封面设计、版式设计相同或者近似的文字、图形或其组合的行为均系侵权行为。

经作者授权，本书的专有出版权及信息网络传播权等为社会科学文献出版社享有。未经社会科学文献出版社书面授权许可，任何就本书内容的复制、发行或以数字形式进行网络传播的行为均系侵权行为。

社会科学文献出版社将通过法律途径追究上述侵权行为的法律责任，维护自身合法权益。

欢迎社会各界人士对侵犯社会科学文献出版社上述权利的侵权行为进行举报。电话：010-59367121，电子邮箱：fawubu@ssap.cn。

社会科学文献出版社